成都市现代金融产业生态圈蓝皮书

(2019)

CHENGDU SHI XIANDAI JINRONG
CHANYE SHENGTAIQUAN LANPISHU (2019)

成都市地方金融监督管理局　编著

西南财经大学出版社
中国·成都

图书在版编目(CIP)数据

成都市现代金融产业生态圈蓝皮书.2019/成都市地方金融监督管理局编著.—成都:西南财经大学出版社,2021.3
ISBN 978-7-5504-4813-1

Ⅰ.①成… Ⅱ.①成… Ⅲ.①地方金融事业—经济发展—研究报告—成都—2019 Ⅳ.①F832.771.1

中国版本图书馆 CIP 数据核字(2021)第 043948 号

成都市现代金融产业生态圈蓝皮书(2019)

成都市地方金融监督管理局 编著

责任编辑	王利
封面设计	墨创文化
责任印制	朱曼丽
出版发行	西南财经大学出版社(四川省成都市光华村街 55 号)
网　　址	http://www.bookcj.com
电子邮件	bookcj@swufe.edu.cn
邮政编码	610074
电　　话	028-87353785
照　　排	四川胜翔数码印务设计有限公司
印　　刷	四川五洲彩印有限责任公司
成品尺寸	210mm×285mm
印　　张	13.75
字　　数	314 千字
版　　次	2021 年 3 月第 1 版
印　　次	2021 年 3 月第 1 次印刷
书　　号	ISBN 978-7-5504-4813-1
定　　价	98.00 元

前言

金融是现代经济的核心和实体经济发展的血脉，是城市经济发展的重要动力和支撑。从北宋时期诞生世界上最早的纸币——“交子”，到如今扬帆快进建设西部金融中心，成都金融发展从未停下前进的步伐。近年来，成都金融资源集聚程度和金融服务辐射能力大幅提升，西部金融中心地位逐步确立，金融综合实力领先中西部，进入全国前列。

在新时代，随着产业竞争核心由要素之争转变为生态之争，成都围绕建设具有国际影响力的西部金融中心目标，紧抓战略契机，革新发展理念，着力构建以市场需求为导向，以服务实体经济发展为核心，产业体系完善、创新要素协同、政策供给完备、监管方式科学的现代金融产业生态圈，引领形成面向未来的城市战略竞争新优势。

为系统地展示成都市现代金融产业生态圈发展情况，进而形成广泛的社会共识，按照成都市委、市政府的安排和部署，成都市地方金融监督管理局牵头编写了《成都市现代金融产业生态圈蓝皮书（2019）》。本书共包括战略篇、产业篇、载体篇、环境篇、案例篇、附录6个部分。其中，战略篇主要阐述成都市现代金融产业生态圈的内涵及构成、发展思路、发展目标以及重点任务；产业篇围绕成都市现代金融产业生态圈核心主体，分别从金融机构、金融市场、新金融业态以及金融科技四个方面展开分析；载体篇围绕成都市现代金融产业生态圈承载空间，重点对全市6个金融产业功能区进行分析；环境篇围绕成都市现代金融产业生态环境，从人才、开放、信用、法治、配套、政务环境等方面进行分析；案例篇则围绕金融改革创新、金融载体建设、重点企业进行梳理总结；附录包含成都市现代金融产业“两图一表”和政策汇总2个附录。

本书力求系统、全面、客观地反映成都市现代金融产业生态圈的建设现状和政策导向，为一直关心和积极参与成都现代金融产业建设和发展的各界人士提供重要参考。

需要说明的是，本书中图片，除注明的以外，均为作者自有知识产权的图片。

成都市地方金融监督管理局

2021年1月

目 录

第一部分

战略篇

——成都市现代金融产业生态圈发展战略规划

2017 年 7 月 2 日，成都产业发展大会将重塑产业经济地理，打造有机融合、良性循环的产业生态圈，列入城市发展的时间表，开启了探索城市发展方式和经济组织方式的新征程。金融作为现代经济的核心和实体经济发展的血脉，在经济发展中起着至关重要的作用。因此，构建以市场为导向、以服务实体经济发展为核心的现代金融产业生态圈，既是当前有效应对新型冠状病毒肺炎疫情的重要举措，也是深化金融供给侧结构性改革的重要途径，更是助力成渝地区双城经济圈建设、助推成都市经济高质量发展的重要内容。

秉承“交子”创新基因，近年来成都金融产业发展迅速，金融资源加速集聚，金融辐射能力大幅提升，现代金融产业生态圈建设已具备坚实的基础。未来，成都将紧紧围绕金融蓄势提能，加快构建现代金融产业生态圈，做大做强现代金融产业，提升金融服务实体经济效能，全力支撑成都“5+5+1”现代产业体系发展，践行新发展理念指导下的公园城市示范区建设使命。

第一节　成都市现代金融产业生态圈概述

一、内涵的构成

生态圈的概念源于自然生态系统，指在自然界的一定空间内各元素、各物种与外部环境之间相互影响、相互制约而形成的一个有机整体，并在一定条件下达到动态平衡状态，实现整个机体的自生长、自组织、自循环①。与自然界的生态圈原理相通，现代金融产业生态圈是指以服务实体经济为核心，以高流动性的金融市场体系、高聚集度的金融机构体系、高科技驱动的新金融业态体系和

① 袁政. 产业生态圈理论论纲［J］. 学术探索，2004（3）：36-37.

高外向度的金融开放体系为特征，金融机构、类金融机构和实体企业相互赋能、协同发展的有机生态系统。现代金融产业生态圈具体包含产业核心主体、产业承载空间、产业生态环境三个彼此关联、互为表里、辩证统一的维度。其中，产业核心主体由金融机构体系、金融市场体系、新金融业态体系组成，而金融科技贯穿其中，充分发挥赋能作用；产业承载空间是指现代金融产业发展的物理空间，即特色鲜明、功能完善、职住平衡的现代金融产业功能区；产业生态环境是指现代金融产业赖以生存和发展的外部环境，包括人才环境、开放环境、信用环境、法治环境、配套环境、政务环境等。

通过近年来的发展和实践，至 2019 年底，成都已初步形成以金融科技串联的金融市场体系、金融机构体系和新金融业态体系为核心主体，以交子公园金融商务区、成都青羊文化金融商务区、华西大健康产业功能区、春熙路时尚活力区、白鹭湾新经济总部功能区、青白江国际铁路港为主要载体，以人才、开放、信用、法治、配套、政务等环境为重要支撑的现代金融产业生态圈格局。图 1-1 为成都市现代金融产业生态圈架构图。

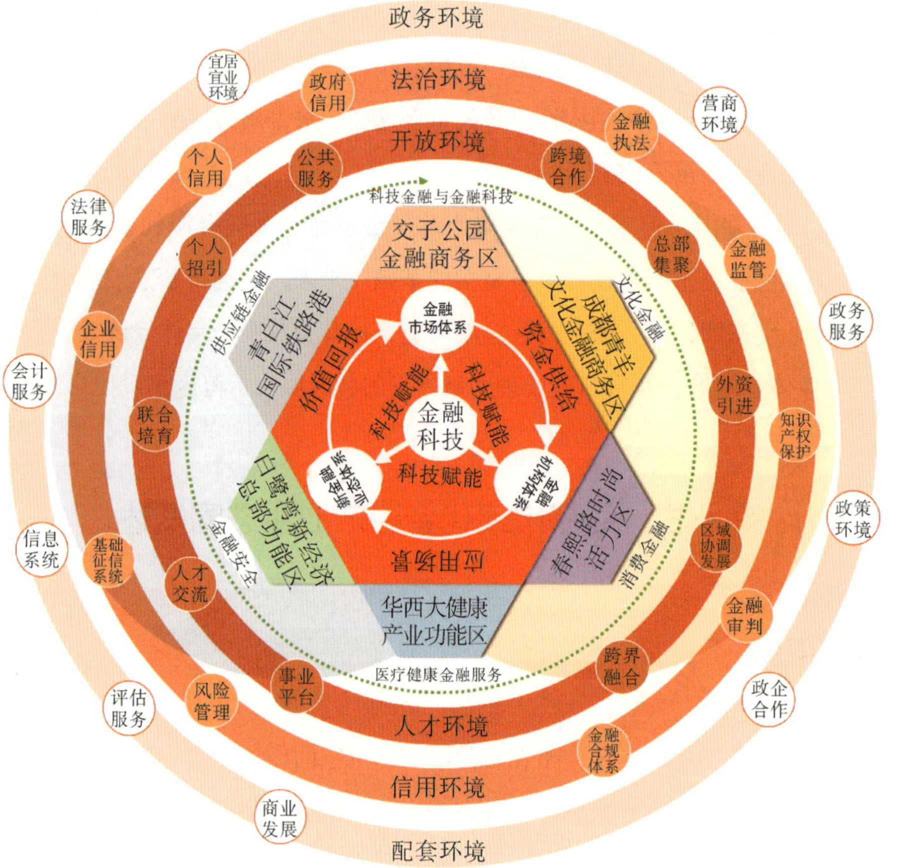

图 1-1　成都市现代金融产业生态圈架构图

二、发展的基础

自 2017 年 7 月成都产业发展大会和 2018 年 2 月建设国家西部金融中心大会召开以来，成都始终坚持以新发展理念为指引，以构建产业生态圈创新生态链为牵引，以产业功能区为载体，着力培育未来产业竞争优势和战略竞争优势，全市经济发展总量和速度位居全国前列，城市综合竞争力大幅提高，为现代金融产业发展提供了强劲的内生动力和广阔的市场空间。同时，近年来西部金融中心地位的显著提升、金融综合实力的持续增强、金融生态环境的逐步优化，为成都现代金融产业生态圈建设奠定了坚实的产业基础。

专栏 1-1　成都市现代金融产业发展的基础

◆ **经济发展总量和速度位居全国前列。**近十年（2010—2019 年）来，成都市地区生产总值平均增速 10.2%，高于同期全国平均增速 2.5 个百分点；2019 年，成都市实现地区生产总值 1.7 万亿元，同比增长 7.8%，总量在全国所有城市中排第 7 位，增速在全国地区生产总值万亿级城市中排第 1 位①。

◆ **城市综合竞争力大幅提高。**2019 年，在全球化与世界城市研究网（GaWC）发布的《世界城市名册》中，成都市排名上升至 Beta+，位居中国城市第 5 位；在中国社会科学院与联合国人居署共同发布的《全球城市竞争力报告（2019—2020）》中，成都市排名上升至第 54 位，成功跻身中国城市前 10 名②。

◆ **金融中心地位显著提升。**自实行改革开放以来，从“西南地区金融中心”到“全国重要的金融中心”再到“西部金融中心”，成都市在区域性金融中心建设过程中不断探索创新，金融中心地位不断凸显。习近平总书记在中央财经委员会第六次会议中提出支持重庆、成都共建西部金融中心，从国家层面进一步明确了西部金融中心的战略定位。

◆ **金融综合实力持续增强。**2019 年，成都金融业增加值达 1 893.7 亿元，占地区生产总值的 11.1%。2019 年发布的第 11 期《中国金融中心指数》显示，成都金融业综合竞争力排名全国第 5 位，为历史最佳③；在第 27 期《全球金融中心指数报告》中，成都市排名全球第 74 位，是中西部地区唯一上榜的城市④。

---

① 谢瑞武. 建设国家西部金融中心的实践［J］. 中国金融，2020（9）：12-14.

② 中国社会科学院（CASS），联合国人居署（UNHabitat）. 全球城市竞争力报告（2019—2020）：跨入城市的世界 300 年变局［R/OL］.（2019-09-14）［2020-08-02］. http://gucp.cssn.cn/yjcg/yjbg/201911/W020191118666044996886.pdf.

③ 中国（深圳）综合开发研究院课题组. 中国金融中心指数报告：第 11 期［M］. 北京：中国经济出版社，2019.

④ 中国（深圳）综合开发研究院，英国智库 Z/Yen 集团. 全球金融中心指数报告：第 27 期［R/OL］.（2020-03-26）［2020-08-02］. http://www.chinanews.com/m/cj/2020/03-26/9138497.shtml.

◆ **金融生态环境逐步优化。**近年来，成都金融生态环境持续改善，人才吸引力逐步提升。中国人民大学发布的《2019 天府金融指数报告》显示，成都金融从业环境排名比前期上升 1 位，居全国城市第 8 位、中西部城市第 1 位①。特许金融分析师（CFA）协会 2019 年发布的《中国西部金融人才发展白皮书》显示，成都金融人才和金融从业人员的空间集聚度均排名全国第 7 位。

三、面临的形势

随着我国经济结构的转型升级、前沿科技的不断涌现和新型冠状病毒肺炎疫情的突如其来，现代金融业正发生深刻变化，成都金融发展既面临难得的发展机遇，也面临严峻的挑战。一方面，金融领域新技术、新业态、新模式不断革新，为后发地区培育细分金融领域比较优势提供了广阔空间，同时叠加“一带一路”建设、成渝地区双城经济圈建设、成（都）德（阳）眉（山）资（阳）同城化发展等重大战略机遇，金融开放合作成为金融主题之一，成都现代金融产业将迎来新一轮发展窗口期；另一方面，新型冠状病毒肺炎疫情对金融行业产生了强烈冲击，后发地区获得优质金融资源的难度加大，且随着国内城市更加重视金融业的发展，区域金融中心建设竞争将越来越激烈。

专栏 1-2　成都市现代金融产业发展面临的形势

◆ **金融科技在全球范围内呈快速发展趋势。**科技赋能金融，不仅能够丰富金融服务手段，补充和重构金融业态，还能提升风险防范能力，是推动金融转型升级的新引擎，是金融服务实体经济的新途径，是促进普惠金融发展的新机遇，是防范和化解金融风险的新利器。从全球来看，主要经济体金融科技增长强劲，进入快速发展阶段。2019 年，美国金融科技交易额跃升 54%，英国、德国金融科技投资分别增长 63%、83%②。中国在 2018 年就已经成为全球最大的金融科技投资市场，金融科技将在现代金融发展过程中发挥越来越重要的作用。

◆ **新金融业态成为城市金融发展的重要指标。**近年来，传统金融业在全国范围内的布局趋于稳定，但围绕要素流通、创新创业、消费升级、社会民生等多样化金融需求，供应链金融、科技金融、消费金融、文化金融、绿色金融、农村金融等新金融业态和金融组织方兴未艾，为后发区域金融中心建设提供了“弯道超车”的机会。因此，新金融业态发展水平越来越成为衡量城市金融发展水平的重要指标。

---

① 中国人民大学课题组．2019 天府金融指数报告［R/OL］．（2019－11－21）［2020－08－02］．https://www.vzkoo.com/doc/10507.html.

② 埃森哲．2019 年全球金融科技投资总额 533 亿美元［Z/OL］．（2020－3－14）［2020－08－02］．http://www.199it.com/archives/1013566.html.

◆ **金融开放成为金融改革创新的重要方向。**金融开放是区域金融发展的主要动力之一。就理论而言，金融市场的开放将促进金融要素在区域内加快流动，优化区域资源配置，扩大金融产业总体规模。当前，成都正在着力打造向西向南开放战略通道，金融开放成为下一个风口，被摆在了更加突出的位置上。同时，随着成渝地区双城经济圈建设、成（都）德（阳）眉（山）资（阳）同城化发展等战略的实施，金融开放将成为区域合作的重要内容。

◆ **后疫情时代推动金融业发展需要“危中寻机”。**新型冠状病毒肺炎疫情发生以来，经济与金融“共生共荣”的关系更加明显。一方面，实体经济受到直接冲击，后续的信贷压力、融资压力将影响逐渐传导至金融体系，金融系统面临的风险控制压力或将加大，部分金融资源会加速向头部地区、头部机构集聚；另一方面，在新型冠状病毒肺炎疫情催化之下，随着金融科技等手段加速渗透，产业数字化转型、应用速度明显加快，金融运行效率大幅提升。面对新型冠状病毒肺炎疫情带来的挑战和机遇，成都必须强化认识上的危机感和应对上的紧迫感，在严峻的形势之下积极挖掘新动力源，培育新增长点，抓住“弯道超车”机会。

◆ **区域金融中心建设竞争愈加激烈。**随着我国经济转型升级的深入推进，金融成为国民经济发展的重要内容，国内城市也更加重视现代金融业的发展。据不完全统计，目前有逾20个省会城市和10余个核心城市明确提出建立区域金融中心规划，以期围绕中心城市和城市群等优势区域推动人口、资本、技术等要素的集聚，区域金融中心建设呈现百舸争流、千帆竞发的态势。

第二节　成都市现代金融产业生态圈发展总体要求

一、总体思路

成都市现代金融产业生态圈发展的总体思路是：

坚持以习近平新时代中国特色社会主义思想为指引，全面贯彻党中央、省委、市委的决策部署，紧抓国家持续深化金融改革、扩大金融对外开放的时代机遇，遵循规律、统筹谋划、科学规划，坚持以供给侧结构性改革为主线，以金融改革创新为动力，以集聚金融要素资源、提能产业功能区、优化金融生态环境为抓手，着力构建现代金融产业生态圈，不断增强金融集聚和辐射能力，加快提升金融服务实体经济的水平，加速形成资本与人才集聚、机构与市场互联、产业与业务协同的良好发展态势，稳步推动西部金融中心能级跃迁，为成都建设践行新发展理念指导下的公园城市示范区提供坚实的金融保障。

二、基本原则

成都市现代金融产业生态圈发展的基本原则是：

（1）坚持现代金融与实体经济相互赋能。坚持金融服务实体经济发展本质要求，结合国家、省、市战略部署和动能转换的现实要求，加强金融服务成渝地区双城经济圈建设、“一干多支、五区协同”战略、成（都）德（阳）眉（山）资（阳）同城化发展等战略的能力，以及对成都市“5+5+1”现代产业体系的支持力度，畅通金融服务全市经济的“主动脉”和“微循环”，为实体经济发展提供重要金融支持。同时，在服务实体经济中壮大现代金融产业，实现金融产业与实体经济相互赋能、共同发展。

（2）坚持金融创新与金融开放双轮驱动。抢抓金融科技发展风口，深入研究全球金融科技发展趋势以及金融科技创新的生命周期特征，对标看齐国内外金融科技发展领先城市，构建以金融科技为引擎的产业生态圈，引领西部地区抢占新金融、新技术全球竞争的制高点。紧抓新一轮金融开放发展机遇，着力引机构、强服务、优政策，集聚国际金融资源，深化国际交流合作，推动本地金融机构和企业国际化布局，拓展国际金融业务，构建更宽领域、更深层次、更高水平的金融交流合作新格局。

（3）坚持问题导向与目标引领有机结合。聚焦现代金融组织体系不完善、功能性总部较少、金融风险分担机制不健全、高素质金融人才缺乏、金融国际化步伐滞后、金融科技应用场景有限等制约成都构建现代金融产业生态圈的瓶颈问题，科学认识全球金融资产重新配置的新形势、国际贸易格局深刻调整的新动向和我国金融开放发展的大趋势，着力补短板、拉长板，全面提升成都金融与国际市场对接能力，吸纳聚集金融高端要素资源，开辟现代金融产业发展新蓝海。

（4）坚持金融发展与风险防范齐头并进。坚持金融改革发展方向，鼓励金融机构合理开展金融产品和金融服务创新，有效降低融资成本，更好服务实体经济。坚持金融安全底线思维，加快推动风险管理从碎片化被动防范向系统性主动防范转变，围绕成都现代金融产业生态圈建立健全相应的法治规范和监管体系，优化监管机制，强化预警防范，注重科技应用，确保不发生系统性、区域性金融风险，牢牢维护现代金融产业生态圈规范健康有序发展的根基。

三、主要目标

成都市现代金融产业生态圈发展的主要目标是：

围绕提升发展能级、做强发展极核、推动协同共赢，构建具有高聚集度的金融机构体系、高流动性的金融市场体系、高科技驱动的新金融业态体系、高外向度的金融开放体系等特征的现代金融产业生态圈，进一步做大做强成都现代金融产业，提升金融服务实体经济效能。

（1）金融综合实力和服务效能进一步提升。力争到 2025 年，成都市金融业增加值达到 2 900 亿元，金融业增加值占地区生产总值的比重达到 12%，全市金融机构本外币各项存款余额达到 5 万亿元，本外币各项贷款余额达到 4.4 万亿元，全市保费收入达到 1 500 亿元，保险深度达到 5.9%以上，金融人才达到 17 万人，经济证券化率达到 200%以上，直接融资比例达到 60%以上。

（2）高聚集度的金融机构体系进一步完善。力争到 2025 年，引进具有重大影响力的法人金融机构或区域性、功能性总部 5~10 家，银证保金融机构总部、省级分支机构或地区级（业务）总部增加 35 家以上，打造万亿级市属法人机构 1~2 家，构建起种类齐全、实力强大、功能突出、管理科学的现代法人金融机构体系，法人金融机构规模实力、品牌影响力大幅提升，形成全国知名品牌金融机构的“成都方阵”，成为金融机构集聚中心。

（3）高流动性的金融市场体系进一步优化。力争到 2025 年，境内外上市公司数量达到 153 家，打造千亿市值上市公司 1~2 家，企业利用资本市场能力大幅提高。争取新设一批创新型交易机构，拓展金融市场外延和内涵，构建涵盖区域性股权、国有产权、环境权益、文化产权、公共资源、大宗商品等门类齐全、功能齐备的地方要素市场体系，成为金融市场和交易中心。

（4）高科技驱动的新金融业态体系进一步丰富。力争到 2025 年，培育一批具有国际知名度和影响力的金融科技独角兽企业，与金融科技发展相适应的新型基础设施逐步健全，金融与科技实现深度融合、协调发展，金融科技应用水平大幅提升，并率先在科技金融、农村金融、消费金融、供应链金融、绿色金融、文化金融等新金融业态领域实现突破，打造全国“单打冠军”。

（5）高外向度的金融开放体系进一步健全。力争到 2025 年，争取 5~10 家国际基金和知名外资金融机构落户成都，全球金融中心指数排名进入前 60 位。金融外向度和金融国际化水平大幅提升，跨境结算业务加快发展，外资金融机构数量不断增加，本地金融机构国际化布局加快，率先建设成为内陆地区连接“一带一路”国际金融体系的门户城市。

（6）金融科技引擎进一步强化。力争到 2025 年，培育 10~15 家在国内具有行业龙头地位的金融科技企业，推动 5~8 家金融科技相关企业挂牌上市，打造 5~10 家具有国内外影响力的金融科研机构，打造 10~15 个具有国内外影响力的金融科技应用示范场景，进一步提升成都区域金融科技中心国内外影响力，西部领先、全国一流的地位进一步夯实。

（7）金融空间载体进一步夯实。力争到 2025 年，交子公园金融商务区、成都青羊文化金融商务区等 6 个金融产业功能区建设进一步提质增效，绿色金融、创投融资、汽车金融等“11+2”特色金融集聚区加速成型起势，特征鲜明、布局合理、配套完善、承载有力的金融空间格局全面形成，金融要素和资源集中集群优势进一步提升。

（8）金融生态环境进一步优化。力争到 2025 年，成都金融业发展政策和服务进一步优化，形成上下联动、部门协同、业界广泛参与的良好态势。以“信用成都”建设为目标，建设信用信息服务系统，中小微企业信用评估体系逐步完善，更多符合条件的企业获得国际信用评级。以“沙盒监管”为主体的地方金融监管体系全面建成，地方金融监管机制进一步完善，金融风险防控能力不断提升。

第三节　成都市现代金融产业生态圈建设重点任务

一、完善高集聚度的金融机构体系

（一）加大机构新设引进力度，丰富完善金融组织体系

（1）补齐持牌机构数量短板。把握我国金融体制改革、扩大金融业对内对外开放、金融行业准入放宽等契机，立足践行新发展理念的公园城市示范区、成渝地区双城经济圈、成都国家中心城市及四川自由贸易试验区建设，争取“一行两会”金融监管部门更多支持，推动符合条件的各类金融机构、社会资本和实体企业在成都发起设立银行、证券、期货、基金、保险等持牌金融机构，重点填补合资证券公司、再保险公司等领域金融牌照空白，构建与西部金融中心地位相匹配的全牌照全业态金融机构集群。

（2）争取设立各类分支机构。顺应当前金融机构业务专营化、服务综合化、发展差异化的趋势，及时掌握国内外金融业发展动向、金融机构业务布局意向与“一行两会”金融监管部门政策导向，以专项政策、参股引导、资源置换、整合重组等多种方式，支持有影响力的国内外金融机构来成都设立区域性总部、功能性总部、后台运营中心、专业子公司，鼓励符合条件的本地金融机构设立资产管理、风险管理、投资银行等专业子公司。

（3）发挥金控集团平台作用。优化整合地方存量金融资源，推动市属法人金融机构、地方金融组织、国有投资公司、产权交易机构、政府引导基金、产业扶持资金等金融资产向成都交子金控集团集聚集中，形成协同放大效应。支持成都交子金控集团对接全市重大战略和产业项目，以控股参股、兼并重组、发起设立等多种形式，拓展业务架构与经营范围，充分发挥招商引领与投资带动作用，撬动更多资源参与成都金融业发展，更好引进培育增量金融资源。

（二）做大做强法人金融机构，提升金融服务辐射能力

（1）完善法人机构市场化经营机制。支持本地法人机构加快完善公司治理和现代企业制度，建立市场化选人用人机制和激励约束机制，优化风险内控机制，加强外部市场约束，提升经营效率和核心竞争力。支持法人机构通过增资扩股、整合重组、引进战略投资者、公开发行上市、发行债

券融资等方式扩大资产规模，增强资金实力，提升资本运作能力和资产证券化水平。

（2）支持法人机构扩大业务范围。建立健全奖补政策和风险分担救助机制，支持有实力的本地法人机构开展兼并重组，通过发起设立产业联盟和行业组织，跨区域整合金融资源，拓展中西部、京津冀、珠三角、长三角等重点地区及“一带一路”沿线国家市场，加强资本和人才输出，开展综合性多元化经营，实现组团式外延式发展，争取打造一批在全国乃至全球有影响力的本地法人机构。

（三）发展壮大地方金融组织，打通服务实体“毛细血管”

（1）创新地方金融组织发展模式。支持符合条件的社会资本和各类企业发起设立小额贷款公司、融资担保公司、典当行、融资租赁公司、商业保理公司等各类地方金融组织。支持经营状况良好、风险控制水平较高的地方金融组织，通过增资扩股、兼并重组、经营托管、资本市场上市等方式做大做强，以集团化形式拓展市场，形成一批业务模式领先、竞争优势突出的骨干企业。

（2）拓宽地方金融组织融资渠道。针对资本金不足、融资渠道有限等行业“痛点”，支持地方金融组织推进资产证券化，合理放大资本利用倍数，提升资本金实力。以地方要素交易平台为主体，探索构建地方金融组织资金拆借市场，支持银行、证券、保险等机构参与，发挥传统金融资产规模大、成本低的优势，为地方金融组织提供长期可靠的资金来源。

（3）完善地方金融组织支持政策。充分发挥地方金融行业协会桥梁纽带作用，推动地方金融组织与银行、保险、信托等持牌金融机构合作，为中小微企业提供投保联动、投贷联动等创新金融服务。提升地方金融协会行业自律能力，拓展政策宣导、人员培训、业务对接、信息共享等综合服务功能，协调解决地方金融组织涉税、涉诉等行业共性问题，促进地方金融行业良性竞争、合作共赢与规范发展。

二、优化高流动性的金融市场体系

（一）加强信贷市场建设，有效增加信贷产品供给

（1）推进银行信贷业务创新。支持银行业机构开展知识产权质押贷款、股权质押贷款、纯信用贷款等信贷业务，综合运用买方信贷、卖方信贷、融资租赁等金融工具，拓展票据、信用证等中间业务，积极探索投贷联动等新型融资模式，充分利用“科创贷”“壮大贷”“科票通”“小贷通”“农贷通”以及应急周转金等政策性金融产品，创新提高信贷融资服务功能。鼓励发展数字银行业务，在依法合规的前提下探索推行远程申贷、线上放贷等创新业务模式。

（2）着力改善和优化信贷结构。鼓励金融机构加大对小微、“三农”、新经济、绿色环保、住房租赁等领域企业的信贷支持力度。加快推进“蓉易贷”综合金融服务体系建设，推动建立风险

补偿资金池，全面构建银政担即银行与政府风险分担模式，提升中小微企业首贷率和信用贷款占比。抓好用足信贷资源，鼓励引导银行等金融机构加大对“东进”等重大战略、天府国际机场建设等重要项目的信贷支持，创新投融资方式，设立绿色通道。推行产业功能区主办行制度，提升金融服务产业生态圈建设水平。

（二）用好用活资本市场，提升经济证券化水平

（1）加快推动企业境内外上市融资。紧抓全面深化资本市场体系改革机遇，加强与境内外交易所互动交流，建设拟上市企业后备资源库，并加大企业筛选、培育和辅导力度，推动一批科创企业、新经济企业登陆境内外资本市场。搭建“交子之星”企业上市服务平台，推进企业规范化改制，开展企业上市培训，培育一批治理结构完善、经营管理规范、信用状况良好的上市后备企业。鼓励上市公司通过增发、配股等方式实现资本市场再融资，支持上市公司通过设立并购基金或与私募基金合作等方式围绕上下游产业链开展资源整合。

（2）加强发债融资支持力度。积极利用我国债券市场扩大参与主体、取消 QFII 额度限制等改革开放政策以及外资加大中国债券配置等机遇，引导全市企业在沪深交易所和银行间债券市场发行公司债、企业债、中期票据、短期融资券等债券融资工具，鼓励全市符合条件的企业发行专项债、绿色债、资产支持证券（ABS）等创新债券品种，全面提升成都市企业直接融资比重。鼓励金融机构发行绿色金融债支持节能环保、新能源等绿色产业发展。

（3）大力支持资产证券化业务。支持商业银行开展零售类资产、小微企业信贷资产、不良资产证券化等试点。支持小额贷款、融资担保、融资租赁等地方金融组织联合开展资产证券化。推动企业应收账款、信托受益权等资产证券化。推动军工企业、军民融合企业开展项目资产证券化，盘活存量资产，提升经营活力。推动有稳定现金流的旅游景点、供水供热、垃圾污水处理、保障性住房、停车场等资产证券化，提升城市基础设施与公用事业资本运作能力。

（三）建好建强交易市场，提升市场交易活跃度

（1）建设具有全国影响力的大宗商品现货电子交易市场。支持天府商品交易所等区域商品交易所围绕成都作为区域重要商品生产地及现货贸易集散地优势，以实际交割和形成定价权为目标，以国内、国外网络化交割库、分中心建设为依托，通过线上线下相结合的手段，开展大宗商品全款现货，汇聚大中型生产贸易企业，引领大宗产品 O2O 交易，促进商贸流通。支持区域大宗商品交易所系统与银行、保险等金融机构信息同步交互，实现厂库仓单订单等线上融资服务。

（2）建成全国最大场外交易市场。积极对上争取，筹建全国性股权交易中心联盟，综合运用区块链等现代金融技术，打造集投融资项目管理、交易转让、登记托管结算、信息披露、中介服务管理等功能于一体的“集中统一功能+分布式运营”全国性区域股权交易市场。引导天府（四川）

联合股权交易中心围绕新经济开通科技创新、天府农业等专业板块，完善“一市多板”发展架构。强化投融资路演服务体系建设，推动金融机构开展企业股权质押融资、应收账款融资、支持符合条件的生产流通企业以及融资租赁公司等地方金融组织发行可转债。

（3）打造与新经济发展相匹配的新型要素市场。以成都大数据中心为基础，设立区域大数据交易中心，以政府公共数据资源开放、开发、产业化为先导，汇聚、脱敏、流转社会大数据资源，强化数据模型、数据金融衍生品开发，完善数据交易规则、标准和定价机制，推动数据资源化、资产化、资本化，助推成都打造国家数字经济发展高地。

三、丰富高科技驱动的新金融业态体系

（一）创新发展科技金融①

引导和推动各类新型孵化器、众创空间、金融机构与高校院所多方合作，为创业者提供直接融资支持，为初创期、成长期科技小微企业提供低成本、便利化、全要素的金融综合服务。支持各类金融机构组建服务科技企业的专营机构和业务团队，支持银行业金融机构与创业投资、证券、保险、信托等机构合作，积极探索投贷联动、股债结合等创新型融资方式，促进交叉性、综合性科技金融产品和服务方式创新。加大对天使投资、创业投资的政策支持力度，形成良好创业投资环境。加强优秀科技企业上市培育、辅导，支持科技企业利用资本市场融资做大做强。鼓励保险公司针对科技企业需求定制一揽子保险产品和风险保障方案，满足科技型企业在不同发展时期的保险需求。

（二）创新发展消费金融②

依托成都广阔的市场腹地和不断升级的消费需求，鼓励金融机构设立消费金融服务中心、事业部等机构，引进和培育消费金融公司，支持大型电商、零售服务商等积极参与新型消费金融组织发展。支持消费金融机构针对细分市场提供特色服务，在租房消费、养老消费、绿色消费等重点消费领域创新产品和服务，推动消费金融信贷资产证券化，助力成都建设国际消费中心城市。推动消费信贷与互联网技术相结合，鼓励金融机构创新消费信贷抵（质）押模式，开发不同首付比例、期限和还款方式的信贷产品。整顿消费金融市场秩序，规范互联网消费金融创新，把握好保持居民合理杠杆水平与消费信贷合理增长之间的关系。

---

① 科技金融是为科学技术研发、产业化发展培育、科技成果转化、科技成果产业化发展、高科技企业发展提供金融支持的一系列金融工具、金融制度、金融政策与金融服务的系统性和创新性安排。参见：赵昌文，陈春发，唐英凯. 科技金融［M］. 北京：科学出版社，2009：10.

② 消费金融是金融机构为满足个人消费需要而提供的各种金融产品和服务。参见：凌炼，龙海明. 消费金融影响居民消费行为的机制分析［J］. 求索，2016（5）：78-82.

（三）创新发展农村金融①

鼓励本地金融机构设立“三农金融事业部”，推动符合条件的社会资本设立村镇银行、农村互助保险公司等新型农村金融机构，提升农村 POS 机、ATM、STM 以及惠农金融服务在农业人口密集和小微企业集中的网点布局。依托“农贷通”金融服务平台，支持涉农金融机构开展农村产权抵（质）押贷款、“三农”金融债券发行等金融服务。完善以财政出资为主的风险补偿基金，发展财政贴息、免抵押担保的扶贫小额信贷，有效满足涉农金融业务发展需求。围绕农业生产经营的自然风险和市场风险，支持农业保险扩面、提标、增品，开发满足农业经营主体需求的保险产品，延伸农业保险产品链，建立多层次农业保险保障机制。

（四）创新发展供应链金融②

鼓励商业银行、保理机构、第三方物流企业、供应链管理企业、供应链核心企业、大数据企业、电商平台、传统商贸流通企业、行业协会等主体联合建立供应链金融平台。通过深入挖掘供应链上下游企业的应收应付、预收预付、订单仓单、存货等项目信用资源，创新供应链金融产品与服务，为企业提供成本相对较低且高效便捷的融资服务。鼓励供应链金融平台应用区块链、智能合约等技术，打破传统供应链金融“信用衰减效应”和“信息孤岛效应”；支持供应链金融平台对接工商、税务、司法等政府数据库，构建基于大数据的风控模型，降低金融风险。引入国内外具有一定实力的相关机构成立供应链金融研究院、供应链金融产业基金、供应链金融孵化器、供应链金融资产交易中心等，构建供应链金融创新发展的良好生态。

（五）创新发展绿色金融③

加大绿色金融政策扶持力度，鼓励金融机构设立“绿色金融事业部”、绿色支行等绿色金融专营机构，开辟绿色信贷审批专用通道。支持金融机构研发绿色信贷、绿色债券、绿色保险、绿色资产证券化等各类绿色金融产品，鼓励社会资本和国际资本发起设立市场化运作的绿色发展基金。优化绿色金融发展环境，支持发展绿色认证及评级机构等第三方专业机构和专业类公共服务平台。结合成都低碳城市建设，进一步完善碳排放权交易体系，积极参与全国碳排放交易市场建设，不断拓

---

① 农村金融是指服务于农村经济发展，为“三农”发展提供货币资金管理与流通、信用交易、金融中介以及金融相关的制度措施的总称，隶属于整个金融系统，具有金融相关的性质以及功能。参见：杨丽娟. 四川省农村金融发展对农民收入水平的影响研究［D］. 昆明：云南财经大学，2020.

② 深圳发展银行最初将供应链金融定义为在对供应链内部的交易结构进行分析的基础上，运用自偿性贸易融资的信贷模型，引入核心企业、物流监管公司等新的风险控制变量，对供应链不同节点提供封闭的授信支持及其他结算、理财等综合金融服务。参见：李健，等. 供应链金融述评：现状与未来［J］. 系统工程理论与实践，2020，40（8）：1977-1995.

③ 绿色金融是指为支持环境改善、应对气候变化和资源节约高效利用的开展的资金融通活动，即对环保、节能、清洁能源、绿色交通、绿色建筑等领域提供的金融产品和服务。

展排污权、用能权、水权等环境权益交易，打造服务全域绿色发展的西部碳交易中心。

（六）创新发展文化金融①

依托成都历史文化兴盛、文化资源丰富、文创产业发达等优势，大力推进文化金融领域投融资模式创新，综合运用银行、信托、基金、多层次资本市场等融资渠道和工具，形成支持文化创意企业全生命周期的融资服务机制，助力西部文创中心、世界文化名城建设。优化文化创意产业引导基金运作模式，发展种子投资、天使基金、创投基金等风险投资基金，撬动更多社会资本和境外资本参与涉文产业投资。鼓励商业银行结合文化创意特征，开展演艺贷、出版贷、文化无形资产质押贷等创新信贷业务。拓展文化艺术品产业链条，打造集展示、交易、储藏、抵押、评估、投资、融资等功能于一体的综合性文化资产管理平台。

四、健全高外向度的金融开放体系

（一）加大对外开放力度，提升成都金融国际化水平

（1）加快推动金融领域开放。支持境外金融机构在蓉设立总部（区域总部）、分支机构（子公司），支持外资在蓉设立信用评级机构、货币经纪公司等金融中介服务机构，着力构建与国际接轨的专业化金融中介服务体系。借鉴上海、深圳等自贸试验区金融开放经验，争取监管部门支持，探索设立合资证券公司、合资基金管理公司、合资保险公司。支持外资金融机构作为战略投资者入股成都本地法人金融机构，加强业务、人才、市场等领域全面合作。

（2）推动本地机构海（境）外布局。顺应生产体系布局全球化趋势，支持本土金融机构稳健拓展国际业务，培养一批立足本土、走向世界的国际性金融机构，提升成都在全球金融格局中的知名度。完善货币兑换、人员和资本等要素跨境流动制度体系，促进本土机构境外投资和经营便利化，创新“园区+金融”合作模式，实现资本与产业“抱团出海”。鼓励金融科技企业、金融创客空间、金融孵化器等各类新型金融机构或平台与境外传统金融机构合作，创新金融服务模式，拓展海（境）外市场。

（3）鼓励跨境金融服务创新。顺应人民币国际化战略，依托自由贸易试验区，进一步打通本外币、境内外、在岸离岸市场的对接合作路径，持续拓宽跨境资金资本融通渠道。鼓励商业银行等金融机构为成都企业提供离岸账户以及境外本外币融资、人民币资金池、外汇资金集中运营管理等金融创新服务，扩大离岸存款、贷款等离岸金融业务，满足企业多元化金融需求。推动“一带一路”金融服务中心建设，搭建集信息共享、政策咨询、项目沟通、金融对接等功能于一体的投融

① 文化金融是指支持和服务文化产业发展的金融产品、工具、手段、业务。

资服务平台，打造面向“一带一路”金融开放合作的桥头堡。持续推进多式联运提单融资、“一单制”金融结算等金融创新，探索“一带一路”物流金融新规则。继续争取银行不良资产跨境转让、人民币贸易融资资产跨境试点、个人本外币兑换特许业务试点以及一定额度内人民币与“一带一路”沿线国家地区小币种外汇自由兑换业务试点。

（4）完善国际交流合作机制。加强与纽约、伦敦、香港、新加坡、东京、巴黎、法兰克福等全球主要国际金融中心以及俄罗斯、以色列、哈萨克斯坦等“一带一路”重点城市的交流合作，创新交流合作机制，学习借鉴国际金融中心在环境营造、人才培训、金融监管等领域的先进经验，构建具有中国特色、符合国际惯例的金融运行规则和制度体系，提升成都金融国际化水平。加强与上海、北京、深圳等金融中心的沟通和对接，建立常态化对话机制，通过委派、挂职等方式深化交流合作。

（二）深化区域金融合作，共同打造西部金融开放高地

（1）推动成渝共建西部金融中心。共建区域资本市场中心，强化沪深交易所、全国中小企业股份转让系统西部基地服务功能，探索设立西部地区私募股权基金服务平台，共同建设区域性统一要素市场。共建成渝金融科技中心，加强成渝在金融科技领域的交流合作。共建特色功能金融中心，共同向银保监会争取新设一批消费金融公司、汽车金融公司等法人金融机构，共同搭建供应链公共服务平台和培育供应链服务机构，共同申建全国金融服务乡村振兴试验区、国家绿色金融改革创新试验区、国家文化与金融合作示范区，探索区域特色金融发展的西部新路。共建“一带一路”金融试验区，协同加快西部金融对外开放步伐。共筑跨区域地方金融风险防火墙，推动成渝两地监管数据开放，提升跨地域、跨行业交叉性金融风险的甄别、防范和化解能力。

（2）促进成（都）德（阳）眉（山）资（阳）金融同城化。探索经济区和行政区适度分离，推动在蓉银行、证券公司、保险公司、期货公司等金融机构在德阳、眉山、资阳设立分支机构。支持金融机构和大型科技企业依法在成都、德阳、眉山、资阳四市设立金融科技企业，共同拓展金融科技应用场景。成立“交子之星”企业上市服务平台，为拟上市企业提供债券市场融资、投资者教育、研究咨询等一揽子服务。利用成都金融优势，为德阳、眉山、资阳引入战略金融资源和离岸金融资源。强化四市小额贷款、融资租赁、商业保理等地方金融组织业务交流，推动资源互补，实现错位分工、协同发展。采用“平台搭建+政策配套”模式，推动交子金融服务平台与德阳、眉山、资阳在项目规划、项目评审评级、授信额度核定、还款安排、信贷管理及风险化解等方面开展深入合作。推进信息联网与共享，共同打造地方金融监管服务平台。

五、打造强劲的金融科技[①]引擎

（一）强化金融科技技术研发，抢占未来发展风口

（1）着力培育金融科技创新主体。加大金融科技企业引进力度，争取金融科技行业巨头在成都设立子公司、研发中心、事业部，联合国家级科研机构在成都设立金融科技实验室和研发机构。推进金融科技众创空间、孵化器、加速器建设，构建金融科技培育孵化体系，加快培育一批金融科技领域新锐企业，促进金融科技创新创业和产业化发展，抢占金融科技发展制高点。

（2）加强金融科技核心技术攻关。发挥成都科教资源丰富的优势，支持本地高校院所建立金融科技相关学科体系，推动经济金融、计算机科学、数理科学等多学科交叉融合，夯实金融科技应用理论基础。发挥成都软件和信息服务产业研发优势，支持科技企业联合金融机构设立金融科技研发机构、组建专项研究团队、加大专项研究投入，强化人工智能、大数据、物联网等金融科技底层关键技术、前沿技术领域的理论研究和技术攻关。针对金融科技发展面临的共性技术难题，推动产业部门加大支持力度，鼓励科技企业加强研究，为金融科技发展与应用提供技术支撑。

（3）提升金融科技成果转化能力。完善科技成果转化服务体系，打通政产学研用协同创新通道，进一步激发金融科技相关企业、高校科研院所等创新活力，持续强化知识产权金融支撑保障功能，促进金融科技成果加速转化，引导相关成果高效应用于金融领域。鼓励金融机构、市属国有企业等市场主体深化与金融科技企业合作，以市场化方式促进科技成果转化。

（二）深化金融科技示范应用，提升金融服务效能

（1）拓展金融科技应用场景。推动金融机构与科技企业合作，利用互联网、大数据、云计算、物联网等新技术，探索金融新模式、新服务、新工具，提升金融服务效率、风险管理水平和市场竞争能力。加快推动数字普惠金融发展，实现投融资信息共享和多层级信用传递。扩大金融科技惠民创新，丰富支付结算应用场景，将金融服务深度融入社会民生领域，提升社会保障、诊疗、公共事业缴费等领域的服务便利度，实现民生领域金融便捷服务广覆盖。推进金融科技在供应链、保险、证券等领域的应用，深化政务数据和金融数据的融合共享，助推“放管服”改革和金融业务创新，优化城市营商环境，提高政务服务水平。

（2）完善金融科技配套服务。针对金融科技发展新趋势，加快制定满足市场发展需要的行业标准，从基础通用、产品服务、运营管理、信息技术和行业管理等方面规范引导金融创新，支持本

① 金融科技是技术驱动的金融创新，旨在运用现代科技成果改造或创新金融产品、经营模式、业务流程等，推动金融发展提质增效。

地优秀标准转化为国家标准乃至国际标准。通过孵化平台、专项合作、试点推广等手段，促进金融科技成果及时转化和共享，提升金融科技产业链整体竞争力。探索构建金融科技统计和风险监测体系，准确把握金融科技的发展演进和风险变化。

（三）推动金融科技基础建设，夯实产业发展根基

（1）重点打造交子公园金融科技核心聚集区。以交子公园金融商务区为核心载体，立足“一心一轴一带两核五区”总体空间格局，围绕“汇聚金融科技力量、完备金融科技生态”两大主线，加快完善区域专业配套服务，打造交子金融梦工场金融科技创业孵化品牌，聚焦区块链、大数据、云计算、人工智能、物联网等五大底层技术驱动的金融创新，涵盖区块链金融、金融安全、数据征信、快捷支付、新型融资、智能投顾等金融科技前沿领域，形成具有全国影响力的金融科技产业集群。

（2）有序推动天府国际金融科技产业园建设。按照“起步区投运，拓展区规划”的思路，在天府新区成都科学城高标准规划、高水平建设、创新性运营天府国际金融科技产业园。采用“项目定制+统一开发”的建设模式，实行标准化、品牌化、规模化运营管理，为金融科技企业提供完备的产业载体和完善的运营服务。聚焦培育基于大数据、云计算、区块链、人工智能等新兴信息技术驱动的金融科技产业，打造金融科技产业创新生态链，嫁接一系列新金融共生性产业和辅助性产业，形成完整的金融科技产业链和生态圈。

（3）差异化推进特色鲜明的金融科技聚集区发展。以科技金融大厦（盈创星空金融科技孵化器）为载体，针对不同发展阶段的金融科技企业提供差异化服务，培育完善的金融科技产业生命周期业态，形成雏鹰、瞪羚、独角兽、平台生态型龙头企业的梯度培育体系。依托白鹭湾新经济总部功能区，以金融安全为主导，重点发展金融安全大数据、金融信息系统安全、身份识别、金融风险管理、金融监管技术与服务等产业，强化区块链等金融安全技术基础设施建设，建成金融安全综合服务平台，打造金融安全领域“单打冠军”。以成都青羊文化金融商务区为核心，探索构建“金融+科技+文化”三元动力体系，通过金融科技带动文化金融创新发展，积极打造具有全国示范带动作用的文化金融科技融合高地。以青白江国际铁路港为载体，构建“核心企业+中小微企业+金融机构+金融产品+风险防控”的供应链产融一体化体系，强化区块链技术赋能，建成跨境供应链金融服务中心，力争打造我国跨境供应链金融创新发展的高地。

（四）引导金融科技规范发展，筑牢金融安全屏障

（1）打造多层次金融科技风险防范体系。统筹推动金融安全与网络信息安全建设，推进机构治理、行政监管、行业自律、社会监督、法律约束五位一体的多层次金融科技风险防范体系建设。充分评估新技术与业务融合的潜在风险，建立健全试错容错机制，构建跨行业、跨部门的风险联防联控体系。探索运用信息公开、产品公示、社会监督等柔性管理方式，防止风险交叉传染，实现风

险早识别、早预警、早处置，提升金融风险整体防控水平。

（2）加强新技术的合规应用。正确界定金融科技创新与安全的边界，加强新技术基础性、前瞻性研究，在安全合规的前提下，合理应用新技术赋能金融产品与服务创新。引导金融机构充分评估新技术与业务发展融合存在的风险，建立健全风险预警指标体系，优化风险管理机制，降低合规管理成本。

（3）建立健全数据管控体系。引导金融机构、金融科技企业充分评估潜在风险，严格遵循“用户授权、最小够用、全程防护”原则，建立覆盖数据全生命周期的安全管理体系，把好安全关口。根据业务需求明确数据安全策略，制定数据安全制度和相应的数据安全管理规范、安全基线与操作流程，保护数据的完整性、保密性、可用性，推动数据安全技术措施实现“同步规划、同步建设、同步使用”，确保金融数据安全合规应用。

六、建设优质的金融空间载体

（一）筑牢产业根基

围绕交子公园金融商务区等 6 个产业功能区的发展定位和细分领域主攻方向，动态调整“两图一表”，集中政策和要素资源招大引强，通过精准引进和精心培育，集聚一批持牌金融机构、地方法人机构、外资金融机构以及行业龙头企业和领军企业，促进金融机构数量和质量跨越提升。支持具有引领带动力的机构或企业从产业链协作、信息共享等维度整合资源，建立产业联盟，不断增强产业发展集中度和功能区辨识度，推动金融产业体系不断完善，带动经济规模效应和影响能力显著增强。

（二）强化功能平台

聚焦创新提能，在交子公园金融商务区等 6 个产业功能区核心起步区打造高品质科创空间、创新创业载体，深入推进校、院、企、地融合发展，集聚金融创新资源。聚焦平台打造，广泛邀请各类金融机构共建交子金融服务平台，积极推广交子金融“5+2”平台机制优势和服务经验，共建开放合作平台，加快推动设立“一带一路”金融服务中心。聚焦园区建设，推动功能区空间布局与区域总规、城市设计紧密衔接，提升园区显示度和辨识度，增强产业聚集力。

（三）完善基础配套

以打造功能复合、职住平衡、服务完善、生态宜居的产业功能区为导向，深入实施交子公园金融商务区等 6 个产业功能区功能配套建设。科学谋划一批专业楼宇、人才公寓等符合现代金融产业发展需要和人才需求的配套设施；系统谋划一批高品质、网络化的基础设施建设项目，构建多层次、立体化、内外联通的功能区交通网络体系；着力开展住房及生活配套建设，按公园城市理念建设生态区、绿廊、绿道等绿化系统；超前布局一批以5G、物联网为代表的新型基础设施和智慧应用，提升产业功能区生活配套水平，凸显城市现代化品质。

七、构建良好的金融生态环境

（一）营造优质服务环境

（1）构建一流人才环境。围绕成都金融发展规划与实际需要，制定人才需求目录、团队建设规划、人才激励保障政策，建立健全与金融市场相适应、有利于吸引和留住人才、激励和发展人才的薪酬和考核制度。拓宽人才引进渠道，通过社会招聘吸纳成熟人才，通过校园招聘储备后备人才，通过顾问、特聘等形式引进行业顶尖人才。制订金融人才培养计划，深化校企合作，注重从业人员创新意识与创新能力培养，为金融发展提供智力支持。

（2）提高政府服务水平。聚焦金融服务专项改革，完善权力清单、责任清单和中介服务事项清单，持续简政放权，合理确定准入门槛，简化审批程序，提高服务效率。持续推动交子金融“5+2”平台建设，为中小微企业提供稳定优惠的融资渠道。改革政府扶持产业资金支持方式，构建成本补贴、风险补偿、投资引导以及专项奖励的联动机制，充分发挥财政资金杠杆放大作用。

（3）优化金融法治体系。加强金融监管部门与司法部门沟通协作，实现信息共享。对执法、司法人员开展专门的金融知识、业务培训，提升金融执法与司法水平。建立成都金融法治建设联席会议制度，联合司法机构、执法机构及相关政府部门及金融机构，研究分析金融司法建设重大问题，推动成都金融法治建设。

（4）强化政策体系建设。加强现有特色产业政策的梳理和评估，根据特色金融发展情况动态调整政策执行内容，完善成都特色金融发展政策体系。依据自贸试验区下放的外商准入区域与条件，注重外商国民待遇标准，优化对外商的政府服务体系。依托对外交往平台的搭建，加强对“走出去”企业支持力度，为其提供境外法务、金融制度等咨询服务。

（二）着力防范金融风险

（1）规范地方金融组织发展。引导地方金融组织经营回归本源，突出主业，严格规范业务，保证经营合法、规范、透明。持续推动小额贷款、融资担保公司优化股东结构，做强资本实力，提升行业整体质量。推动典当行“减量提质”、转型发展，鼓励通过并购重组等发展壮大，打造1~2家典当行业“红旗连锁”。加大融资租赁行业培养力度，推动出台相关支持政策，鼓励融资租赁企业合规拓展业务、服务实体经济。支持在中国（四川）自由贸易试验区内规范发展商业保理业务，围绕产业链布局融资链。

（2）防范涉众型金融风险。依法打击非法集资行为，持续开展以网贷为重点的互联网金融风险专项整治，稳妥有序推进交易场所清理整顿处置工作。严抓准入关口和排查工作，坚持“谁审批谁负责”“谁主（监）管谁负责”原则，结合大数据等现代技术和现场排查等方式，严抓市场准入和审核，加大对非法集资等涉众型金融风险的识别和查处力度。深入开展宣传，提高社会公众对非法集资等涉众型金融风险的识别防范能力和法律意识，引导其逐步树立“风险自担、买者自负、理性表达诉求”的理念，远离非法金融活动。

（3）防范法人机构经营风险。优化与在蓉金融监管部门之间的协调沟通机制、市区两级双向联动机制，防范地方法人金融机构风险事件。完善地方法人金融机构审核审批备案制度和流程，加强对新进股东严格准入和审核，做好年审、监管评级、风险排查、现场检查等相关监管工作，切实防范和化解金融风险。强化小额贷款、融资担保、典当、融资租赁、商业保理、地方资产管理公司监管。完善金融风险监测预警平台建设，实时收集各类金融业态的基础数据，通过大数据、云计算等技术手段开展动态监测和及时预警。

（4）构建协同金融稳定机制。在防范金融风险领导小组统一领导下，健全处置非法集资联席会议工作机制，打造上下联动的风险防范格局，形成对接一行两局、凝聚省市合力、协调地市州、动员区（市）县的“一盘棋”工作模式，形成金融预警信息报送、反馈和处置的工作闭环。实行“区（市）县+市级部门”联合审查，事前、事中、事后实时监控，打通平台、部门间分控监管信息交互壁垒，形成金融风险排查及预警长效机制。

第四节　成都市现代金融产业生态圈发展保障措施

一、加强组织领导和统筹协调

深入推进“分管领导+市级部门+区（市）县”的工作机制，由分管市领导牵头，系统研究金融产业功能区的功能协同和产业政策，全局谋划重大项目招引、重点企业培育、重要政策制定等重大问题。加强与省金融监管部门的请示沟通，完善金融联席会议制度，积极研究和构建产业发展促进机制。各区（市）县建立相应组织领导和工作推进机制，形成一级抓一级、层层抓落实的工作格局。组建成都市现代金融产业生态圈联盟，按照“创新发展，开放共赢，共建金融，共享‘金蓉’”的宗旨，整合全市优质金融资源，打破要素壁垒、释放各方潜能、拓展生态边界、重塑发展格局，促进联盟单位创新发展、合作共赢。

二、加强宣传推介和氛围营造

强化市区两级协调联动，主动宣传和引导社会各界关心关注现代金融产业生态圈建设，推进相关政策措施公开透明，正面引导社会舆情，努力营造成都市现代金融产业生态圈建设良好的舆论氛围，确保政策准确传导并有效实施。积极推动金融机构、行业自律组织等主体运用多种形式广泛开展宣传工作，普及现代金融产业发展的相关知识，提升消费者金融素养，培育现代金融理念，增强消费者风险防范能力，为高质量打造成都市现代金融产业生态圈创造良好的社会环境。

三、加强考核激励和绩效评估

充分发挥工作绩效评价考核的导向推动作用，构建覆盖主导产业发展与企业培育、政策资源方向和效率、生产生活配套和设施等方面的差异化评价考核指标体系。根据产业功能区、特色集聚区发展情况，动态评估全市现代金融产业生态圈的建设成效。建立定期通报推进情况和动态评估工作机制，通过定期督导、分层管理、动态调整等方式，营造全市上下齐抓共管、比学赶超、竞相发展的生动局面。健全绩效评价考核激励机制，对发展成效突出的现代金融产业功能区、特色金融产业集聚区给予通报表扬、政策倾斜等奖励。

第二部分

产业篇

——成都市现代金融产业生态圈的核心主体分析

作为现代金融产业生态圈的关键维度之一，金融产业核心主体既是各项金融活动的主要参与者，也是现代金融产业生态圈发展的起点与核心。现代金融产业生态圈为金融产业核心主体的发展提供必要的“土壤”，而随着金融产业核心主体的壮大，反过来进一步提升现代金融产业生态圈的凝聚力和辐射力。

成都市金融产业核心主体由金融机构体系、金融市场体系、新金融业态体系组成，而金融科技则贯穿其中，为前三者创新赋能。近年来，成都国内外金融机构加速汇聚，地方法人金融机构发展质效稳步提升，金融机构体系不断健全；信贷市场规模持续扩大，多层次资本市场体系不断完善，要素交易市场快速发展；科技金融、农村金融、消费金融、供应链金融、绿色金融、文化金融等新金融业态亮点纷呈，新金融业态体系进一步丰富。同时，成都积极抢抓金融科技创新监管试点等机遇，加快推动金融科技源头创新、孵化培育和转化应用，充分发挥金融科技对金融市场体系、金融机构体系、新金融业态体系的赋能作用，为金融高质量发展增添了新的动力源。

第一节　现代金融产业核心主体的构成

一、现代金融产业的三个核心主体

（一）金融机构体系

金融机构是金融服务的供给主体，大致可以划分为银行业组织机构、保险业组织机构、证券业组织机构、基金业组织机构和小额贷款、融资担保、融资租赁、商业保理等地方金融组织。成都市金融机构体系如图 2-1 所示。

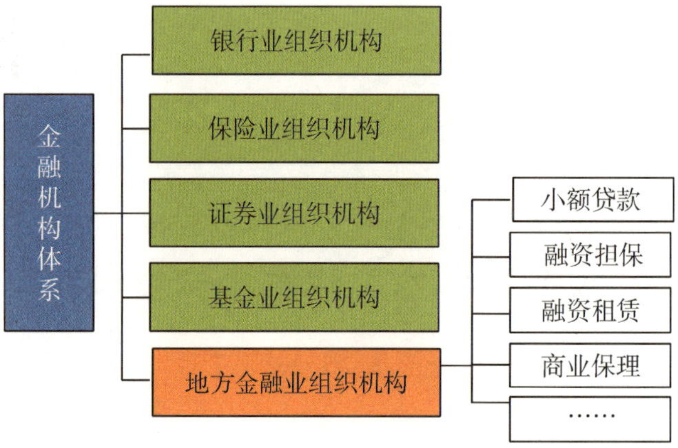

图 2-1　成都市金融机构体系

（二）金融市场体系

金融市场体系包括银行信贷市场、多层次资本市场和要素交易市场。其中，银行信贷市场主要支持企业通过间接融资渠道获取信贷资金；多层次资本市场主要支持企业通过上市、挂牌、发债等直接融资方式获取资金，或通过产业投资基金注入等方式融资；要素交易市场支持企业通过要素交易融资。成都市金融市场体系如图 2-2 所示。

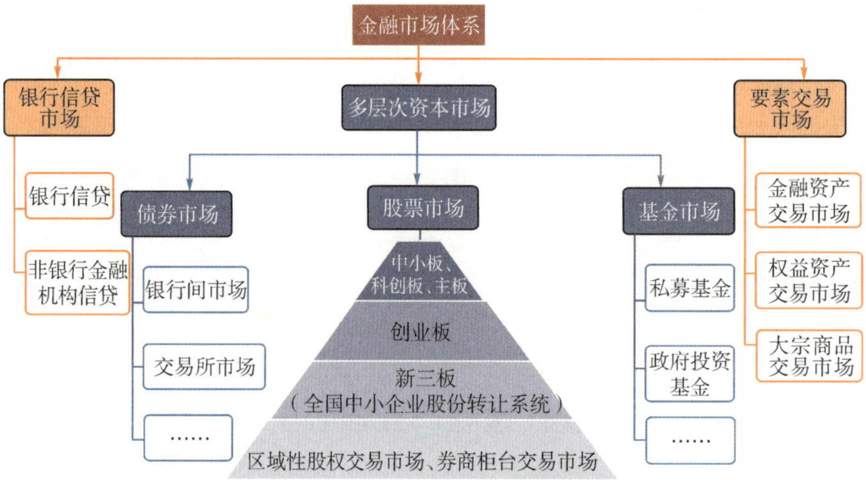

图 2-2　成都市金融市场体系

（三）新金融业态体系

新金融业态是在市场需求不断升级的催化下，现代金融产业突破传统金融服务局限性而演化出的新型金融模式，具体可以体现为针对特定需求主体创设的金融服务工具（如科技金融）、传统金融衍生的新经营业态（如供应链金融）、金融与其他产业耦合产生的新金融领域（如绿色金融、文化金融）等。近年来，为增强金融市场活力、提升金融服务实体经济效能，成都大力推动金融改革创新，目前已经初步形成了“科技金融、消费金融、农村金融、供应链金融、绿色金融、文化金融”等多种业态协同发展的新金融业态体系。成都市新金融业态体系如图 2-3 所示。

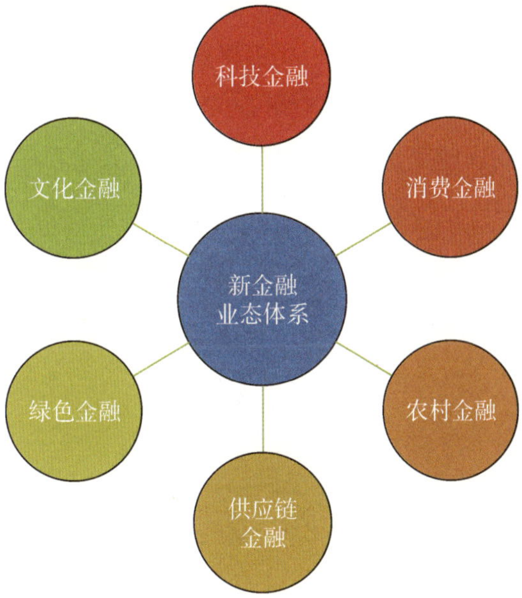

图 2-3　成都市新金融业态体系

二、金融科技赋能背景下现代金融产业核心主体间的交互关系

金融市场体系、金融机构体系、新金融业态体系这三个现代金融产业生态圈核心主体在金融科技赋能背景下，形成了相互交织、相互联动的完整闭环。

（一）金融科技的内涵

目前，对金融科技的定义尚未统一。国际权威机构金融稳定理事会（FSB）认为，金融科技是“由大数据、区块链、云计算、人工智能等新兴前沿技术带动，对金融市场以及金融服务业务供给产生重大影响的新兴业务模式、新技术应用、新产品服务等”；美国国家经济委员会（NEC）认为，金融科技是“涵盖不同种类的技术创新，这些技术创新影响各种各样的金融活动，包括支付、投资管理、资本筹集、存款和贷款、保险、监管合规以及金融服务领域里的其他金融活动”；英国金融行为监管局（FCA）认为，金融科技“主要是指创新公司利用新技术对现有金融服务公司进行去中介化”；新加坡金融管理局（MAS）认为，金融科技是指“通过科技来设计新的金融服务和产品”①。中国人民银行在《金融科技发展规划（2019—2021 年）》中提出，“金融科技就是技术驱动的金融创新，

① 中国信息通信研究院. 中国金融科技生态白皮书（2019）[R/OL].（2019-07-10）[2020-07-05]. https://www.sohu.com/a/325939245_120025397.

旨在运用现代科技成果改造或创新金融产品、经营模式、业务流程等，推动金融发展提质增效”①。

可以看出，金融科技是通过云计算、大数据、人工智能、区块链等为代表的新兴技术变革，催生出的新的业务形态和组织形态，主要涉及运用科技创新的传统金融机构、利用金融科技推出新服务和新产品的新兴金融业态以及为传统金融机构提供技术服务的金融 IT 服务企业三类主体。近年来，金融科技服务已经由辅助传统金融机构节约成本、提升效率的粗放阶段逐步向帮助金融产业核心主体实现价值创造的高级阶段转变。金融科技的内涵如图 2-4 所示。金融科技发展历程及服务内容演进如图 2-5 所示。

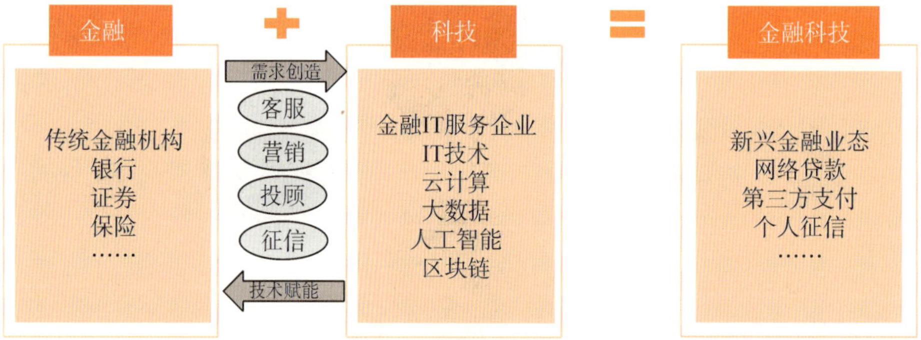

图 2-4　金融科技的内涵

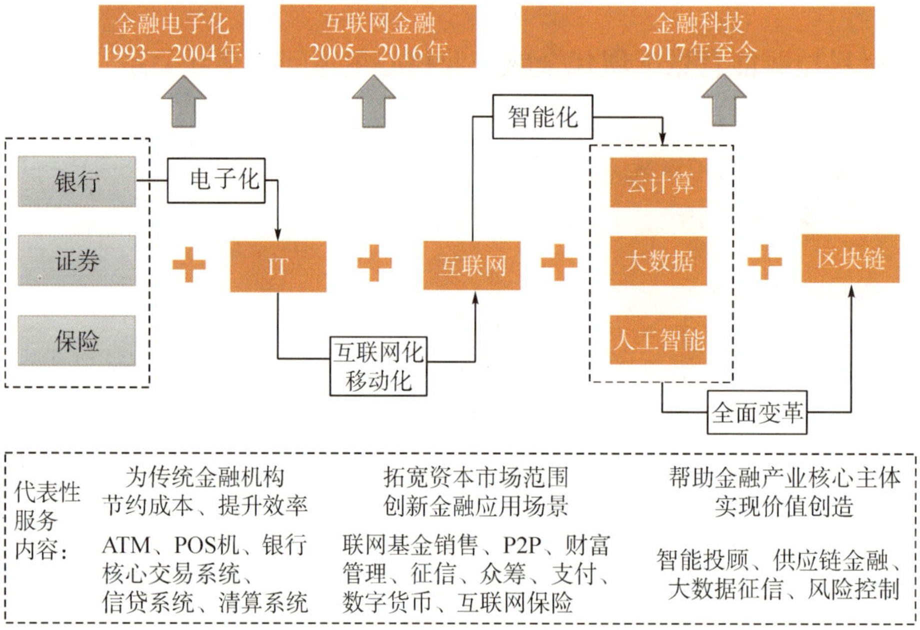

图 2-5　金融科技发展历程及服务内容演进②

① 中国人民银行. 金融科技（FinTech）发展规划（2019—2021 年）[R/OL].（2019-08-23）[2020-07-05]. http://www.pbc.gov.cn/zhengwugongkai/127924/128038/128109/3886683/index.html.

② 天风证券. 非银：Fintech 重塑金融，三类主体站上风口——金融科技系列之一 [R/OL].（2019-05-08）[2020-07-05]. https://www.vzkoo.com/news/520.html? pid=.

（二）现代金融产业核心主体间的交互关系

在金融科技赋能背景下，金融市场体系、金融机构体系和新金融业态体系相互链接，形成了资金流、价值流和信息流高效循环流通的闭环，构建起支撑现代金融产业持续、健康、快速发展的有机生态系统。具体来看，资金从金融市场流出，依托金融机构供给的各类金融产品与服务演变出多样化的新金融业态，最终注入实体经济，与土地、劳动、技术等要素相结合实现价值创造，再回流和回馈于金融市场；金融科技则对金融市场体系、金融机构体系、新金融业态体系进行赋能，通过云计算、大数据、人工智能、区块链等前沿科技与传统金融业务、场景的叠加融合，进一步优化金融机构运营方式、提高金融市场资金配置效率、提升新金融业态的价值创造能力，推动现代金融产业发展提质增效。金融科技赋能背景下成都市现代金融核心主体的交互关系如图 2-6 所示。

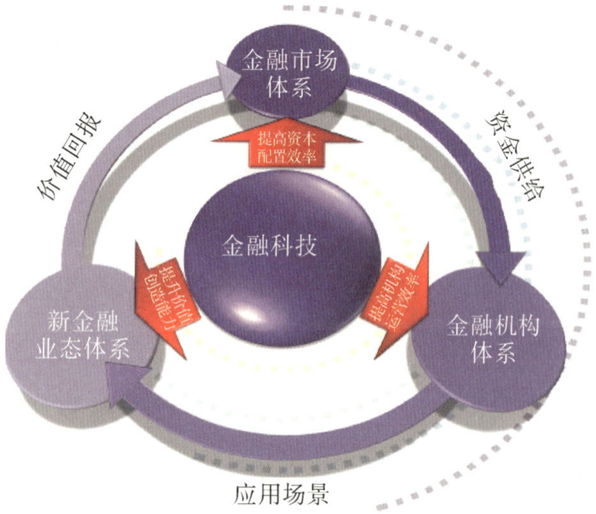

图 2-6　金融科技赋能背景下成都市现代金融核心主体的交互关系

第二节　成都市金融机构体系及重点领域情况分析

一、银行业组织机构

（一）银行业机构及功能性总部不断汇集

截至 2019 年末，成都银行业金融机构为 86 家，其中在蓉外资银行分行为 16 家，数量居中西部第一，建行投行交易中心、工行软件开发中心和集约运营中心等重大功能性总部陆续落地；成都市银行业金融机构网点 3 054 个，从业人员 7.74 万人。具体见表 2-1。

表 2-1　2019 年末成都市银行业金融机构网点与人员统计

项目	网点个数/个	法人机构数/个	从业人员数/人
政策性银行	21	0	1 185
国有商业银行	1 095	0	32 792
股份制商业银行	435	0	10 089
城市商业银行	346	1	9 420
农村商业银行	719	2	12 615
农村信用社	0	1	1 201
村镇银行	71	13	1 110
外资银行	23	0	774
非银行金融机构	8	6	2 125
邮政储蓄银行	332	0	4 823
资产管理公司	4	0	243
民营银行	1	1	1 061
合计	3 054	24	77 438

（二）银行业法人机构加速发展

截至 2019 年末，成都共有银行业法人机构 24 家。其中，法人商业银行 3 家、法人民营银行 1 家、法人村镇银行 13 家、农村信用社 1 家、法人非银行金融机构 6 家。具体见表 2-2。成都农商银行实现股权回归；成都银行成为省内首家上市银行，资产规模跃升至 4 738 亿元，2019 年成都银行营业收入 127 亿元，同比增长 9.8%，实现净利润 55.5 亿元，同比增长 19.4%。

表 2-2　2019 年末成都市银行业法人机构情况

序号	机构名称	机构类型	成立时间	注册资本
1	成都银行	城市商业银行	1996 年 12 月	36.12 亿元
2	成都农商银行	农村商业银行	2010 年 1 月	100 亿元
3	简阳农商银行	农村商业银行	2006 年 12 月	6.74 亿元
4	崇州上银村镇银行	村镇银行	2011 年 11 月	1 亿元
5	金堂汇金村镇银行	村镇银行	2010 年 11 月	1 亿元
6	龙泉驿稠州村镇银行	村镇银行	2012 年 7 月	2.1 亿元
7	蒲江民富村镇银行	村镇银行	2011 年 12 月	5 000 万元
8	邛崃国民村镇银行	村镇银行	2008 年 1 月	5 000 万元

表2-2(续)

序号	机构名称	机构类型	成立时间	注册资本
9	大邑交银兴民村镇银行	村镇银行	2008 年 9 月	6 000 万元
10	都江堰金都村镇银行	村镇银行	2008 年 12 月	8 000 万元
11	彭州民生村镇银行	村镇银行	2008 年 9 月	5 500 万元
12	双流诚民村镇银行	村镇银行	2009 年 1 月	8 100 万元
13	新都桂城村镇银行	村镇银行	2011 年 11 月	1. 3 亿元
14	新津珠江村镇银行	村镇银行	2011 年 5 月	1 亿元
15	郫都中银富登村镇银行	村镇银行	2011 年 12 月	1 亿元
16	成都青白江融兴村镇银行	村镇银行	2017 年 10 月	1 亿元
17	中铁信托投资公司	非银行金融机构	2007 年 7 月	50 亿元
18	四川信托有限公司	非银行金融机构	2010 年 4 月	25 亿元
17	新希望财务公司	非银行金融机构	2011 年 1 月	10. 32 亿元
18	四川锦城消费金融公司	非银行金融机构	2010 年 3 月	3. 2 亿元
19	天府金融租赁公司	非银行金融机构	2016 年 12 月	10 亿元
22	东方电气财务公司	非银行金融机构	1988 年 8 月	20. 95 亿元
23	新网银行	民营银行	2016 年 12 月	30 亿元
24	四川省农村信用社联合社	农村信用社	2005 年 10 月	3 000 万元

二、保险业组织机构

（一）保险业机构发展势头迅猛，经营能力持续提高

得益于营商环境的改善和庞大的内部市场，近年来成都保险业发展势头迅猛。截至 2019 年末，全市共有保险市场主体 95 家。其中，财产险市场主体 40 家、人身险市场主体 55 家；拥有 4 家保险公司总部和 75 家保险中介机构总部；拥有 7 家外资财险主体、18 家外资人身险主体，并设有 24 家外资保险公司分公司。

截至 2019 年末，成都保险机构实现原保险保费收入 1 033. 51 亿元，较 2011 年增长了 3. 16 倍，保费收入多年来仅次于北京、上海、广州、深圳，稳居全国城市第五位、中西部城市第一位；保险深度达到 6. 07%，保险密度达到 6 233. 1 元/人，均处于全国领先地位。具体见表 2-3。

表 2-3　2019 年末成都市保险业金融机构数量与保费收入统计

项目	数量/收入
总部设在辖内的保险公司数量/家	4
其中：财产险公司数量/家	2
人身险公司数量/家	2
保险公司分支机构/家	95
其中：财产险公司分支机构/家	40
人身险公司分支机构/家	55
保费收入/亿元	1 033. 51
保险密度/（元/人）	6 233. 1
保险深度/%	6. 07
保险中介机构总部数量/家	75

（二）保险业法人机构稳步发展，辐射带动力不断增强

截至 2019 年末，成都拥有锦泰财产保险、中航安盟保险、和谐健康保险、国宝人寿 4 家法人保险机构。其中，锦泰财产保险在全省除甘孜外的 20 个地市州布局 66 个支公司；中航安盟保险公司在全省设有 55 家分公司；国宝人寿、和谐健康保险等公司也加快在德阳、眉山、资阳三市设立分支机构，助力成都提升金融服务水平、进一步发挥核心城市辐射带动力。具体见表 2-4。

表 2-4　2019 年末成都市法人保险机构情况

序号	公司名称	成立时间	注册资本/亿元
1	锦泰财产保险	2011 年 1 月	11
2	中航安盟保险	2012 年 3 月	11
3	和谐健康保险	2006 年 1 月	139
4	国宝人寿	2018 年 4 月	15

三、证券业组织机构

（一）证券业机构稳定向好发展，全市经济证券化水平大幅提升

近年来，成都证券经营机构数量与营业部数量均呈现良好增长态势。截至 2019 年末，全市分别拥有法人证券公司 4 家、法人期货公司 3 家、证券投资咨询公司 3 家、证券公司分公司 55 家、公募基金公司分公司 14 家；分别拥有证券营业部 220 家、期货营业部 48 家。2019 年，证券经营机

构证券交易额累计 9. 19 万亿元，同比增长 25. 5%。

通过全力服务企业挂牌上市、大力支持企业并购重组以及再融资，成都证券业机构在推动全市经济证券化水平提升方面发挥了重要作用，成都经济证券化水平逐步提高，A 股上市公司市值规模和非金融企业债券融资额位列副省级城市前列。

（二）法人证券期货机构综合实力不断增强，服务范围向纵深延展

截至 2019 年末，成都拥有华西证券、国金证券、川财证券、宏信证券 4 家法人证券公司，华西期货、国金期货、倍特期货 3 家法人期货公司。近年来，成都法人证券期货机构积极开展证券经纪业务、投资银行业务、资产管理业务、信用交易业务、新三板业务及境外业务等，加快推动形成多元化、多层次的证券金融服务体系，并依托金融科技打造多样化的金融产品，进一步提升对客户多元化需求服务能力。同时，积极开展跨区域服务，华西证券形成了以成都为总部，北京、深圳、上海 3 个业务分部，3 家全资子公司、15 家分公司、上百家营业部的组织架构；川财证券在北京、上海、深圳等城市均设有分公司；倍特期货下设成都自贸区分公司、上海分公司、山东分公司，并在北京、广州、重庆、天津、南宁、济南、宁波、绵阳等地设有营业部；国金期货在北京、上海、广州、杭州、济南等经济中心城市设有分支机构，期货业务范围辐射全国；华西期货在北京、上海、重庆、昆明、成都共设有 5 家营业部，下属 2 家分公司、1 家全资资产管理子公司、1 家全资风险管理子公司。具体见表 2-5。

表 2-5　2019 年末成都市法人证券期货机构情况

序号	公司名称	成立时间	注册资本/亿元
1	华西证券	2000 年 7 月	21
2	国金证券	1996 年 12 月	30. 24
3	川财证券	1997 年 9 月	6. 5
4	宏信证券	2001 年 8 月	10
5	华西期货	1993 年 3 月	6
6	国金期货	1993 年 7 月	3
7	倍特期货	1993 年 2 月	3. 2

四、基金业组织机构

（一）私募基金呈现跨越发展态势，公募基金发展迈入起步阶段

私募股权投资基金呈现跨越发展态势。近年来，成都陆续出台《关于进一步加快建设国家西

部金融中心的若干意见》（成委发〔2018〕10 号）及多项配套文件，在财税优惠、人才聚集、市场服务等方面对私募基金发展进行支持。截至 2019 年末，成都市已在中基协备案的私募投资基金管理人共 382 家，管理基金 757 只，管理基金规模达 1 208.59 亿元，管理机构数量居中西部第一。

公募基金牌照实现零的突破。九泰基金总部成功地从北京迁入成都市锦江区后，将弥补成都公募基金牌照的空白。具体见表 2-6。

表 2-6　2019 年 5 月部分城市已备案私募基金管理机构比较

排序	城市	私募基金管理机构数量/家	管理基金数量/只	管理基金规模/亿元
1	深圳	4 568	13 768	18 328
2	杭州	1 553	5 010	6 267.84
3	广州	844	2 502	3 289.81
4	成都	373	703	1 248.77
5	武汉	323	614	1 228
6	重庆	213	498	1 254
7	西安	213	404	917.93

（二）政府引导基金实现加速发展，多层次基金体系已初步建成

按照投资领域、市场需求、风险收益等特点，成都统筹规划、分类施策，围绕“5+5+1”重点产业领域系统设立产业基金。截至 2020 年 3 月末，意向规模达 255 亿元；设立一期规模为 300 亿元的成都发展基金，区（市）县已设立 53 支政府投资基金，总认缴规模达 748.83 亿元；规模 1 500 亿元的国家级基金——国新建信股权投资基金落户成都。具体见表 2-7。

表 2-7　成都市政府引导基金简介

序号	名称	基金简介
1	成都发展基金情况	成都发展基金是贯彻落实市委、市政府的战略部署，按照“政府引导、市场运作”的原则设立和管理，以促进成都经济社会发展为宗旨的政策性引导基金。成都交子金控集团下属基金公司为成都发展基金（一期）出资人代表和管理机构。截至 2020 年 3 月末，成都发展基金（一期）已成功设立 3 只子基金，总投资规模达 123 亿元，其中，成都市财政出资 41 亿元，带动社会资本支持成都市东进、中优、公园城市等重大基础设施及产业等项目
2	成都市产业引导股权投资基金情况	成都市产业引导股权投资基金由市级财政全额出资，总规模 20 亿元，主要用于投资国家、省、市发起设立并会同社会资本组建的基金。成都交子金控集团下属基金公司为该基金出资人代表和管理机构。截至 2020 年 3 月末，该基金已成功发起设立 6 只产业子基金，总目标规模 66.5 亿元；同时，参与国家级基金 2 只：一是国家级债转股基金——成都国新建信股权投资基金（首期规模 300 亿元），二是国家中小企业发展基金，总规模 350 亿元

表2-7(续)

序号	名称	基金简介
3	科技创业天使投资引导资金情况	成都市在原用于科技项目无偿使用拨款的应用技术研发资金中安排 2.3 亿元，作为天使投资引导资金，通过构建“引导+让利”的机制，激发社会资本参与天使投资积极性。该资金由市科技局主管，其下属事业单位生产力促进中心为托管机构。截至 2020 年 1 月末，引导资金已联合多家创投机构及多个社会投资者组建 14 只天使投资基金，基金总规模 16 亿元
4	知识产权运营基金情况	成都市设立 3 亿元的知识产权运营基金，其中，中央财政出资 1.5 亿元，成都市财政出资 1.5 亿元。基金采用“1+N”架构，拟组建 N 只重点产业知识产权运营子基金，总规模不低于 20 亿元。运营母基金管理机构为成都市生产力促进中心全资子公司。截至 2020 年 3 月末，已组建 2 只子基金
5	新经济天使基金情况	成都市设立了 2 亿元的新经济天使基金，由市新经济委主管，财政出资 2 亿元，分为直投基金和 FOF 母基金，按市场化方式联合社会资本共同运营。成都产业集团全资子公司成都技转作为受托管理机构和基金管理机构。截至 2020 年 3 月末，已投资 2 只子基金（总规模 5.2 亿元）及 9 个直投项目
6	文创产业发展投资基金情况	由市文旅局主管的成都文创产业发展投资基金于 2018 年 12 月设立，基金总规模 25 亿元，10 个区（市）县出资 11 亿元，成都文旅集团出资 7.5 亿元，成都广播电视台出资 0.5 亿元，向社会资本募资 6 亿元。基金管理人由每经传媒和人民创投共同组建，基金策略为 60%以上投资设立子基金，40%直投；其中 50%投资于成都项目

五、地方金融组织

（一）小额贷款减量增质， 各类创新业务全面开展

截至 2019 年末，成都共有 73 家小额贷款公司，其中互联网小贷有 3 家，73 家小贷公司注册资本合计 184.7 亿元；2019 年全市小额贷款公司累计发放贷款 37.32 万笔，发放贷款金额 150.02 亿元，分别较上年增加 29%与 1.1%；2019 年末贷款余额为 210.08 亿元。具体从业务创新来看，截至 2019 年末，成都小额贷款公司已获批包括互联网小贷、科技小贷、票据贴现、全省经营业务、股东借款、资产证券化、境外借款等多项创新试点业务，创新试点牌照占全省比例在 80%以上，多家经营规范、运作良好小贷公司也开始谋求向消费金融、供应链金融以及金融科技运用等方向创新转型。

（二）融资担保转型加快， 国有主力军地位进一步夯实

截至 2019 年末，全市共有融资担保公司 63 家，其中法人机构 60 家，市外分支机构 2 家；成都 60 家法人融资担保公司实收资本总计 161.9 亿元，平均资本为 2.7 亿元。2019 年，全市融资担保公司为小微企业、“三农”、个体工商户等 7 万余个客户融资担保超 900 亿元。从国有融资担保公司来看，成都国有融资担保公司积极通过增资、合并等方式谋求转型升级，2019 年成都市 3 家

国有融资担保公司合并为1家国有控股融资担保公司，通过合作引入新设重庆进出口融资担保有限公司四川分公司，国有机构数量和资本占融资担保行业的比重稳步上升，以政府性融资担保为主导的行业体系进一步夯实壮大。

（三）融资租赁优化调整，对全市经济发展的贡献不断显现

截至2019年末，成都注册登记融资租赁企业67家，其中内资融资租赁企业12家，外资融资租赁企业55家；全市融资租赁企业资产总额198.2亿元，融资租赁资产总额158.3亿元，服务实体经济企业6 459家。近年来，随着全市融资租赁行业结构持续优化调整、行业体量规模不断做大做强、行业渗透率及市场竞争力稳步提升，融资租赁已经成为存量资产盘活、制造技术更新以及产能结构优化等的重要融资手段，为“一带一路”建设、中国（四川）自由贸易试验区建设、东进等重大战略实施提供了有力的资金支持。

（四）商业保理稳步扩大，逆周期贸易融资功能积极发挥

截至2019年末，成都拥有注册登记商业保理企业7家，同比增加3家，全市商业保理企业共发放保理融资款8.8亿元，受让应收账款余额9.7亿元，服务实体经济企业142家，缓解了中小企业因缺乏抵押物而难以获得信用贷款的困难。从行业整体发展情况来看，近年来成都商业保理公司基于真实的贸易背景提供应收账款等融资服务，推动中小企业获得融资，充分发挥了逆周期的贸易融资功能。未来，全市将积极推动商业保理公司以供应链为基础，发挥决策链短、市场响应快等优势，围绕重大项目上下游产业链以及基础设施补短板等重点领域提供金融服务。

（五）其他行业合规稳健发展，地方金融组织体系不断完善

近年来，成都典当、地方资产管理、农村资金互助社等其他地方金融组织也呈现稳定发展态势，推动全市地方金融组织体系不断健全完善。截至2019年末，全市典当行共计149家（含4家分支机构），资产总额21.1亿元，典当总额40.05亿元，典当余额10.55亿元；拥有注册登记地方资产管理公司2家，其中，益航资产期末投放项目数量29个，期末投放项目金额61.4亿元，积极运用市场化、专业化手段化解区域不良资产风险。

第三节 成都市金融市场体系及重点领域发展情况分析

一、信贷市场

（一）信贷市场规模扩大，企业间接融资稳步提升

金融机构存贷款规模快速扩大。“十三五”以来，成都金融机构本外币存贷款余额年均增速为7.1 %、12.8%，金融机构人民币存贷款余额年均增速为7.0%、12.5%。2019年末，全市金融机构本外币存贷款余额分别为39 828、36 464.4亿元，同比分别增长5.3%、11.7%；全市金融机构人民币存贷款余额分别为38 592.8、3 531.41亿元，同比分别增长5.3%、11.8%。具体见图2-7。

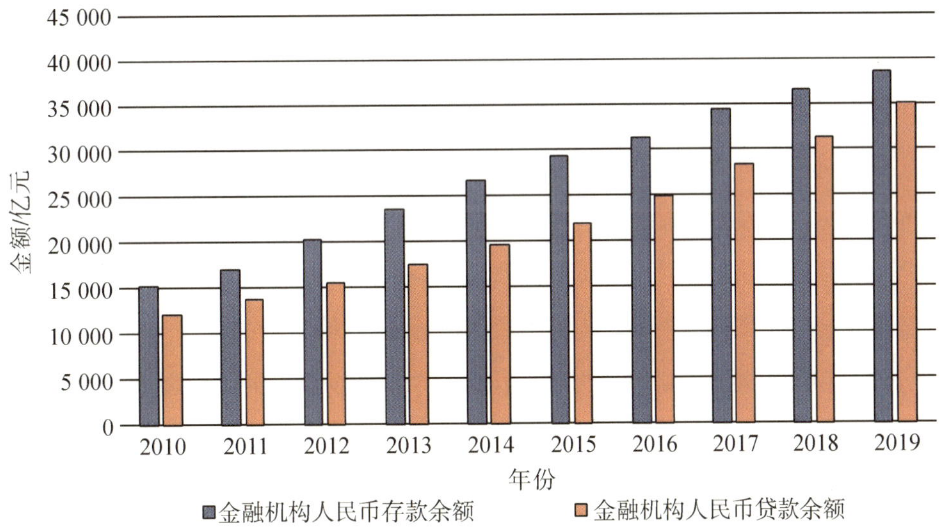

图2-7 2010—2019年成都市人民币存贷款余额

企业间接融资规模稳步提升。近年来，成都非金融企业及机关团体贷款规模逐年扩大，2019年末贷款余额达到24 855亿元，在全部金融机构人民币贷款余额中的占比提升至70.7%。其中，中长期贷款余额为20 042亿元，同比增长9.9%，“十三五”以来的年均增速达到15.2%，高出上一个五年年均增速2.5个百分点；短期贷款余额为4 142亿元，同比增长3.6%，“十三五”以来的年均增速为5.1%。具体见图2-8。

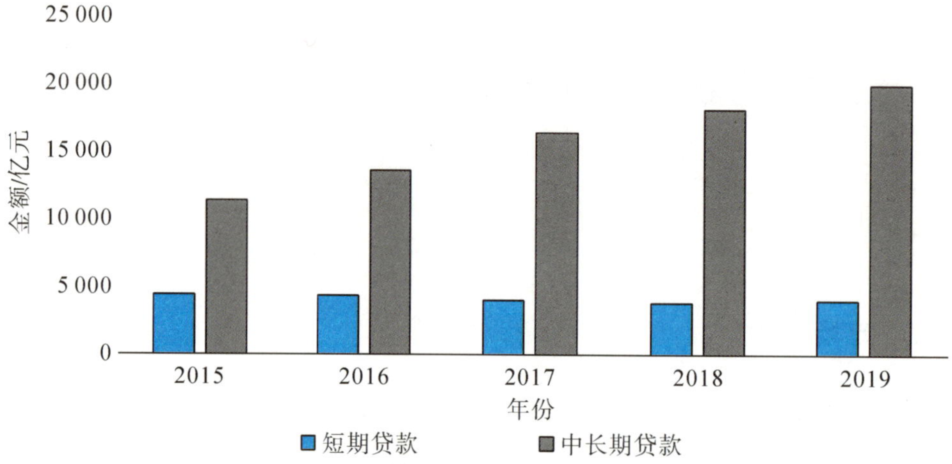

图 2-8　2015—2019 年成都市非金融企业及机关团体贷款余额

（二）信贷服务加速创新，服务实体经济能力持续增强

（1）体制机制创新。在全市 66 个产业功能园区建立金融服务主办牵头行制度，梳理园区重点企业信贷需求，有针对性地提供信贷服务。推动成都银行设立西南地区首家文创金融专营机构——成都银行锦城文创支行，大力支持本土文创产业发展。

（2）产品服务创新。引导驻蓉金融机构积极创新金融产品和服务，满足多样化的金融需求。农业银行四川分行创新跨境融资产品，成功办理首单境外直贷业务；中国银行锦江支行开立首单蓉欧铁路进口信用证；四川新网银行创新运用大数据、云计算等科技手段，与天府（四川）联合股权交易中心合作，积极发展线上融资，为平台挂牌的中小微企业提供“创客贷”服务。

二、多层次资本市场

（一）债券融资规模跃升，创新型债券发行取得积极进展

（1）债券融资规模不断扩大。截至 2019 年末，成都各类企业在沪深证券交易所实现债券融资 697.9 亿元；银行间债券市场直接融资达 1 381.35 亿元，同比增长 40.33%；8 只企业债通过国家发改委审核，总金额 367.6 亿元，优质主体企业债券核准规模位居全国前列、西部第一；成都交投等 9 家企业发行 25.5 亿美元境外债券。

（2）创新型债券发行取得积极进展。通过持续开展债券融资专项培训等方式，成都支持具备条件的企业发行专项债、基金债、绿色债等创新债券品种。成都交投集团成功发行全国首单智慧停车产业资产证券化产品，规模为 8.64 亿元；成都兴城集团发行西部首单城市文体旅游优质主体企

业债；兴蓉环境发行的10亿元绿色债，发行利率创四川省企业债历史最低记录；成都产业集团成功发行10亿元定向债务融资工具，是全国首单落地的航空装备“双创”专项债务融资工具、四川省首单落地的债转股债务融资工具；疫情发生后，成都上市企业科伦药业成功发行全国首只疫情防控债，利率（2.9%）远低于市场同期水平。

（二）企业上市步伐加快，区域性股权交易市场快速发展

（1）上市企业数量创历史新高。近年来，成都持续实施“交子之星”经济证券化倍增行动计划，上市企业数量加快增长。2017年、2018年全市分别新增上市企业5家、11家，2019年新增上市企业15家，创历年来最好成绩，居中西部第一。截至2019年末，全市拥有境内外上市企业108家，其中A股上市企业82家，排名全国第六。2019年各城市A股上市企业数量对比见图2-9。

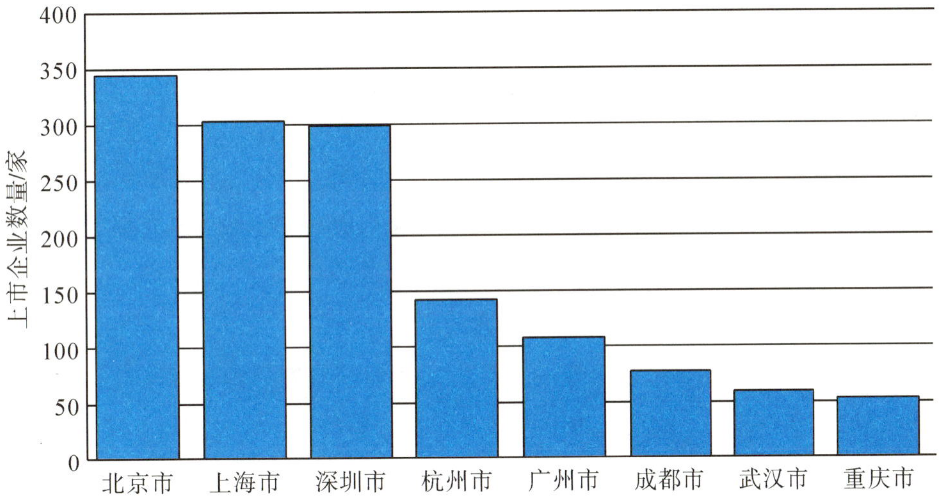

图2-9　2019年各城市A股上市企业数量对比

数据来源：wind数据库。

（2）大力推动企业科创板上市。为支持企业在科创板上市，成都制定了《加快推进成都市企业科创板上市的扶持政策》等支持政策，初步构建了10家“科创板种子企业”、30家“科创板重点企业”和100家左右“科创板基础培育企业”的金字塔形三级企业资源库，按照“一企一策”配备中介服务机构跟踪服务。2019年，成都先导药物成为西南地区首家通过科创板上市委审核的企业。2019年末成都市拟上市梯度培育企业数量如图2-10所示。

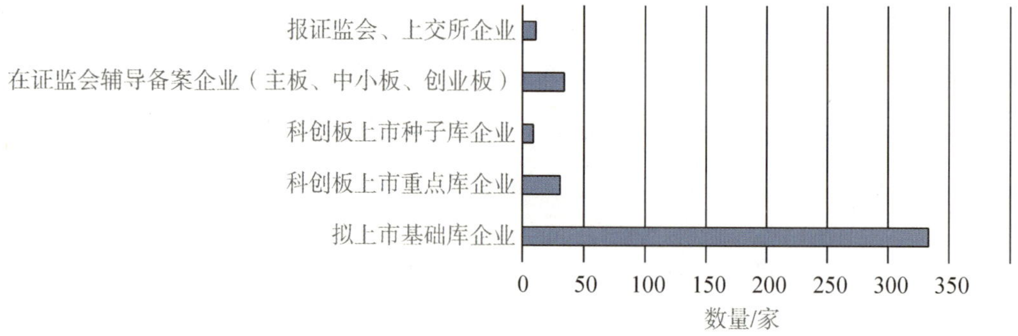

图 2-10　2019 年末成都市拟上市梯度培育企业数量

（3）挂牌企业数量稳定增长。截至 2019 年末，成都新三板挂牌企业 196 家，其中 2019 年新增挂牌 3 家，实现股票融资 22.81 亿元；天府（四川）联合股权交易中心挂牌企业 2 381 家，同比增长 28.1%，其中“双创”企业板、“一带一路”板、科技金融板挂牌企业分别为 2 220 家、26 家、125 家，企业挂牌和规范化服务工作已覆盖全省，可转债发行总额 4.626 5 亿元、项目储备 79 个。

（三）创投融资持续活跃，集聚发展格局基本形成

（1）创投活动成效显著。截至 2019 年末，注册地在成都的私募、创投基金共投资项目 964 个，投资总额 792.05 亿元，其中投资成都项目 413 个，主要集中在娱乐传媒、互联网、生物技术、IT 等领域，投资总额 350.64 亿元，同比增长 1.9 倍，投资规模领跑中西部城市，资本净流入明显。在此推动下，成都已培育“医联”“1919”等独角兽企业以及“新潮传媒”等准独角兽企业；2018 年至今新增境内外上市企业中，超过 70% 的 IPO 上市企业获得创新资本多轮投资，且有近 60% 由成都市本土机构参与基石投资。2016—2019 年成都市部分新经济行业股权投资额见图 2-11。

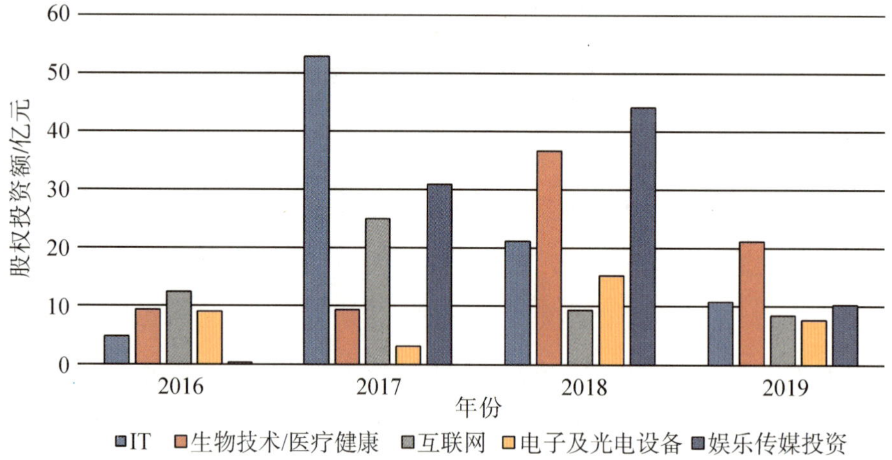

图 2-11　2016—2019 年成都市部分新经济行业股权投资额

（2）本土创投机构孵育加快。2019 年，成都本土创投投资成都企业约 9.3 亿元，本土机构投资额占成都企业全年获投金额比重提升至 2016 年的近 3 倍水平。成都创新风险投资有限公司上榜

投中2018年度“中国最佳创业投资机构前100名”，成为四川唯一上榜的国有创投机构。

（3）创投载体建设持续推进。截至2019年末，天府国际基金小镇已入驻包括IDG资本、德同资本等国内外知名基金机构358家，累计注册管理规模达3 468亿元，荣获“2018中国最具特色基金小镇第2名”奖项。

三、要素交易市场

（一）要素交易市场体系不断健全，要素交易品种不断丰富

通过近年来的发展，成都已初步建成功能较为完善和富有活力的金融要素市场体系。截至2019年末，全市共有西南联合产权交易所、天府（四川）联合股权交易中心、四川联合环境交易所、成都农村产权交易所、成都知识产权交易中心等11家地方交易场所，覆盖国有产权、区域性股权、环境权益、文化产权、公共资源、大宗商品等多个领域。

（二）要素市场辐射范围持续扩大，资源配置能力显著增强

成都要素市场辐射范围不断扩大，在服务中小企业、拓展融资渠道、创新金融业态、优化资源配置、国资国企改革等方面发挥了重要作用。截至2019年末，成都农村产权交易所已与省内18个市州、120个区（市）县实现了农村产权交易平台联网运行，累计成交各类农村产权1.93万余宗，面积263.35万亩（1亩≈666.7平方米，全书同），交易额达1 067亿元；天府（四川）联合股权交易中心已建成并运营子公司西藏（川藏）股权交易中心有限责任公司和天府（四川）联合股权交易中心泸州分中心，同时正在联合各级政府及各方单位积极打造“对接多层次资本市场综合支持服务平台”，已建立起2.3万家规上企业信息库；天府商品交易所提出“一所多中心、一县一平台”的发展规划，对外投资共19家公司，正在四川、山东等地试点建设农村电商平台；四川联合环境交易所是全国非试点地区第一家经国家备案的碳交易机构，是全国碳市场能力建设（成都）中心的合署办公机构，是国家开展用能权交易试点的交易机构，正力争建设西部碳交易中心。截至2019年末，四川联合环境交易所已实现国内核证自愿减排量（CCER）交易1 429.02万吨，居全国第五位。

（三）要素交易市场功能逐步完善，市场竞争能力日渐提升

近年来，成都持续推动地方要素市场交易功能提升，逐步增强地方要素市场在全国范围内的竞争力和影响力。具体来看，全市以提升地方要素市场统一结算功能为核心，积极构建和完善涵盖股权、金融资产、大宗商品、农村产权等要素资源的市场配套服务体系；探索设立地方要素市场登记结算中心，实现交易体系登记、交易、结算三项业务分离，促进地方要素市场配套服务功能专业

化、规范化发展，防范和降低金融风险；加快建设大数据交易中心，提升金融科技对要素交易的赋能水平。目前，西南联合产权交易所、成都农村产权交易所交易规模排名全国前列，成都农村产权交易所多项业务居全国第一；天府商品交易所经营情况持续改善，盈利能力不断提升；其他交易市场也总体呈现向好发展态势。

第四节　成都市新金融业态体系及重点领域发展情况分析

一、科技金融

（一）科技金融服务平台提质增效，在全国范围内形成典范

成都积极推动建设“盈创动力”“科创通”等多个科技金融要素平台，实现投融资信息共享、机构准入及审批。其中，“盈创动力”平台以债权融资、股权融资、增值服务三大体系为支撑，为科技型中小微企业提供“一站式”投融资服务，已在全省多市设立工作站。截至2019年末，“盈创动力”平台已累计为7 500余家企业提供债权融资超507亿元，为3万余家企业提供投融资增值服务，该模式入选国务院13项具备复制条件的全面创新改革试验举措，已复制推广至苏州、沈阳。“科创通”平台通过“科创贷”“科创投”“科创贴”“科创保”“科创券”“五创”金融服务，运用政府资金帮助中小微企业增信，引导金融机构联合建立规模达53亿元的科技企业债权融资风险资金池。截至2019年末，“科创通”平台已与遂宁市、攀枝花市等省内市州以及西安市、拉萨市等地开展合作，“科创贷”已累计为2 277家科技企业发放信用贷款49.61亿元。

专栏2-1　盈创动力平台入选国务院具备复制条件的全面创新改革试验举措

2017年9月，国务院决定推广13项具备复制条件的全面创新改革试验举措，成都高新自贸试验区“面向中小企业的一站式投融资信息服务”，即“盈创动力科技金融服务模式”，成为全国推广的科技金融改革创新经验之一。

作为成都实施创新驱动发展战略主阵地的成都高新区先行先试，形成了特色鲜明的“盈创动力科技金融服务模式”。该模式通过政府引导、民间资金参与、市场化运作，构建了以“盈创动力科技金融大厦”和“天府之星”为支撑的物理载体和信息载体，搭建了以统借统还平台贷款、政策性融资产品、天使投资、创业投资、私募股权投资为核心的债权融资服务、股权融资服务和增值服务三大服务体系，为中小企业提供全方位“一站式”投融资服务，着力缓解中小企业融资难、融资贵问题。

（二）科技金融产品持续创新，科技企业融资支持全面增强

成都大力支持科技支行、科技小贷等科技专营机构增强服务能力，推动科技金融产品创新；引导银行机构构建大数据信贷服务平台，开发投贷联动、贷保互动等新型信贷产品；引导保险公司研发和推广专利执行保险、高新技术企业财产综合险、首台（套）重大装备保险等科技保险产品；建成运行成都知识产权交易中心，率先打造知识产权评估、融资、展示、流转闭环，大力推动知识产权金融产品开发；建立科技信贷统计指标体系、天使投资和风险投资基金统计体系，构建“科技创业天使投资基金+知识产权运营基金+新型产业技术研究院成果转化基金+高校科技成果转化基金+科创板培育基金”的科技成果转化基金体系，全面增强对科技企业融资支持。

二、农村金融

（一）建立现代农村产权赋能制度，奠定金融下乡制度基础

通过“确权颁证、还权赋能”，成都先后完成了农村“老六权”（集体土地所有权、集体建设用地使用权、农村房屋所有权、农村土地承包经营权、林权、股权）和“新五权”（农村土地经营权、农业生产设施所有权、农村养殖水面经营权、小型水利工程所有权、林地流转经营权）的确权颁证。截至2020年3月末，累计办理各类产权证和股权证919万本，乡镇、村、农户覆盖面分别达到99.6%、96%和92.6%，并全面实现已颁证数据入库和网络系统管理。

（二）建立农村金融服务“六大体系”，为金融下乡提供强有力支撑

建立农村产权流转服务体系，通过构建“产权交易平台+产权收储+法律服务+价值评估”农村产权交易服务全链条，形成全市统一的农村产权交易市场。截至2019年末，成都农村产权交易所已累计成交各类农村产权1.93万余宗，面积263.35万亩，交易额达1 067亿元。建立“农贷通”金融综合服务体系，通过创建“农贷通”金融综合服务平台，构建“线上+线下”“网站+村站”集多功能于一体的农村金融服务体系，打通农村金融服务毛细血管。截至2019年末，已接入一级金融机构105家，发布金融产品797个，累计受理贷款13 224笔、197.2亿元，成功发放贷款12 153笔、163.38亿元，申贷成功率达78%，信用贷款办理由原来的6天缩短到3天，其他抵(质)押贷款办理时间缩短1/3。建立涉农信用信息服务体系，通过“政府归集+平台采集+信用评定”的方式，加快整合各类涉农信用信息数据。截至2019年末，全市173个信用乡镇、1 692个信用村、10.3万户信用户和3 515家新型农业经营主体信用信息实现入库。建立多层次农村金融组织体系，通过充分发挥政策优势，加强支付服务环境基础设施建设，引导金融机构加大自助银行、

ATM、POS、惠农终端等机具在农村地区的布放力度，大力拓宽网上银行、电话银行、手机银行等现代化金融服务渠道，构建“金融机构+要素市场+自助终端”的多层次农村金融组织体系，丰富农村金融市场服务主体，扩大农村金融服务覆盖面。建立多元化农村金融产品创新体系，以创新农村财产权抵（质）押融资为支点、拓展政策性农业保险为保障、扩大农村直接融资规模为突破，大力推动特色化涉农金融产品开发。建立多维度政策支持体系，通过设立超 2 亿元的“农贷通”风险补偿资金等方式，推动财政政策与金融政策协同联动，建立以风险分担为主，以费用补贴、支农优惠为支撑的政策保障体系。

三、消费金融

（一）消费金融组织体系逐步完善，基础性公共服务平台不断健全

推动四川锦程等消费金融公司做大做强，支持地方金融法人金融机构陆续成立消费金融事业部，提升本土服务能力和市场渗透能力；加快引进和培育消费金融公司，积极争取唯品富邦消费金融公司落地，推动金融机构贷记结算中心落地成都。加强基础性公共服务平台建设，以“信用中国（四川成都）”等为载体，整合市公共信用信息系统和市公民信息管理系统的法人、自然人信用信息，依法依规向社会提供信用信息查询和披露服务。立足锦江区消费金融优势，组建金融安全产业联盟（促进会），举办金融安全产业发展论坛，防范消费金融领域风险。

（二）多主体创新局面基本形成，消费金融应用场景持续拓展

成都积极鼓励多方主体参与消费金融创新，消费金融应用场景不断丰富。新网银行等新型金融机构通过自助式消费贷款平台实现消费贷款线上申请、审批和放贷，打造线上消费应用场景；天翼电子商务推出“天翼橙分期”等基于细分应用场景的消费金融产品，通过银企对接、案例应用和产品推介等多种方式为企业和个人提供特色化、个性化的精准服务；全市 5 家法人第三方支付机构持续拓展非现金支付应用领域，加快推动金融 IC 卡、天府通卡等移动金融技术和业务创新，积极营造消费金融应用场景。

四、供应链金融

（一）扶持政策相继出台，供应链金融走出特色发展之路

以服务自贸区金融创新为核心，成都在全国率先出台《关于金融支持航空产业发展的指导意见》《成都自贸试验区商业保理业务管理暂行办法》等政策，推动出台金融支持自贸区建设指导意

见，四川银保监局先后推出自贸区银行业、保险业机构和高管准入改革举措。在相关政策的推动下，全市供应链金融创新取得积极成效，已开展多式联运提单融资、“一单制”金融结算、平行进口车综合融资等供应链金融产品创新，推动跨境贸易鉴证、跨境结算模式创新，中俄国际铁路联运“一单制”融资规则被纳入2019年“一带一路”国际合作高峰论坛成果，“铁银通”“自贸通”入选自由贸易试验区第三批“最佳实践案例”，跨境区块链贸易融资平台“中欧e单通”在2019年上海举行的第二届中国国际进口博览会上全球发布。

（二）供应链金融专业机构设立，行业协会功能进一步发挥

2019年10月，成都注册成立成都交子供应链金融服务公司，注册资本20亿元，依托区块链技术建立供应链大数据中心，大力开展应收账款融资、预付款融资和票据贴现融资服务。2019年12月，成都推动融资租赁企业、供应链金融相关企业联合成立中西部地区首家供应链金融协会——成都市供应链金融协会，通过发挥行业组织自律、协调、维权、服务作用，不断提升行业影响，形成协会、政府和社会服务相协同的生态服务链，为支持和推动供应链金融行业健康持续发展增添活力。

五、绿色金融

（一）绿色交易体系日益完善健全，绿色金融发展取得积极成效

近年来，成都绿色金融组织体系和绿色交易体系日益完善，绿色金融发展初见成效。成都绿色金融中心共建联盟、绿色金融控股公司落地，四川首个地方绿色金融标准发布。把握国家低碳城市建设机遇，以四川联合环境交易所为抓手，加快建设全国碳交易中心和全国碳市场能力建设（成都）中心，构建以“碳惠天府”为品牌的碳普惠机制；把握国家用能权交易试点机会，推动在蓉企业参与四川省用能权有偿使用和交易；利用沱江流域治理契机，探索开展排污权交易试点；把握新都区建设绿色金融示范区契机，探索开展挥发性有机物排污权交易试点，加快推动碳排放权、用能权、水权等环境权益交易。截至2019年末，四川联合环境交易所实现碳排放权交易1 429.02万吨，成交额18 851.94万元，用能权指标交易3 000吨，成交额127.6万元；CCRE（通过实施项目削减温室气体而获得的减排凭证，可以在控排企业履约时用于抵消部分碳排放使用）累计成交额仅次于北京、上海、广州、深圳。

（二）绿色金融聚集区加快建设，政策和政务服务进一步优化

成都新都区被确定为四川省绿色金融创新试点地区，着力打造绿色金融中心，包括理论研究中

心、机构聚集中心、产品研发中心、信息服务中心、合作交流中心、权益交易中心等内容，为绿色金融机构入驻和绿色金融创新提供综合公共服务；开展绿色金融示范区建设，引进了一批知名绿色金融服务机构，引导金融机构参考浙江湖州模式改造绿色金融专业支行，参考广州花都模式设立绿色金融分行。出台“税收优惠+差异化监管”的绿色金融配套扶持政策，支持金融机构建立绿色金融业务考核体系，推动做大绿色金融规模；探索建立生态环境治理、固废综合利用等领域绿色金融重点项目库，绿色金融政策和政务服务进一步优化。

六、文化金融

（一）文化金融服务链条逐步延展，对文创产业的支撑作用持续提升

为全面推动天府文化发展，成都持续推进文化金融产品与服务创新，成立西南地区首家文化金融专营机构“成都银行锦城文创支行”，鼓励银行机构开发“文创通”金融产品，推动保险机构开发适合文创企业特点的新型保险产品；设立规模100亿元的市级文创产业发展投资基金，形成“股权+信贷”融资服务合力。成都青羊文化金融商务区先后设立文创支行（事业部）4个，引进文化金融专营机构20余家，涵盖文创银行、文创保险、文创小贷、文创基金、文交所等业态的文创金融服务体系逐步健全。

（二）深入打造交子文化金融品牌，天府金融文化魅力进一步彰显

立足悠久的历史底蕴和丰富的金融资源，成都充分挖掘金融历史文化资源，提升成都金融文化内涵。打造“交子”系列金融地标，弘扬在成都诞生的世界首张纸币——交子所承载的诚信、创新精神和开放理念，营造浓厚的金融文化氛围。同时，积极建设文化金融博物馆，彰显天府金融文化魅力，天府四川金融博物馆已于2019年5月正式开馆，成都交子文化金融博物馆也即将完成布展向公众开放。

第五节　成都市金融科技及重点领域发展情况分析

一、金融科技孵化培育

（一）行业领军企业培育加快，创新策源能力全面提升

成都制定了国内首个金融科技企业分类认定标准，努力引进聚集一批大数据、区块链、移动金

融、数字征信等国内外金融科技企业，支持金融科技企业围绕重点项目强化核心技术研发，拓展业务链条，培育产业生态，形成成都金融科技发展的强大推力。截至 2019 年末，全市拥有金融科技类相关机构 400 余家，涵盖供应链金融、金融安全、普惠金融、数据征信、消费金融、支付清算等领域，数量位居国内前五，其中新网银行和数联铭品已成为国内外知名的金融科技企业。但由于缺少类似于蚂蚁金服等金融科技独角兽企业，本土金融科技品牌影响力仍有待提升，未来成都将加快培育具有行业龙头地位的金融科技企业，确立成都金融科技在中西部地区领先、全国一流的地位。

（二）开放平台建设有序推进，基础服务供给能力不断提升

成都有序推进金融科技公共基础服务平台建设，支持企业、金融机构、高校等创新主体设立金融科技孵化器、加速器、创客空间等平台，创建国家级金融科技实验室。目前，全市已与一批国内外顶尖高校搭建起产学研合作机制，建立起一批重要的金融科技智库：与英国卡斯商学院展开金融科技高端人才培养交流，与深圳瀚德共同设立国内首个诺贝尔金融科技实验室，与美国道富银行共同成立全球金融科技实验室，与伦敦金融城共同举办全球金融科技峰会，与西南财经大学共同成立交子金融创新研究院（图 2-12），与电子科技大学共建金融实验室，与北京大学共建国际金融研究院，与浙江大学共建互联网金融研究院，落地国家金融与发展实验室成都基地。未来，成都将进一步加大科技公共基础服务平台建设力度，更好地提供硬科技孵化、技术研发、技术交易、标准创制、检测认证、成果转化、信息对接等多样化的公共服务。

图 2-12　成都市与西南财经大学签约合作

二、金融科技基础建设

（一）交子金融梦工场发展更趋成熟，全生命周期创业孵化载体基本建成

交子金融梦工场是成都市打造的全国首个和全球规模最大的专注金融科技领域的高品质科创空间，其聚焦大数据、云计算、人工智能、区块链、物联网五大金融科技底层技术，以及金融安全、数据征信、快捷支付、新型融资、财富管理、区块链金融六大金融科技前沿领域，着力打造具有全国影响力的金融科技产业集群。目前，交子金融梦工场形成了天府国际金融中心孵化器、交子金融科技中心加速器与金融麦田创新产业园等覆盖金融科技企业全生命周期的创业孵化体系。截至2019年末，交子金融梦工场运营面积达到约10万平方米，入驻包括数联铭品、迅鳐科技、维信金科等行业龙头企业在内的金融科技企业200余家，汇聚金融科技从业人员超过5 000名，“交子”金融科技产业名片已经打响。交子金融梦工场八大特色生态服务如图2-13所示。

图2-13 交子金融梦工场八大特色生态服务

（二）加快建设天府新区金融科技产业园，推动形成金融科技集群发展态势

天府新区金融科技产业园是成都继交子金融梦工场之后，按照差异化、特色化的创新发展思路打造的新型金融科技载体，也将成为成都建设金融科技发展高地的重要支撑。天府新区金融科技产业园以打造集新金融场景应用、高品质生态居住空间于一体的金融科技产业示范区为目标，重点聚集一批服务于普惠金融、支付清算、征信风控、信息安全、数据资产、人机交互等覆盖金融全产业链的金融科技企业。目前，作为天府国际金融科技产业园的招商引资企业过渡性注册地址和办公载体的天府金融科技中心已正式投运；四川省金融科技学会、新加坡信安科技、源蚁科技等一批金融科技机构已落户新区。

三、金融科技转化应用

（一）金融科技政策全面落实，全方位助力金融科技发展

2019 年以来，成都出台了《关于支持金融科技产业创新发展的若干政策措施》《成都市金融科技发展规划（2020—2022 年）》《成都市引进培育交子金融人才实施办法》等多个政策文件，多措并举鼓励人工智能、大数据、区块链等前沿科技成果在金融场景中运用。一方面，重点对行业骨干、领军金融科技企业落户成都和开展金融科技创新活动进行资助和奖励；另一方面，进一步完善公共配套服务，从加强融资支持、优化政务服务、强化人才引培、提升监管技术等方面完善扶持措施，推动金融科技产业持续、快速、健康发展。

（二）应用场景不断拓展，成都特色经验初步积累

市场化应用方面，联合阿里云打造全国首个金融科技大数据综合服务平台“乐活金融城”，搭建起金融科技企业线上社群，推动政府数据开放共享；推动设立数字资产交易中心，协调发起股东加快完善设立申请，扩大数字金融场景应用，探索形成具有成都特色的、可复制推广的数字金融经验；研发“天府通”“天府市民云”APP，支持金融科技企业探索“金融科技+交通出行”“金融科技+市民服务”发展模式。

金融监管应用方面，建成“蓉金卫士”平台并上线运行；在全国率先提出了集金融风险预警、金融业务监管、金融服务输出于一体的地方金融监管系统开发思路，建设全市非法集资等地方金融风险监测预警平台以及涵盖融资担保、小额贷款、商业保理、典当行、融资租赁等“7+4+N”地方金融业态监管平台，运用现代金融科技手段提升跨地域、跨行业交叉性金融风险的甄别、防范和化解能力。

第三部分

载体篇

——成都市现代金融产业生态圈的承载空间分析

产业功能区是城市核心功能和先进生产力的重要集聚地，是打造区域经济增长极、形成产业比较竞争力、促进产城融合发展的重要空间组织形式和先进要素聚集平台。现代金融产业功能区作为成都现代金融产业生态圈的物化承载，有利于吸引现代金融发展所需的人才、技术、资金、信息等要素高效配置和聚集协作，推动成都现代金融产业经济地理重塑；有利于促进现代金融产业提升产业显示度，优化产业生态，形成金融细分领域比较优势。

成都市现代金融产业生态圈包含交子公园金融商务区、成都青羊文化金融商务区、华西大健康产业功能区、春熙路时尚活力区、白鹭湾新经济总部功能区、青白江国际铁路港 6 个现代金融产业功能区以及天府国际基金小镇、金牛区商贸金融集聚区、成华区数字金融特色功能区、龙泉驿区汽车金融功能区、新都区绿色金融功能区、温江医养金融功能区、双流区航空物流金融特色功能区以及郫都区“双创”、知识产权特色金融功能区 8 个特色金融功能区。各个功能区强化顶层设计，创新体制机制，细化产业政策，加强探索实践，产业定位、产业发展、产业配套逐步完善，建设成效开始显现。图 3-1 是成都市金融产业功能区示意图。

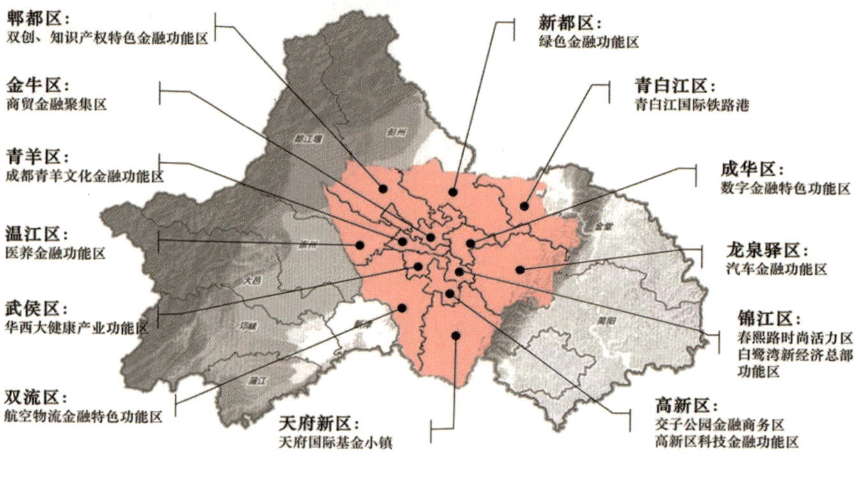

图 3-1　成都市金融产业功能区示意图①

① 图片来源：成都市地方金融监督管理局，中国（深圳）综合开发研究院. 国家西部金融中心发展白皮书（2019）［R/OL］. http://jr.chengdu.gov.cn/jinrongban/c143645/2019-12/16/11b1cd9cc75b40378ffaa92b6532298b/files/eeec552c9fce42d29ce9359c45c62f33.pdf.

第一节　功能区顶层设计

一、功能区规划体系

（一）总体规划

成都市现代金融产业功能区均编制了包含主导产业产业链全景图、产业生态发展路径图、重点企业和配套企业名录表（简称“两图一表”）在内的总体规划①。其中，交子公园金融商务区主要围绕科技金融与金融科技编制了产业链全景图及产业生态发展路径图，围绕科技金融、绿色金融、消费金融、文化金融、农村金融、供应链金融六大主导产业确立了重点企业和配套企业招商名录表；成都青羊文化金融商务区围绕文化金融编制了产业链全景图及产业生态发展路径图，围绕文化金融主导产业以及银行保险、资本市场、高端商务三大重点领域确立了重点企业和配套企业招商名录表；华西大健康产业功能区围绕大健康金融确立了金融产业链全景图、现代金融产业生态发展路径图以及现代金融产业招商表；春熙路时尚活力区围绕消费金融编制了产业链全景图，并编制了消费金融产业生态发展路径图以及消费金融产业企业招商表；白鹭湾新经济总部功能区围绕金融安全编制了产业链全景图、金融安全生态发展路径图以及金融安全产业招商表；青白江国际铁路港围绕供应链金融编制了“两图一表”相关内容。表3-1是成都市现代金融产业功能区发展定位。

表3-1　成都市现代金融产业功能区发展定位②

功能区名称	在生态圈中的错位协同发展	所在区域
交子公园金融商务区	聚焦科技金融与金融科技，重点发展资本和要素市场、银行服务、保险服务、金融科技、金融区块链、创投融资等主导产业细分领域；同时以金融信息服务、专业服务和金融文化、高端商业服务构建配套功能，打造新金融发展高地	高新区、锦江区
成都青羊文化金融商务区	聚焦文化金融，重点发展银行保险、资本市场、高端商务，大力发展供应链金融、数字金融、专业服务	青羊区
春熙路时尚活力区	聚焦消费金融，重点发展资金服务、征信服务、支付服务等三大领域	锦江区
华西大健康产业功能区	聚焦医疗健康金融服务，打造全市大健康金融主承载地	武侯区

① 成都市经济发展研究院. 成都市产业发展蓝皮书（2018）［M］. 成都：电子科技大学出版社，2019：67.

② 成都市发展和改革委员会. 现代金融产业生态圈［EB/OL］.（2020-03-02）［2020-08-09］. http://cddrc.chengdu.gov.cn/cdfgw/ztlm025002/2019-06/18/content_26fae91f3fb44cf2b10060be54826a09.shtml.

表3-1（续）

功能区名称	在生态圈中的错位协同发展	所在区域
白鹭湾新经济总部功能区	聚焦金融安全，重点发展金融安全大数据、金融信息系统安全、身份认定、征信、金融风险管理	锦江区
青白江国际铁路港	依托国际铁路港的生产制造、口岸物流、国际贸易等，重点发展供应链金融服务业	青白江区

（二）起步区规划面积

目前，六个金融产业功能区均划定了核心起步区范围，总面积达41.11平方千米，其中交子公园金融商务区9.3平方千米、成都青羊文化金融商务区2.4平方千米、华西大健康产业功能区0.96平方千米、春熙路时尚活力区5.94平方千米、白鹭湾新经济总部功能区2.77平方千米、青白江国际铁路港19.74平方千米。规划建设核心起步区，推动功能区重要生产场景、生活场景、生态场景在核心起步区集中融合呈现，有利于增强金融产业功能区集中度、显示度，为功能区内其他区域的建设发展提供样本。

（三）城市设计

为凸显区域特色，避免出现“千城一面”的现象，金融产业功能区均进行了城市设计，对城市设计现状进行了梳理，总结了目前在城市设计、产城融合等方面的问题，制订了城市设计方案，包括设计理念、总体空间结构、总体形态、天际线设计、特色空间体系、综合交通与地下空间设计、公共服务设施体系设计等。为凸显区域特色，部分金融产业功能区还进行了特色光影体系设计，建立了城市设计导则，包括道路断面、建筑退距、建筑布局、业态功能、慢行系统、地下空间、空中连廊、色彩材质、街道景观、店招店牌特色照明等，对城市从平面到立体，从区域到个体建筑风貌等进行了全方位设计。城市设计使金融产业功能区空间布局更加合理，景观特色更加突出，城市建设更加科学。

二、体制机制建设

（一）工作推进机制

目前，金融产业功能区均建立起了工作推进机制。在市级层面，成立了成都市现代金融产业生态圈推进工作领导小组，建立了“市领导+生态圈牵头部门+区（市）县”的协同推进机制。在区（市）县层面，地方政府搭建完成了“领导小组+管委会+投资运营公司”的管理运营架构，形成了各司其职、层层落实的工作格局。

（二）企业引进和培育机制

金融产业功能区坚持机会公平、权利公平、规则公平，加快建立公平竞争审查和审慎包容监管的制度体系，促进要素自由流动、资源高效配置，激发和保护企业家精神，确保各类市场主体平等使用生产要素、公平参与市场竞争、同等受到法律保护，并注重问题导向，推动企业服务常态化。

（三）考核评价机制

金融产业功能区建立了以差异化为导向的考核评价机制，聚焦重大战略落实、重大项目进程设定了差异化考核指标，加强功能区干部队伍管理，增强工作积极性和主动性，提高办事效率和服务质量，确保产业功能区建设各项工作贯彻落实。

第二节　交子公园金融商务区

一、总体概况

交子公园金融商务区地跨成都高新区、锦江区，规划面积 9.3 平方千米，主要涉及高新区中和街道、桂溪街道，锦江区柳江街道。其核心区域为交子公园金融商务区（金融城片区），北起府城大道，南至 198 生态带，东至成仁路，西接益州大道，总用地面积约 5.2 平方千米。交子公园金融商务区（金融城片区）按照统一规划、分期实施、滚动开发的原则分三期进行开发建设。其中，一期天府国际金融中心总开发量超过 50 万平方米；二期总开发量超过 350 万平方米；三期为锦江河两岸待开发区域，规划面积约 3.6 平方千米。交子公园金融商务区概况见图 3-2。交子公园金融商务区风光见图 3-3。

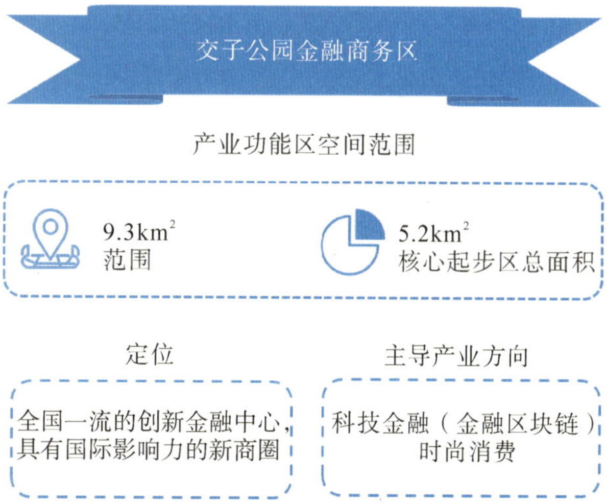

图 3-2　交子公园金融商务区概况

图 3-3　交子公园金融商务区风光①

二、产业发展

（一）产业发展定位

交子公园金融商务区定位为“全国一流的创新金融中心，具有国际影响力的新商圈”，聚焦科技金融与金融科技，以资本和要素市场、银行服务、保险服务、金融科技、金融区块链、创投融资为发展主体形成主导产业细分领域；以金融信息服务、专业服务和金融文化、高端商业服务构建配套功能，打造新金融发展高地。

（二）产业发展目标

交子公园金融商务区致力于打造成都金融科技核心聚集区，形成具有全国影响力的金融科技产业集群，建成金融科技发展特色凸显、中西部领先、全国一流的创新金融城和区域性金融中央商务区。力争到 2022 年底前，建成以交子公园金融商务区为核心集聚区，多个空间梯度布局、生态体系完善、产业辐射较强的金融科技特色功能区。

（三）产业发展现状

截至 2019 年末，交子公园金融商务区（金融城片区）累计入驻企业 2 700 余家，其中国内外大型企业总部及区域总部 400 余家，金融及配套机构超过 2 200 家，数量位居中西部第一，基本形成了金融机构加速聚集、产业显示度和功能区辨识度不断增强的局面，国家西部金融中心核心载体功能日益凸显。

① 图片来源：交子公园金融商务区管委会。

（四）产业项目招引

功能区按照产业生态圈建设理念，结合自身资源禀赋和调控能力，确定了国际化招商、引领性招商和产业链招商策略。一是通过国际化招商，形成开放合作互动机制，借助自贸区、“一带一路”发展契机吸引境内外知名金融企业进驻，增强金融辐射带动力，提高整体产业广度及深度；二是通过引领性招商，着力打造金融总部经济，把创新引领企业、上市企业作为招商重点关注、跟踪目标，同时吸引传统金融、新兴金融类龙头企业总部进驻，打造国家西部金融“航母”；三是通过产业链招商，构建具有前瞻性的金融生态，依托龙头产业、领军企业带动，形成金融号召力和上下游带动力，构建新金融发展平台，吸引代表性企业进驻。深圳证券交易所和上海证券交易所均在成都设立了西部基地，如图 3-4、图 3-5 所示。

图 3-4　深圳证券交易所西部基地①

图 3-5　上海证券交易所资本市场服务西部基地②

① 图片来源：梁磊. 深圳证券交易所西部基地落户成都［EB/OL］. https://www.sohu.com/a/281177811_99964954.

② 图片来源：交子公园金融商务区管委会。

三、产城融合

（一）产业配套设施

配套产业用地空间较大。截至2020年4月，交子公园金融商务区（金融城片区）一、二期已建设完成并投入使用，三期可开发产业（商业服务）用地共1 431.4亩，预计地上建筑规模超过700万平方米，其中已建产业用地257.5亩，在建产业用地125.2亩，拟建产业用地1 048.7亩。

（二）功能平台设施

功能平台作用日益凸显。交子金融梦工场已入驻金融科技企业200余家，汇聚金融科技从业人员超过5 000名，聚集了全市超过60%的金融科技力量。沪深交易所西部基地、交子金融“5+2”融资服务平台、中国社科院国家金融与发展实验室等地企合作创新平台落地功能区，很好地发挥了金融人才集聚功能，累计汇聚国家级领军人才12人、地方级领军人才30人。

（三）生活配套设施

生活配套设施建造加快。截至2020年4月末，交子公园金融商务区（金融城片区）已建成市政道路7.72千米（河西二期）、综合管廊1.5千米（河西二期）、地下环形车道约1.98千米、交子公园西区12.8万平方米、交子公园东区12.3万平方米；在建综合管廊约3.8千米、市政道路约20.7千米、锦江绿道16万平方米（滨河两带及截污干管）、综合文化中心约12.4万平方米（金融城文化中心）、金融城幼儿园约4 604平方米。

第三节　成都青羊文化金融商务区

一、总体概况

成都青羊文化金融商务区位于青羊区，规划面积21.5平方千米，辐射环西南财大片区，涵盖成都中心现代金融产业社区、文殊坊福里文博产业社区、环西南财大财经智谷、金沙国际文旅产业社区4大产业社区。功能区是四川省首批现代服务业集聚区，2019年荣获成都市“文化金融特色示范区”，2020年被评为四川省“十佳产业集聚区”。功能区以文化金融为特色，着力打造文化金融特色区、高质量发展引领区、城市更新样板区和对外交往的“会客厅”，努力争创国家“文化与金融合作示范区”。成都青羊文化金融商务区概况如图 3-6 所示。

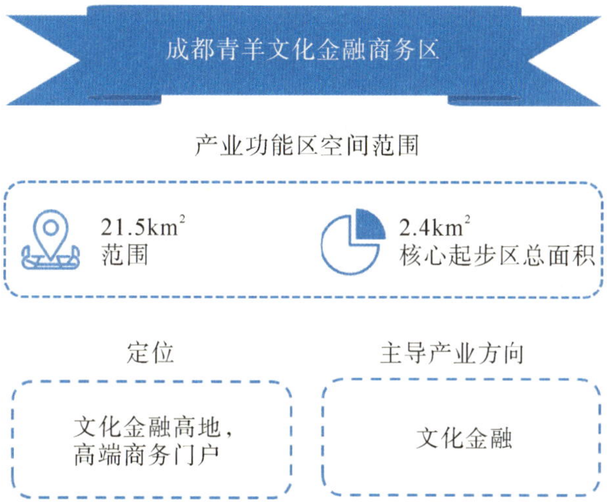

图 3-6　成都青羊文化金融商务区概况

二、产业发展

（一）产业发展定位

成都青羊文化金融商务区定位为“文化金融高地，高端商务门户”。以文化金融为主导和特色，重点发展银行保险、资本市场、高端商务，大力发展供应链金融、数字金融、专业服务。

（二）产业发展目标

成都青羊文化金融商务区旨在打造国际化创新化发展的金融商务服务集聚区。规划到 2020 年，功能区金融业增加值超过 300 亿元，城市建设大幅优化完善，建成西部领先的金融业集聚区；到 2025 年，金融业增加值超过 700 亿元，全面建成具有国家影响力的金融 CBD 创新发展区；到 2035 年，金融业增加值超过 1 400 亿元，建成具有世界影响力的金融 CBD 创新发展区。

（三）产业发展现状

近年来，成都青羊文化金融商务区依托雄厚的传统金融基础，现代金融业实现蓬勃发展。

一是产业集聚度高。金融业态布局完备，截至 2019 年末，功能区集聚金融机构全国总部和省级机构 70 余家，拥有“六类 500 强”企业 79 家，外资企业 189 家，各类金融服务机构 1 800 余家，新经济企业 6 006 家，企业总数达 22 333 家。

二是区域贡献大。2019 年，功能区带动青羊区实现金融业增加值 333.1 亿元，占全区生产总值比重的26%，占全市金融业增加值的17.6%。金融业已成为全区首位产业，金融业增加值总量、地方生产总值占比均为成都市第一。

三是坚持特色发展。功能区创新构建了以“投资、融资、担保、交易、孵化”五大板块为支撑的文化金融发展体系，拥有文化金融专营机构20余家，文化金融事业部4个，推动成都银行、天府银行设立文创支行，推出“文创通”等文化特色金融产品，累计向254户文创企业发放贷款约15亿元，建成有中西部首个金融智能审判平台——青·云智审平台。

四是资本市场建设稳步推进。目前青羊区拥有入库拟上市企业30家、上市企业15家、新三板挂牌企业16家、四板挂牌企业77家、改制企业112家。重点企业直接融资达557.4亿元，境内外IPO融资约71.27亿元。组织百余场产融对接活动，促成融资超过400亿元。

（四）产业项目招引

一方面，功能区瞄准传统金融机构龙头企业，着力招大引强，巩固金融产业的首位地位，将项目招引目标聚焦到巴克莱银行、星展银行、友邦保险、君龙人寿、申万宏源、平安保险、野村东方证券等一批尚未落地青羊的国内、国际知名银行、保险、证券、咨询等机构；另一方面，功能区加强对文化金融类企业的招引，对标北京东城区、宁波等文化金融合作示范区和厦门、青岛等影视金融发达城市，将招引目标定位到佳士得、保利拍卖、博纳影业、阿里影业、光线传媒等文化类头部企业。目前功能区已引进天府文投、川港同兴孵化器、花生好车、优必选、平安财险等优质示范性项目。此外，功能区还精准走访日本瑞穗银行、保利拍卖、北京文投、保德信中国、野村综合研究所等国内外文化、金融、商务知名企业。

三、产城融合

（一）载体配套设施

功能区拥有商务楼宇65栋，写字楼面积190余万平方米，可利用面积32万平方米。其中，超甲写字楼2栋（恒大广场、领地中心），甲级写字楼3栋（富力中心、雄飞中心、泰丰国际）。亿元楼宇13栋，专业特色楼宇3栋；在建重点楼宇2栋——丰德成达18万平方米，目前已完工投用，正在招商中；兰博中心24万平方米，预计将于2021年6月完工。实施楼宇“转改升”工程，推动凯乐广场、西星大厦等5栋楼宇改造更新，加快26栋楼宇党建和信息化建设，打造楼宇特色产业园。

（二）功能平台设施

功能区拥有与省知识产权局联建的天策知识产权专业服务平台，与市区金融局联办的中小企业产融服务平台。成都市天府文创股权投资基金管理有限公司、成都中小企业融资担保有限责任公司坐落于功能区，设立有文创产业发展投资基金和路演平台。与西南财经大学合作，共同推进环西南财大财经智谷建设，西南财大区块链研究中心项目——九宽科技落户功能区。与成都人力资源产业园签署了合作协议，建立创新创业载体、孵化平台和人才培训支持机制。

（三）生活配套设施

功能区秉持生产、生活、生态统筹理念，着力打造“人、城、境、业”和谐统一的城市生活样板区，仅功能区核心区周边就拥有希尔顿嘉悦里、中铁名人、明宇丽雅等高端星级酒店 22 家，图书馆、科技馆、博物馆等大型公共服务设施 7 处，中小学 15 所，幼儿园 12 所，医疗机构 44 处，大型商业综合体 7 个，紧邻天府广场绿地和人民公园，规划有天府锦城公园，基本建成“15 分钟社区生活服务圈”。

第四节 华西大健康产业功能区

一、总体概况

华西大健康产业功能区位于武侯区，功能区以人民南路为主轴，北至与锦江区行政边界，南至成昆铁路，东至锦江高攀段，西至浆洗街，规划面积 12.7 平方千米，涵盖三个街道辖区（覆盖玉林、火车南站、望江路三个街道办事处）。隶属成都“中优”区域，是成都双流国际机场进入市区的城市“会客厅”，集聚医疗健康、金融服务和高端商务功能。华西大健康产业功能区概况见图 3-7。

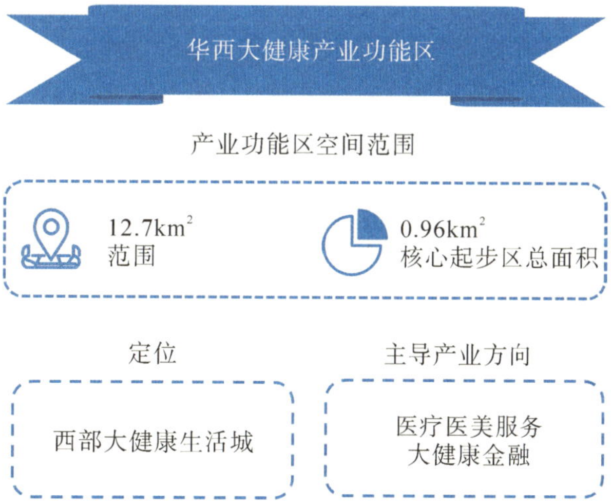

图 3-7 华西大健康产业功能区概况

二、产业发展

（一）产业发展定位

华西大健康产业功能区定位为西部大健康生活城，以医疗医美服务和大健康金融为主导产业，围绕四川大学华西医学中心打造“环华西国际智慧医谷”，沿人民南路中轴线打造“西部大健康金融中心”。

（二）产业发展目标

规划到2022年，大健康金融产业集聚度达到71%，2025年达到72%，2035年达到75%，建成“西南大健康消费核心区”。

（三）产业发展现状

华西大健康产业功能区聚焦医疗健康金融服务，打造全市大健康金融主承载地，重点发展高端金融、产业基金、科技金融、新型金融。目前，功能区大健康金融发展势头强劲，金融机构集聚度较高，多层次资本市场建设成果突出，核心金融机构发展实力雄厚。

一是大健康金融发展势头强劲。2019年，功能区金融集聚度达67%，大健康产业增加值43.6亿元，增长8.17%；分别新签约引进市级重大项目6个、区级重大项目17个，落地独角兽企业36家。同时，推动金融与大健康产业深度融合，鼓励金融机构开设健康支行，创新金融产品，目前收集备案的创新型健康类保险产品达到68种，不断满足大健康保险领域全方位、多层次风险保障需求，形成大健康金融产业比较优势。

二是金融机构集聚度较高。功能区是武侯区金融产业承载的核心区，目前已汇集中国人民银行成都分行和四川证监局、国家外汇管理局四川省分局3家金融监管机构，成都农商银行总部、浙商银行成都分行、上海银行成都分行、平安人寿四川分公司、友利银行成都分行、富邦华一银行成都分行等320余家各类金融机构和金融企业，金融引导、支持、促进武侯区经济社会转型发展的支撑作用日益凸显。

三是多层次资本市场建设成果突出。功能区所在的武侯区企业在多层次资本市场中有着良好表现。截至2019年末，全区上市企业共13家，新三板企业共34家，上市挂牌数量在成都市各区（市）县中位于前列；全区上市公司股票首发融资87.41亿元，通过股票增发融资208.03亿元，辖区内企业通过债券融资达2 474.18亿元。

四是核心金融机构发展实力雄厚。功能区内保险机构数量在全市占比较高。目前已集聚平安保险、泰康人寿、中信保诚等龙头保险机构24家，占全市总数的24.5%，其中双世界500强投资的中外合资机构5家。功能区所在的武侯区银行机构实力雄厚，区域内的成都农商银行总部、浙商银行成都分行是纳税亿元以上的纳税大户。

（四）产业项目招引

针对大健康金融产业在沿海发达地区发展较为成熟的现状，功能区确定了北京、上海等重点招商区域。从具体的招商名录来看，大健康金融方面主要确定了博生医疗投资股份有限公司、上海万度医疗投资管理有限公司等企业；新兴金融方面主要确定了平安普惠投资咨询有限公司、深圳前海微众银行股份有限公司等企业；消费金融方面主要确定了中银消费金融有限公司、招商消费金融有限公司等企业；财富管理方面主要确定了成都天合瑞通投资有限公司、上海普益投资顾问有限公司等企业；优质银行机构方面主要确定了北京银行、江苏银行、宁波银行等企业。表3-2是华西大健康产业功能区已入驻500强金融企业。

表3-2　华西大健康产业功能区已入驻500强金融企业

企业名称	注册时间
中国人民财产保险股份有限公司成都市分公司	1996年12月25日
中银三星人寿保险有限公司四川分公司	2012年7月5日
英大泰和人寿保险股份有限公司成都市武侯营销服务部	2014年1月7日
中信保诚人寿保险有限公司四川省分公司	2017年10月16日
交银康联人寿保险有限公司四川省分公司	2015年5月20日
华夏人寿保险股份有限公司四川分公司	2018年12月19日
太平财产保险有限公司四川分公司	2003年3月7日
中国平安人寿保险股份有限公司四川分公司	2003年1月30日
中德安联人寿保险有限公司四川分公司成都市武侯区营销服务部	2007年4月23日
安盛天平财产保险股份有限公司四川分公司	2006年9月29日
交银康联人寿保险有限公司四川省分公司	2015年5月20日
东吴人寿保险股份有限公司四川分公司	2014年11月24日

三、产城融合

（一）商务配套较为完善

功能区拥有凯宾斯基、首座、明宇尚雅等众多高品质酒店及服务式公寓，汇聚了来福士广场、王府井购物中心等高端商业综合体，购物中心国际品牌占比超过70%，首次进入成都的旗舰店品牌占比达57%。

（二）合作交流进一步深化

功能区与华西医院建立了定期联系制度，积极推动与华西医院校地合作，促成华西科研成果的就地转化；与商（协）会联系紧密，已与四川省医学交流促进会、成都市医美协会等商（协）会就项目招引、人员培训、企业专业化服务、园区运营等方面进行了沟通，初步确定部分合作项目；与华西“四院”联合举办第三届“环华西国际智慧医谷”发展论坛，搭建“政医产学研资用”沟通交流平台，重点发布华西新产品、新技术，促进科研成果与市场的零距离对接。

（三）交通等生活配套设施比较完善

公共出行方面，功能区已经建成使用地铁1号线、3号线、7号线、8号线、13号线、18号线；绿色生活方面，沿锦江南岸生态绿廊和道路共规划区域级绿道7条，并与外部主要绿道衔接，内部规划多条城区级别绿道，搭建形成了以功能区绿道网络为骨架的慢行系统。

第五节　春熙路时尚活力区

一、总体概况

春熙路时尚活力区位于锦江区，规划面积约17.1平方千米，西起人民南路，东至沙河、静康路，北抵华星路，南达锦江，涵盖春熙路、书院街、锦官驿、牛市口、东湖、沙河6个街道，规划建设春熙时尚消费社区、东大街消费金融社区、攀成钢国际休闲社区、东湖文化演艺社区等4个产业社区。截至2019年末，功能区共有纳税企业1.9万户，金融及衍生、配套服务机构507家，世界500强企业127家。春熙路时尚活力区概况见图3-8。

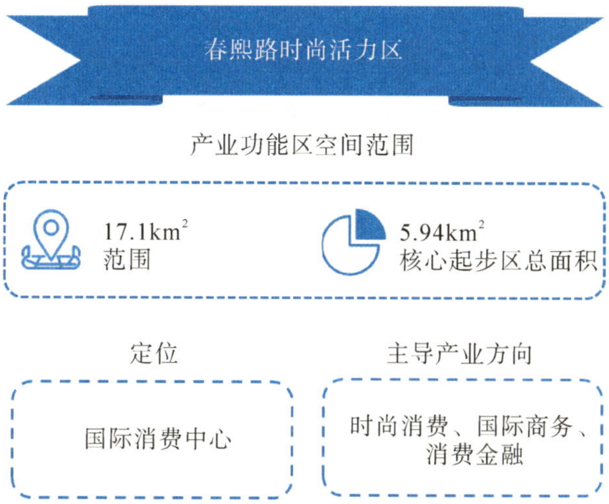

图 3-8　春熙路时尚活力区概况

二、产业发展

（一）产业发展定位

春熙路时尚活力区定位为国际消费中心，以时尚消费、国际商务、消费金融为主导产业。聚焦时尚消费，围绕时尚品牌消费、时尚文创消费、时尚休闲消费三大板块，重点发展一线品牌、原创设计、国际美食等九个细分领域；聚焦消费金融，重点发展资金服务、征信服务、支付服务三大领域；聚焦国际商务，围绕国际交往、总部办公、专业服务三个方面，重点发展经贸合作、全国总部、管理咨询等九个细分领域。

（二）产业发展目标

春熙路时尚活力区的发展目标是带动引领成都商贸商务金融发展，树立成都高端化、国际化商贸商务金融业发展形象。规划到 2020 年末，功能区社会消费品收入突破 800 亿元，全口径税收超过 50 亿元，商务商贸集聚度占比超过 70%，时尚消费种类更加丰富，承接国际会议、国际交流次数明显增加；到 2035 年末，功能区社会消费品收入突破 1 800 亿元，全口径税收超过 90 亿元，商务商贸集聚度占比超过 80%，成为世界级文化商业区、天府文化传承示范区。

（三）产业发展现状

目前，春熙路时尚活力区消费金融发展势头良好，金融产业已初步形成聚集态势。一是消费金融产品丰富。小贷公司推出了“天翼橙分期”“天翼随意借”“去哪借趣花”“卡卡贷”等基于细分应用场景的消费金融产品，传统商业银行也不断寻求模式创新，为有资金需求的中小微企业、个体消费者提供丰富的消费金融产品。二是消费信贷初具规模。2019 年，累计为 24 万个体工商户提供了 43 亿元贷款，为 4 087 户小微企业主提供了 13 亿元贷款；维仕小贷消费贷款平均单笔金额为 1.66 万元，“自由贷”产品提供了 3.2 亿元贷款，“天翼橙分期”产品提供了 8 295 万元贷款，“天翼随意借”产品提供了 9 966 万元贷款，“去哪借趣花”产品提供了 32 818 万元贷款，“卡卡贷”产品提供了 24 317 万元贷款。三是消费金融项目加快推进。功能区多次与金融机构、科技企业和商户共同探讨发展围绕大春熙商圈场景下的支付、预存款、小额贷款、财务系统的整合消费平台；与 ICE（艾西益）合作在春熙商圈服务中心设立本外币兑换点，与中行合作制作本外币兑换服务指南，打造春熙商圈国际化消费环境。四是金融产业初步形成聚集态势。功能区现有金融及衍生、配套服务机构 500 余家，初步形成了消费金融服务网络。IFS、平安金融中心、时代一号等重点商务楼宇中金融企业数量占入驻企业总量比重超过 85%，本土独角兽企业锦欣医疗在港交所成功上市。

（四）产业项目招引

春熙路时尚活力区聚焦消费金融主导产业，围绕资金服务、征信服务、支付服务等细分领域，坚持项目招引强链补链理念，共确定了资金服务领域台湾永丰银行、澳门国际银行、唯品会消费金融公司、苏宁金融、京东金融等消费金融目标企业；百行信用、芝麻信用、腾讯征信等征信服务目标企业；同时，针对功能区目前支付服务机构空白的现状，计划招引一批持牌支付机构以及区域结算中心。2019 年，新入驻世界 500 强企业 3 家、独角兽企业 2 家、重点商贸企业 113 家、高端商务企业 92 家、金融服务类企业 12 家，新签约落地重大产业化项目 12 个。表 3-3 列出了春熙路时尚活力区 2019 年已落地的金融服务类企业。

表 3-3　春熙路时尚活力区 2019 年已落地金融服务类企业表

序号	2019 年已落地金融服务类企业	注册资金	注册时间
1	星利保险经纪有限公司四川分公司	—	2019 年 1 月 17 日
2	中华联合人寿保险股份有限公司四川分公司	—	2019 年 2 月 22 日
3	成都鑫联合保险代理有限公司沙河分公司	—	2019 年 5 月 27 日
4	长城华西银行股份有限公司成都锦江支行	—	2019 年 3 月 25 日
5	成都管家投信息技术有限公司	1 亿元人民币	2019 年 5 月 30 日
6	鼎马融资租赁（广州）有限公司成都分公司	—	2019 年 4 月 22 日
7	普基控股（成都）有限公司	2 000 万美元	2019 年 5 月 31 日
8	巴蜀资本控股有限公司	5 000 万元人民币	2019 年 7 月 23 日
9	四川聚道股权投资基金管理有限公司	2 000 万元人民币	2019 年 9 月 25 日
10	普瑞国际控股有限公司	1 亿元人民币	2019 年 10 月 29 日
11	银信（成都）金融服务外包有限公司	1.8 亿元人民币	2019 年 9 月 24 日
12	中翰国实资本运营有限公司	3 亿元人民币	2019 年 12 月 4 日

三、产城融合

（一）载体运营扎实

功能区现有税收亿元楼宇 16 栋，“超甲级”“甲级”楼宇 12 栋，专业楼宇 3 栋，投产体量近 400 万平方米，商务楼宇 105 栋 360 万平方米；2019 年续建及新开工环球贸易广场、香港置地环球汇等 13 个项目，新增商业商务面积 290 万平方米。图 3-9 是国际金融中心（IFS）外景。

图 3-9 国际金融中心（IFS）外景①

（二）创新平台载体丰富

功能区拥有国科创新等创新创业载体和孵化平台，拥有全球资本服务中心、众创金融谷等金融服务平台；此外，还与西南财经大学、电子科技大学等高校建立了合作关系。

（三）以产业社区为抓手的基础配套较为完善

功能区拥有以消费金融为主的东大街消费金融产业社区，以时尚消费、国际商务为主的春熙时尚消费产业社区，最具国际范儿的攀成钢国际休闲产业社区，美丽宜居的东湖文化演艺产业社区。现有住宅 16.3 万套 17 654 万平方米，出租率 36.2%；拥有香格里拉、尼依格罗、博舍等高品质酒店 23 家；功能区内拥有各类学校 63 个，规划建设中学 2 个、小学 3 个、幼儿园 4 个；各类医疗卫生机构 26 个，规划建设 1 个；文化体育设施 114 处，规划建设 10 处；农贸市场、社区服务中心等 29 处，规划建设 11 处；公园小游园微绿地 53 个，规划在建 28 个；公共交通便捷，1 号、2 号、3 号、4 号地铁线实现区域全覆盖。

---

① 图片来源：春熙路时尚活力区管委会。

第六节　白鹭湾新经济总部功能区

一、总体概况

白鹭湾新经济总部功能区位于锦江区，总规划面积约 11.2 平方千米，北至沙河南岸，南接绕城高速，西起锦江东岸，东邻生态绿楔，覆盖锦华路、柳江两个街道办事处。功能区通过“线上+线下”相结合的形式，紧扣虚实结合、政产学研联动的创新发展模式，旨在打造开放式新型产业园，力争建设成“锦江东岸数字新城”。白鹭湾新经济总部功能区概况见图 3-10。

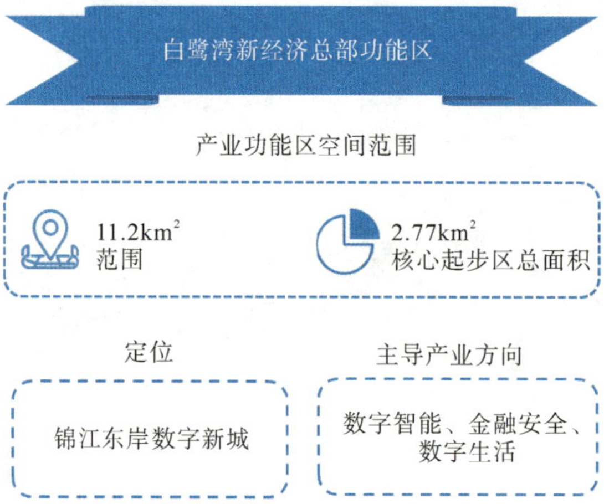

图 3-10　白鹭湾新经济总部功能区概况

二、产业发展

（一）产业发展定位

白鹭湾新经济总部功能以“锦江蝶变新引擎、东岸数字新城区”为总体定位，以数字智能、金融安全、数字生活为主导产业。

（二）产业发展重点

功能区着眼于破解中心城区土地要素瓶颈制约，紧跟前沿科技成果和技术应用，聚力发展数字智能（基建互联、数字运营、智慧应用等），金融安全（金融安全大数据、金融信息系统安全、身份认证、征信、金融风险管理等），数字生活（数字消费、数字共享、数字服务等）三大主导产业。根据片区基底，推动产业落位，形成“一带一轴三组团七社区”空间布局，着力打造面向未来的千亿级数字新城。

专栏 3-1　“一带一轴三组团七社区”空间布局

“一带”是形象窗口：锦江国际示范带。

“一轴”是价值枢纽：TOD 创新发展轴。

“三组团”是产业聚集：数字智能组团、金融安全组团、数字生活组团。

“七社区”是细分载体：数字智能组团包括鹭湾·数字总部港、锦东·智慧创新港，金融安全组团包括东岸·数字软件园、交子·金融安全园，数字生活组团包括琉璃·数字消费区、锦馨·数字服务区、锦城·数字共享区。

（三）产业生态构建

围绕金融安全产业，策划打造了全国首个“金融安全产业园”，引进了启迪区块链、梆梆金服等目标企业 27 家，打造了交子普惠金融平台等功能项目；围绕数字生活产业，引进 58 集团建设新经济产业园区，落地 58 全国新业务运营中心、全国生活服务数据中心、保险金融全国总部和西部结算中心；围绕数字智能产业，聚焦鹭湾·数字总部港建设，先后与华为通信、大唐网络、深兰科技、中国移动成都研究院、中国信息通信研究院等行业头部企业或机构洽谈了战略合作事宜。

三、产城融合

（一）产业配套设施

交通基础设施方面，功能区区位优越，接驳四条高速公路，距离双流国际机场仅 20 分钟车程，距离天府国际机场仅 50 分钟车程；地铁 6 号、9 号、20 号线在片区内形成交叉纵横的发达地铁交通网络，地铁站点在设计上采用国际最前沿的 TOD 开发模式，形成了地上地下空间立体无缝衔接的生活交通体系。产业发展要素配套方面，功能区毗邻四川天府新区、成都高新技术产业开发区，紧靠成都经济技术开发区，与成都金融城融为一体，产业、技术、资金、人才在周边高度聚集。

（二）功能平台设施

功能区已建成各类产业楼宇项目 12 个，总建筑面积 136 万平方米，其中亿元楼宇 4 栋（银海芯座、佳霖商务楼、创世纪广场、天府宝座），市级专业楼宇 3 栋（汇融国际、银海芯座、博瑞文化创意大厦）；在建项目 5 个，累计 115 万平方米；拟建项目 2 个，累计 22 万平方米。

白鹭湾新经济总部功能区已建成产业载体见表 3-4。

表 3-4　白鹭湾新经济总部功能区已建成产业载体

项目名称	项目位置	项目内容	产业定位
汇融国际	三色路	商务综合体、市级科技专业楼宇，建设面积 32 万平方米	创意设计、电子商务、总部企业为主的中高端企业
锦江创意科技大厦（创世纪广场）	毕昇路	文创产业建筑群，建设面积 15.4 万平方米	文化创意企业、软件研发企业、高新技术企业及非生产型的服务型企业
银海芯座	三色路	生态智能化科研办公，建设面积 10 万平方米	软件开发、信息服务、文化创意设计、现代服务与商贸、区域总部
中加国际	毕昇路	5A 甲级写字楼、总部企业中心，建设面积 4.5 万平方米	文化创意、软件研发
博瑞·创意成都	三色路	市级文化创意专业楼宇，建设面积 9 万平方米	文化创意、金融、500 强企业、集团总部企业
新希望·中鼎国际	金石路	智能化办公空间，建设面积 19 万平方米	科研型、服务型的中型以上企业
天府宝座	墨香路	建设面积 4 万平方米	大中型科技、服务类企业
煦华国际	锦盛路	智能化科研办公空间，建设面积 7.6 万平方米	文化创新设计、现代服务与商贸、环境保护、信息服务等企业
五冶大厦	五冶路	智能化办公空间，建设面积 9 万平方米	科技型、服务型的中型以上企业
佳霖科创大厦	锦盛路	智能化办公间，建设面积 2.2 万平方米	中小企业孵化
优他总部中心	毕昇路	建设面积 12 万平方米	国际国内知名大中型企业
火炬动力港	三色路	建设面积 11.3 万平方米	数字生活、数字智能等新经济企业

白鹭湾新经济总部功能区在建产业载体见表 3-5。

表 3-5　白鹭湾新经济总部功能区在建产业载体　　单位：亿元

项目名称	总投资	年度投资	建设内容	项目进展
鹭湾·数字总部港	50	10	新经济载体基础设施，建设面积 38 万平方米	已开工，计划 2025 年 12 月竣工
58 新经济产业园	10	3	58 运营金融保险数据结算中心，建设面积 13.5 万平方米	主体施工，部分主体已建至 13 层，计划 2020 年 12 月竣工
能投艺尚锦江	20	4	文创综合体美术馆总部办公商业，建设面积 24 万平方米	主体施工，已建至 24 层，计划 2020 年 12 月竣工

表3-5(续)

项目名称	总投资	年度投资	建设内容	项目进展
华润东原时光绘	10	2	写字楼商业配套设施，建设面积16.4万平方米	内装及设备安装，计划2020年12月竣工
新华之星	9.4	0	科研办公总部，建设面积22.7万平方米	项目已竣工，目前在内装设计阶段，计划2020年末完成内装施工

白鹭湾新经济总部功能区拟建产业载体见表3-6。

表3-6　白鹭湾新经济总部功能区拟建产业载体

项目名称	总投资/亿元	建成期限/年	建设内容	项目进展
中加国际二期	10	2 023	办公写字楼，建设面积约8万平方米	开展前期准备工作，计划2023年竣工
中鼎国际二期	20	2 023	办公写字楼，建设面积约14万平方米	开展前期准备工作

（三）生活配套设施

生态环境优美。功能区毗邻锦城绿道、白鹭湾城市湿地公园和三圣花乡生态景区，周边18平方千米的绿地生态系统为城市提供了强大的生态和净化功能。生活配套比较完善。截至2020年5月末，功能区内在建和建成的住宅项目共有81个、面积1 740万平方米，拟建租赁住房约3 500平方米；现有中小学10个，规划新建中小学8个；现有医疗机构5个，规划新建综合性医院1个、专科医院1个、社区卫生服务中心3个；规划建设小游园微绿地10个、综合健身馆2个、运动场1个、三级绿道92千米、开敞空间600亩。

第七节　青白江国际铁路港

一、总体概况

青白江国际铁路港位于青白江区，规划面积73.2平方千米，东至金堂、西至智慧大道、南至毗河、北至广汉，是全国唯一依托铁路枢纽设立的自贸试验区，是金青新“一带一路”大港区引领区，已获批综合保税区、首批国家陆港型物流枢纽，正在申报铁路港国家级经开区。功能区依托“一带一路”、西部陆海新通道、成渝地区双城经济圈等国家战略，按照“畅通道、促贸易、聚产业、优环境”发展思路，发挥铁路港枢纽的辐射与带动作用，联合新都、金堂、德阳等地，共促铁路港经开区扩容提能，协同构建外向型产业生态圈。青白江国际铁路港概况见图 3-11。

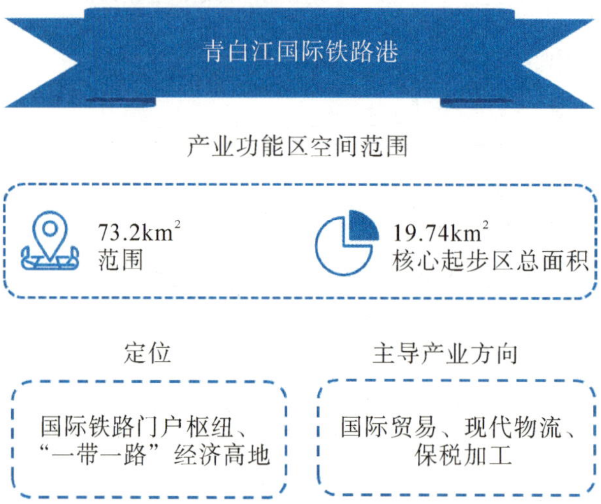

图 3-11　青白江国际铁路港概况

二、产业发展

（一）产业发展定位

青白江国际铁路港定位为国际铁路门户枢纽和“一带一路”经济高地，以国际贸易、现代物流、保税加工为主导产业，重点发展以电子商务、大宗商品贸易、平行进口汽车等为主的国际贸易和以智能家电、电脑外设、物流自动化装备为主的保税加工产业；供应链金融服务业；以冷链物流、城市共同配送、供应链管理、新零售等为主的现代物流业。

（二）产业发展目标

坚持“强枢纽、畅通道、促贸易、聚产业、优环境”发展思路，加快将成都国际铁路港建成国内量能最大、功能最完善、辐射范围最广的国际物流枢纽，全面构建贯通欧亚、全球通达的国际陆海联运通道网络体系，加快打造服务“一带一路”沿线国家和地区的国际供应链枢纽节点，促进全省及西部地区开放发展水平加快提升。

（三）产业发展现状

青白江国际铁路港依托国际铁路港的生产制造、口岸物流、国际贸易等，重点发展供应链金融服务业。目前，功能区供应链金融产业已具备一定规模。

供应链金融主体方面，已有万创华瑞商业保理、锦泰保险等金融机构落户港区，以及自贸通、浩通供应链两家区内平台公司在港区发展；成都交子供应链金融服务有限公司正式成立，为港区中小微贸易企业提供供应链金融服务。

供应链金融产品方面，目前已落地“关税保证保险”业务。截至 2019 年 8 月末，累计开展关税保证保险 291 票，担保税款 8 637.9 万元，参保商品涵盖整车、棉纱、木材等进口商品，实现“先通关后缴税”；落地木材“上车付”金融产品，实现贸易企业先收货后付款，缩短资金账期，提高企业资金周转率；推出“跨境电商人民币结算”产品，港投集团通过平台金融、物流、关检、仓储等资源，为中欧班列（成都）回程跨境电商进口奶粉提供跨境人民币结算服务。

三、产城融合

（一）产业配套设施

功能区遵循“人城产”发展逻辑，围绕供需匹配优化资源配置，推进产城融合。一是载体建设加快实施。规划面积达 43 万平方米的国际贸易产业园预计 2021 年 6 月竣工，3 万平方米亚蓉欧国家馆于 2020 年 5 月开馆运营，综保区预计 2020 年 9 月实现封关运行。二是重大项目快速推进。总投资 30.21 亿元的铁路港综合园区建设一期项目已申报第二批地方政府专项债并纳入国家发改委项目推介清单，其中 15 个子项目年内开工建设；总投资 25.9 亿元的铁路港综合园区建设二期项目已申报第三批地方政府专项债。三是功能配套逐步完善。500 亩绿化节点、6 个智能公交站点完成改造；综合保税区、散货片区等区域总长 6 千米的 10 条港区骨干道路正在加快建设。

（二）功能平台设施

功能区成都陆港运营公司与工商银行合作开发的供应链金融平台——中欧 E 单通平台已比较完善，较好支持了中欧班列跨境贸易发展。截至 2019 年末，平台上链客户 12 家，签发提单 89 单，业务金额 17 286 万元。未来该平台将具备以下特点：一是可实时透明掌握中欧班列物流最新信息，查验提单和贸易背景，从而确保单据的真实性；二是极大简化之前单据需要两次寄送传递的过程，实现信息实时交互，提高业务办理效率；三是随着平台用户的增多，贸易背景、单据信息等将汇聚成大数据，通过对大数据的提取和分析，为银行评级授信奠定基础。

（三）生活配套设施

功能区以国际贸易产业园为核心载体，实现高端商业、会议展览、培训交流、星级酒店等功能融合，在建人才公寓 2 万余平方米，依托 S1、S12 号线市域轨道交通布局 TOD 项目。以亚蓉欧国家馆为载体建设特色街区、特色商圈，2020 年 5 月开馆运营。在绣川河以北布局幼儿园、小学；四川大学华西第二医院青白江妇女儿童医院已开工，拟建设 4 个邻里中心，建成景观绿化面积超过 20 万平方米的陆港绿道。

第八节　重点特色金融功能区

一、天府新区天府国际基金小镇

（一）总体概况

天府国际基金小镇聚焦“财富管理、‘双创’孵化、创投融资、人才聚集”四大核心功能，坚持天府国际基金产业城建设与生态环境相融合、产业空间与物理空间相融合、经济发展与民生发展相融合，建设以股权投资基金为主体的多元新兴金融产业聚集区，规划打造集产、研、投于一体的“双创”园区和高端金融人才聚集地。小镇一期位于麓山大道南侧，占地 202 亩，二期位于麓山大道北侧，占地 171 亩。目前一期各项配套设施相对完善，可为入驻机构提供全方位的服务。小镇力争到 2022 年实现管理社会资金总规模超过 10 000 亿元规模，打造成国际一流、国内领先的基金小镇。

（二）发展成效

天府国际基金小镇金融资源集聚初具规模，服务实体经济发展取得实效。金融资源集聚方面，截至 2019 年末，已成功引入包括 IDG 资本、中金资本、渤海华美、中国风险投资、梅花创投、高榕资本、元生创投、湖杉资本、德同资本、成都发展基金、国新建信基金、成都紫光产业基金、交子产业基金、广发证券、CFA 协会等相关机构 380 家，管理社会资金总规模达到 4 011 亿元，是中国西部最大的创投融资中心。服务实体经济发展方面，2019 年 4 月，天府国际基金小镇“创富天府”平台被纳入中小微企业全生命周期投融资服务体系“交子金融‘5+2’平台”；2019 年 9 月，天府国际基金小镇发布 2.0 战略，正式推出“天府新经济基金加速器”。截至 2019 年末，天府国际基金小镇各平台已响应中小企业投融资对接需求 1 400 余起，线上累计提供投融资对接服务超 14.5 亿元，线下累计投融资金额超 110 亿元。

（三）产城融合

天府国际基金小镇构建形成了 G+3C 标准化服务体系，其中 G 代表政务服务，3C 分别代表基金机构-办公空间定制化服务、基金机构-全程商务服务、基金小镇-配套设施消费服务。政务服务方面，建立绿色通道，以“一站式受理、一站式代办、一站式自助、一站式投诉”服务模式，为入驻机构提供“无条件接件、无障碍协调、全方位服务、全天候跟踪”的管家式政务服务。基金机构-办公空间定制化服务方面，拥有西南第一社区的国际化设计、施工、物管团队，引入国际领先的生态节能建筑理念，根据具体需求提供一站式定制化办公空间解决方案。基金机构-全程商务服务方面，提供以智能化系统为基础的商务服务标准化体系，包括商务包车（机）服务、总机秘书服务、会议服务、网络租赁、人事外包、法律咨询等。基金小镇-配套设施消费服务方面，建立了配套完善的生活休闲服务，包括酒店、高尔夫球场、体育公园、艺术家村、电影院、健身房、酒吧等，提供工作、休闲、生活等全方位配套服务。

二、金牛区供应链金融聚集区

（一）总体概况

金牛区供应链金融聚集区位于人民北路荷花池商贸商务片区，东至小沙河，西至府河、马家花园路，南至西体路、府河，北至成都火车站铁路线，面积约 3.98 平方千米。集聚区以高品质 TOD 城市空间整体开发利用为支撑，构建以现代金融、总部经济、现代商贸、商务服务融合发展的市级核心商圈，全力打造在全国具有较强影响力的西南供应链金融中心。

（二）发展成效

金融规模持续扩大。2019 年实现金融业增加值 136.6 亿元，对区域经济贡献率达到 8%，实现金融业税收 8.4 亿元；2019 年末，各类金融机构达到 290 家，涵盖银行、证券、保险等传统机构和股权投资基金、小额贷款公司等新兴金融机构。金融创新深入推进。依托中铁轨道交通产业园、地理信息产业园的产业链优势，供应链金融产业快速发展，逐步实现人才链+产业链+金融链+价值链“四链融合”；2019 年 12 月成都市供应链金融协会落户金牛，中航信用、金牛票银等供应链金融平台建设初具雏形，预计年交易额超 1 000 亿元；成立总规模 30 亿元的母基金，参股设立总规模 50 亿元的四川区域协同发展投资引导基金，并按照“一区一企一基金”的思路逐步设立 3 只产业子基金。政策力度不断加大。精准制定《金牛区加快金融业聚集发展若干政策》，从鼓励各类金融机构聚集、扩大直接融资、产业基金设立、金融高端人才落户等方面精准施策，鼓励支持金融机构和金融人才在金牛区聚集发展。

（三）产城融合

交通基础设施方面，区域内已开通地铁 1 号、5 号、6 号、7 号、18 号线，3 个换乘站、1 条 BRT，40 分钟覆盖范围 800 平方千米。商业配套方面，龙湖上城、万达广场、花千集、北城 8 号、保利时代等产城综合体有机串联，并依托成都火车站扩能改造，以成渝中线高铁建设为契机，积极推进地下空间综合利用，高品质建设人民北路 TOD 枢纽型商业商务中心。

三、成华区数字金融特色功能区

（一）总体概况

成华区数字金融特色功能区位于成华区核心区域，东至圣灯路，南至蜀都大道，西至三友路、府青路一段、猛追湾滨河路，北至成渝铁路，总体面积约 10 平方千米。功能区围绕数字经济发展，以总部经济为龙头牵引，大力发展现代金融、商贸商务，依托二环路-建设路“T”形金融产业带和天府四川金融博物馆影响力，做强银行、证券、保险等传统金融业，积极发展科技金融、消费金融、供应链金融、融资租赁，奋力打造以数字金融为特色的现代金融产业发展区。

（二）发展成效

金融资源集聚方面，引进落地中国并购公会四川分会、中国区块链应用研究中心（四川）、四川新金融科技生态中心等行业组织和研究机构。金融创新发展方面，以成都支付通新信息技术服务有限公司为核心企业构建数字普惠金融服务平台，目前进入测试阶段；与中国金融博物馆（集团）合作，打造天府四川金融博物馆，并于 2019 年 5 月 18 日正式开馆运营，先后举办了多场大型金融主题系列活动。服务实体经济方面，发挥西部科技金融服务联盟和“服贷投”联动投融资服务中心平台优势，为科技创新型中小微企业提供全生命周期的金融服务，全年累计帮助 33 家小微企业获得贷款 3 356.7 万元；建立产融对接服务机制，2019 年举办企业投融资专场对接活动 10 余场，达成意向融资 34 件，意向融资额 3.56 亿元。

（三）产城融合

交通基础设施方面，区内有“三纵六横”骨干城市道路，规划地铁线路 8 条（地铁 3 号、4 号、7 号线已投入运营），公交线路 27 条，公交站点 60 多个。公共服务配套方面，新华公园、成华公园、沙河生态景观带及成华广场众多街头绿地分布域内；拥有列五中学、石室初中、龙江路小学、十三幼儿园，以及三甲医院市第六人民医院等 60 余所优质教育资源和医疗机构。服务载体建设方面，区内有华茂广场、世茂大厦、高地中心等 3 座甲级写字楼，面积 13 万平方米；财富又一城、招商·东城国际等 5 座特色楼宇（含 3 座甲级写字楼），面积 18 万平方米；中迪创世纪商业广场 A 区、永立大厦、信远·太阳公元等在建楼宇 13 座，面积 76 万平方米。

四、龙泉驿区汽车金融功能区

（一）总体概况

龙泉驿区汽车金融功能区依托龙泉驿良好的汽车产业基础，形成了以吾悦新城商圈、东安湖中央公园为中心的东安湖高端金融产业带和以西河汽车贸易博览城为中心的西河汽车消费金融产业带。功能区实施“构建汽车金融生态、打造汽车金融品牌、优化金融空间载体、提升招商引资工作、完善金融政务服务”五大攻坚行动，不断提升区域汽车金融业发展水平和产融互动发展能力，力争建设成为省内领先、国内知名、开放创新、特点突出的汽车金融中心。

（二）发展成效

截至 2019 年末，龙泉驿区共有各类金融机构 89 家，其中银行 25 家、保险 32 家、证券期货 5 家、地方金融组织 10 家、基金管理机构 16 家、信用卡中心 1 家，全区本外币存款余额 1 172. 52 亿元，贷款余额 767. 15 亿元。在汽车金融方面，已引入一汽惠迪、一汽租赁、神钢建机融资租赁、思享驾融资租赁（沃尔沃旗下）、鑫安汽车保险等知名企业入驻。出台《龙泉驿区促进金融业发展实施意见（试行）》，对新入驻的汽车金融企业，按区级财政贡献的 100%连续五年给予奖励。成立了规模 50 亿元的成都经开产投基金，发起设立及参股子基金 7 只，规模共计 54. 91 亿元，在汽车智能装备、汽车新能源、汽车电子、智能制造、数字经济等领域为企业等提供资金支撑。运用金融科技手段，打造集政策发布、股权融资、债券融资、融资担保等多功能于一体的经开产融合作平台，有效连接资金供需双方，搭建银政企高效沟通对接渠道。

（三）产城融合

交通基础设施建设方面，区域内已形成路网密集、内畅外联、四通八达的综合交通体系。东安湖高端金融产业带已开通地铁 2 号线，西河汽车消费金融产业带已开通地铁 4 号线，与国家高速公路网、高速铁路网和成都地铁网实现了快速驳接和转换。在空间载体打造方面，已引入仁孚奔驰 4S 店、北欧汽车文化创意中心、港宏汽车 mall 等一批高端服务业项目；正在积极引进深业集团参与中国天府国际汽车博览城项目建设；跟踪洽谈天鸿智能智造科技文化城、中国电子天府国际总部经济园、明发广场等一批重大项目。

五、新都区绿色金融功能区

（一）总体概况

新都区绿色金融功能区位于新都区内，以发展绿色信贷为抓手，重点支持轨道、航空等新兴高端制造产业发展，引导家具、物流等传统产业转型升级。功能区通过构建“绿色金融机构聚集中心、综合服务中心、理论研究中心、产品研发中心、开放交流中心”，旨在打造立足成都、服务全川、辐射西部、面向全国的绿色金融创新发展高地。

（二）发展成效

创新完善配套体制机制。按照“政府引导+市场主导”出资2亿元成立成都香城绿色金融控股有限公司；制订绿色金融五年行动计划，出台支持绿色金融机构设立、绿色信贷、绿色认证评估等奖补政策；打造占地36亩的绿色金融试点区，目前已入驻兴业银行等近十家金融机构的绿色金融专业服务中心；连续两年举办“成都绿色金融高峰论坛”，推广绿色金融创新发展成果。不断夯实基础服务体系。编制西部首个绿色项目标准和绿色企业标准，并率先在新都试行；组建西部首个绿色评估认证中心，现已评定绿色企业43家、绿色项目5个；吸纳金融服务机构以及高校科研院所24名专家，组建绿色金融高端智库；建设推广“绿蓉通”综合金融服务平台，注册企业614家，入驻银行25家，撮合成交超过12亿元。助力提升金融服务能力。引导银行加大对绿色企业和绿色项目的信贷投放，组建区（县）首只规模2亿元的绿色创投基金，重点投向轨道交通、节能环保、新能源等绿色产业，推动发行绿色债券。

（三）产城融合

交通基础设施建设方面，功能区积极推进地下空间综合利用，地铁沿线新建重点项目实现了与地铁无缝对接，地铁3号线已投入运营。公共服务配套方面，采用绿色环保理念，打造含6栋多层箱体建筑、占地36亩的成都绿色金融试点区，定位线下绿色金融宣传展示区，聚集传统金融、普惠金融、要素市场、研究机构及金融创新资源等各类绿色金融市场主体和服务机构，提供绿色金融发展现状、绿色金融（服务）产品创新成果等全方位信息。

六、温江区医养金融功能区

（一）总体概况

温江区医养金融功能区位于光华大道三段两侧，北至同兴西路，南至政通西路，西至锦泉街、永兴路，东至同兴东路、政通东路，总体面积约 2.2 平方千米。功能区坚持组团式发展，以光华商圈为核心，联动成都印钞厂打造货币历史沿革展示区，环西南财大创新创业孵化园区形成政策体系健全、载体支撑有力、服务精准高效、风险防控有效的医养金融服务体系，旨在建成服务温江、辐射成都、面向西南的医养金融特色功能区。

（二）发展成效

温江医养金融集聚区初具雏形，金融服务实体经济取得实效。金融载体建设方面，以光华商圈为核心，建设“西部金融中心医养金融功能区”物理载体，为温江区基金招商、产业招商以及政府引导基金母子基金集群管理提供物化平台。服务实体经济方面，发挥综合金融服务平台作用，2019 年组织召开银政企对接会 6 场，帮助企业解决资金需求近 10 亿元；围绕产业生命周期，建立完善金融链，2019 年区引导基金共参与设立投资基金 3 只，总规模达 39.5 亿元，带动罗欣药业医药健康产业园、成都瑞沐生物医药科技有限公司等 6 个项目扎根温江，项目累计投资总额达 65 亿元。金融生态环境方面，出台《成都市温江区加快医养金融功能区建设若干政策》，发力金融生态环境建设，在 2019 年四川省金融生态评价中继续蝉联全省 178 个县（区、市）第一名。

（三）产城融合

交通基础设施方面，地铁 4 号线、17 号线已投入运营。公共服务配套方面，功能区坚持以人为本的发展理念，倾力打造“学到温江”“健康到温江”“舒适到温江”三大民生品牌，按照产城融合发展理念，构建 15 分钟社区服务圈，合理规划教育、医疗、体育等公共服务设施。商务配套方面，功能区结合大学城商圈、永宁城市新中心、成蒲铁路站点合理布置商业，打造综合服务场景。

七、双流区航空物流金融特色功能区

（一）总体概况

双流区航空物流金融特色功能区位于四川自贸区双流区域，面积范围 34.01 平方千米，北至川藏路（成双大道），西至环港路，南至青栏沟，东至天府二街。功能区范围同时辐射涵盖成都国际航空枢纽综合功能区、成都高新综合保税区双流园区和西南航空港经济开发区。功能区通过引进新型金融机构，旨在进一步完善区域性金融组织体系，创优金融生态环境，提升传统金融机构服务能力，激活新型金融机构发展活力，打造“临空金融创新区”。

（二）发展成效

在《成都市双流区金融支持实体企业高质量发展行动方案（2018—2022）》（双府函〔2018〕154 号）、《成都市双流区高质量建设航空金融生态圈若干政策》（双府函〔2018〕163 号）、《成都市双流区打造航空金融生态圈行动计划（2018—2022）》（双府函〔2018〕164 号）等系列政策扶持下，功能区发展取得了四方面成效。一是设立 1 亿元政策风险补偿金和 5 000 万元贷款贴息专项资金。截至 2019 年底，1 亿元政策风险补偿金累计为 233 家企业提供了 12.23 亿元政策性优惠贷款，78 户企业获得 2018 年贷款贴息资金 1 537.38 万元；136 户企业获得 2019 年贷款贴息资金 2 281.63 万元。二是成功推动全省首个保税航空租赁项目落地，帮助川航成功引进 A330-300 宽体客机，有效降低了企业融资成本。三是设立全省首个自贸区商业保理公司，创新中小微企业的供应链金融产品，有效拓宽自贸区内中小微企业融资渠道。四是推动西部首家航空企业跨国公司跨境资金池运营业务，成功办理了川航跨境低息融资 8 亿元。

（三）产城融合

双流区航空物流金融特色功能区积极推动轨道交通建设，目前双流境内共规划地铁线路 17 条，总里程约 205 千米，站点 77 个。其中，建成地铁线路 6 条，分别为 5 号线、8 号线一期、9 号线（元华停车场）、10 号线二期、6 号线三期、17 号线。预计到 2021 年末，地铁通车线路 9 条，总里程 82 千米，运营站点 31 个。

八、郫都区“双创”、知识产权特色金融功能区

（一）总体概况

郫都区“双创”、知识产权特色金融功能区坚持政府引导，持续加大政策支持力度，促进“双创”企业利用多层次资本市场扩大融资规模，率先在金融服务引领“创新创业”“知识产权”两大领域实现突破，旨在通过金融创新引领科技创新，提升金融业的综合实力和服务地方经济的能力，构建以统筹、创新为特色，具有全国影响力的“双创”及知识产权金融服务体系。

（二）发展成效

郫都区“双创”、知识产权特色金融功能区服务实体经济成效显著。一方面，功能区持续发挥郫都区综合金融服务平台功能，大力推动金融资源服务实体经济发展。截至 2019 年末，平台已上线债权类金融产品 75 款，融资业务申请 114 笔，申请融资规模累计 57 775 万元，已发放 67 笔贷款共计 33 960 万元；线下金融服务超市已与 18 家服务机构签署了入驻协议，汇聚法律、财税和保险等中介服务产品 30 余款。另一方面，功能区积极推广和应用各类“双创”、知识产权金融产品，持续发挥信贷等金融资本对创新发展的支撑功能。截至 2019 年末，新网银行“双创”金融产品“菁蓉创客贷”，累计给予 37 人授信总额度 646. 9 万元的信贷支持；3 家银行知识产权类金融产品“科创贷”合计发放贷款额 12 965 万元，其中，农业银行西区支行 2 475 万元，成都银行郫都支行 8 950 万元，中国银行郫都支行 1 540 万元。

（三）产城融合

交通基础设施方面，区内成灌高铁、地铁 2 号线、6 号线、有轨电车蓉 2 号等轨道交通直达市中心，配套启动建设犀浦地铁综合交通枢纽 TOD；国道 G213 线、成灌高速（羊西线）、蜀源大道、西源大道等 4 条平行快速通道通达市中心，横贯全区的绕城和二绕环形高速公路快速融入全国高速路网。区域内拥有金融中心、舜苑财富广场、中铁世纪中心、恒创蜀都广场、蜀都万达广场、重百汉正广场、时代豪庭广场、绿地国际花都、海骏达城、凯德广场、佛罗伦萨小镇名品奥特莱斯、犀浦站-天河路站 TOD 等商业综合体。打造菁蓉街、太清路美食街、安靖蜀绣商业街等特色街区，334 千米绿道、135 个城市公园及小游园连点成线、连线成环、连片成网。

第四部分

环境篇

——成都市现代金融产业生态圈的生态环境分析

金融生态环境是现代金融产业赖以生存和发展的基础条件，是决定资本流向和反映金融中心发展潜力的重要因素，通常包括人才环境、开放环境、信用环境、法治环境、配套环境、政务环境六个维度。建立规范、均衡、有序的金融生态环境，有助于金融资源更加合理、有效地配置，为金融业发展创造良好的外部条件，为现代金融产业生态圈建设提供重要支撑。

近年来，成都在金融人才建设、信用法治建设、金融监管创新、金融配套完善、政务服务优化等方面不断发力，持续优化提升金融生态环境，为全市金融机构集聚、现代金融产业生态圈建设、金融中心地位跃升奠定了坚实的基础。

第一节　现代金融产业生态环境的内涵及建设意义

一、现代金融产业生态环境的内涵

从广义来讲，金融生态环境指金融运行的外部环境，包括经济环境、政治环境、科技环境、文化环境及法治环境等。从狭义来讲，即本书分析的金融生态环境是指金融人才环境、开放环境、信用环境、法治环境、配套环境、政务环境等。

二、加快现代金融产业生态环境建设的意义

一是改善金融生态环境有利于增强地区对金融资源的吸引力。地区的金融生态环境状况，决定着该地区对金融资源的吸引力。金融生态环境越好，吸引力更强。二是改善金融生态环境有利于完

善金融市场体系。改善金融生态环境，培育市场参与主体，有助于完善金融市场体系，做大做强金融产业规模。三是改善金融生态环境有利于确保金融安全。市场主体风险意识的提高、诚信观念的树立、法律法规的健全等一系列金融生态环境的改善，有助于有效防范和及时化解金融风险①。

第二节　成都市金融人才环境分析

一、重要举措

（一）持续加大金融人才培养力度

加强金融人才培育专项政策制定，对接“蓉漂计划”“成都人才计划”，分批培养海内外高素质、高层次金融人才。依托“天府万人计划”金融菁英项目，遴选优秀中青年金融人才进行重点培养。对积极参加国际知名职业认证考试并取得证书的金融人才给予相应补贴。鼓励驻蓉高校开设新金融学科，与国内外知名院校合作实施金融人才联合培养项目，培养一批适应新金融发展趋势的复合型、创新型金融人才。图 4-1 为成都交子金控集团金融培训中心发布双“112”金融人才培养计划。

图 4-1　成都交子金控集团金融培训中心发布双“112”金融人才培养计划②

① 白俊成. 关于加强金融生态环境建设的几点思考［R/OL］.（2017-08-20）［2020-08-02］. http://www.tbankw.com/lwjj/253362.html.

② 图片来源：成都交子金控集团金融培训中心. 金融人才培养计划发布研讨会暨代理招生老师分享会第一期［EB/OL］. https://www.sohu.com/a/200393331_99904466.

（二）积极搭建金融人才发展平台

组建西部金融中心高端专家智库，依托与复旦大学、西南财经大学、深圳综合开发研究院等科研院所良好的合作基础，邀请新加坡南洋理工大学、美国加州大学等国际知名院校参与，建设具有国际水准的西部金融中心高端智库，加快金融人才培养，提升决策咨询水平，促进金融智力资源跨界融合及信息交流共享。积极打造金融人才交流平台，联合高等院校和研究机构共同举办国际金融论坛及学术会议，与国际知名金融中心建立长效的金融人才交流机制，鼓励更多的金融人才“走出去”，学习先进金融管理理念和管理方式，为成都金融业发展积累经验。

（三）不断健全金融人才引进机制

支持金融人才参选国家级、省级重大人才计划和工程，支持申报“蓉漂计划”“成都市有突出贡献的优秀专家”等市级人才项目。鼓励建立具有竞争力的差异化、市场化薪酬体系，支持本地法人金融机构完善管理制度，优化激励约束机制，实行股权激励、分红激励等人才激励政策，并为其打通任职、申报等业务的绿色通道，确保引进的人才留得住、干得动。完善人才服务体系，积极建立各类平台载体、人才公共服务机构和民营人力资源中介服务机构，与“蓉城人才绿卡”保障有机结合，为金融人才量身定制系统化、品质化服务供给。

二、主要成效

（一）金融人才吸引力不断提升

成都通过强化顶层设计，初步构建了具有竞争力的人才政策体系，基本形成了便捷高效的人才服务体系，并通过优化人才创新创业综合环境，努力提升对金融人才的吸引力。2019 年中国金融中心指数显示①，成都凭借较强的区域辐射能力与人才政策红利，在当年吸引了近 5 万名金融从业人员落户，金融从业人员三年平均增长率超过 10%，人才集聚能力得分排名全国第六。具体如图 4-2 所示。

---

① 中国（深圳）综合开发研究院课题组．中国金融中心指数（CDI CFCI）报告：第 11 期［M］．北京：中国经济出版社，2019.

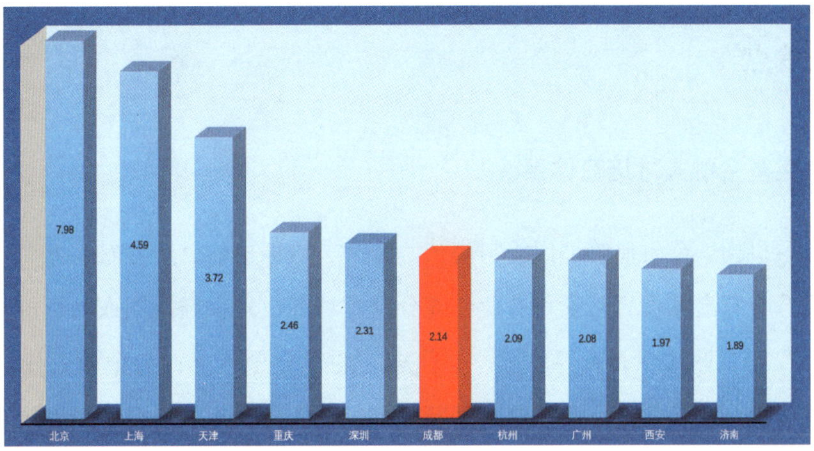

图 4-2　2019 年第 11 期中国金融中心指数（CDI-CFCI）金融人才集聚能力排名

（二）金融人才结构逐渐优化

2018 年成都共有金融从业人员 8.9 万人，排名全国第 7 位（北京 47.2 万人、上海 33.7 万人、重庆 15.2 万人、天津 12.1 万人、杭州 10.7 万人、深圳 9.9 万人），占全部总就业人口的 1.01%。同时，随着“人才新政”和一系列金融人才引进政策的逐步落实，成都高端金融人才引进加快，人才结构逐渐优化提升。截至 2020 年 6 月末，成都特许金融分析师（CFA）已超过 80 名，位居西部城市第一位。第四届 CFA 中国金融人才峰会在成都举行，如图 4-3 所示。

图 4-3　第四届 CFA 中国金融人才峰会在成都举行

三、未来重点

（一）持续完善金融人才培育体系

加大成都金融机构、金融监管部门等与高校、智库、培训机构、新金融人才产教融合联盟等的常态化合作，支持在蓉高校设置跨学科专业，充分发挥环高校知识经济圈人力资源开发功能，培养一批兼具金融、IT等专业知识和跨界思维、迭代思维的复合型人才；与企业对接，为其员工提供金融培训，促进教育链、人才链、产业链、创新链有机衔接，为现代金融协同发展提供有力保障。

（二）创新金融人才引进政策

在积极落实现有人才引进政策的基础上不断创新和完善政策，按照全市金融产业布局，通过加强住房补贴、子女教育、职业规划、养老等方面政策支持力度，加大金融产业细分领域引才聚才力度。积极探索“机构+团队”同步招引模式，通过项目引才、平台聚才、招商招才等多种方式，形成以才引才的链式效应，为成都现代金融业发展打下坚实的人才基础。

（三）提升金融人才中介服务水平

加快建立“交子金融人才”动态数据库，做好金融人才动态跟踪管理工作。定期发布金融人才白皮书，提高区域金融产业契合度，引导金融人才有序流动和精准配置。完善以市场化猎头为主体，海（境）外人才离岸基地为触角的引才体系。加快吸引国内外知名猎头公司来蓉发展，鼓励相关区（市）县对金融猎头机构按引才实效给予奖励。

（四）加强金融管理干部队伍建设

强化金融专业能力建设，常态化组织金融政策、金融创新、风险防控等培训，制度化选派干部到先发国际金融中心访问研修，及时掌握金融理论前沿、发展动态。转变金融人才选拔方式，畅通急需紧缺金融人才进入党政机关的渠道，鼓励在蓉金融机构、企业采取市场化方式选聘金融领域高级管理人员。选拔一批精通现代金融知识的干部充实到区（市）县和市级综合经济管理部门及国资国企领导干部队伍。

第三节　成都市金融开放环境分析

一、重要举措

（一）加强“一带一路”跨境金融业务创新

建立“一带一路”金融服务中心，推动建立资讯平台、货币交易平台、物流金融平台等配套机构。鼓励自贸试验区银行业金融机构和企业运用离岸人民币市场拓展融资渠道，简化跨境结算业务流程。深化跨国公司总部外汇资金集中运营改革试点，支持符合条件的企业参与跨国公司总部外汇资金集中运营管理和跨境双向人民币资金池业务。

（二）加速外资金融分支机构和功能性机构落户

积极引进符合条件的外资金融机构来蓉设立经营性分支机构，支持在蓉外资金融机构引入功能性机构。打造外资银行功能性总部集聚区，鼓励开展票据服务、单证审核、数据处理等业务。加快出台新版外商直接投资负面清单和自贸试验区外商投资准入负面清单，逐步放宽外资金融业务范围。

（三）支持外资金融机构参与“一带一路”建设

依托中德、中法、中意、中韩等国别合作园区，开展各类宣传推介活动，吸引聚集国际化金融要素资源，助推国际产业合作。支持外资银行机构创新和开发连接境外金融市场的资产配置产品，鼓励外资保险机构开发海（境）外投资保险品种。支持保险机构为企业进出口、产业技术输出、“一带一路”建设提供服务，对参保短期出口信用保险的企业给予扶持。图 4-4 为成都市打造金融开放新高地企业座谈会。

图 4-4　成都市打造金融开放新高地企业座谈会①

二、主要成效

（一）自贸区金融改革创新加快

中山大学自贸区综合研究院发布的《中国自由贸易试验区发展蓝皮书（2017—2018）》和“2017—2018 年度中国自由贸易试验区制度创新指数”中，成都自贸试验区位列第三批自贸试验区“金融管理与服务创新”第一名。资本项目收入结汇支付便利化改革试点落地，跨国公司总部外汇资金集中运营业务门槛降低至 5 000 万美元。截至 2019 年末，成都开展外汇资金池运营管理业务的企业 17 家，开设双向人民币资金池企业 14 家，开展跨境人民币结算业务的银行机构 36 家；全市跨境人民币全年结算额 1 227.9 亿元，较 2016 年增长 32.5%。

（二）外资金融机构加速集聚

截至 2019 年末，成都市拥有外资银行机构 16 家，其中外资银行分行 15 家，外资银行代表处 1 个，分别来自美国、英国、法国、澳大利亚、新加坡、日本、韩国、泰国等 10 个国家，外资银行机构数量和业务规模在中西部省（区、市）中名列前茅。与此同时，成都还聚集了外资保险机

① 图片来源：陈曦．成都市打造金融开放新高地企业座谈会在青羊区举行［N/OL］．金融投资报，2018-07-05．记者刘浏摄．https://www.jrtzb.com.cn/404qxlb/201807/56971720.html.

构 27 家、外资股权投资基金 1 家。

（三）企业赴境外上市发债步伐加快

截至 2019 年末，成都市共有 26 家企业在中国香港联合交易所、美国纳斯达克等境外主要交易所挂牌上市，在中国香港联合交易所处于聆讯阶段的企业共有 5 家。2018 年 3 月，成都市兴城投资集团有限公司成功发行 5 亿欧元债，成为西南地区第一笔欧元债。2019 年 4 月，成都市天投集团在港交所成功发行 3 亿美元债。2019 年 11 月，成都交子金控集团发行 3 亿美元债，刷新了全国金控类国企同类债券最低定价，同时创下四川省企业境外美元债券票息率历史新低。

（四）金融对外交流逐渐深化

2018 年 6 月，成都交子金控集团伦敦代表处在伦敦金融城揭牌成立，与 BGTA 国际加速器、英国创新金融协会 Innovate Finance 签署全球金融科技（成都）峰会合作协议，搭建全球金融科技创新对话交流平台；与 BGTA 国际加速器、卡斯商学院签署成都国际金融科技研发培训中心合作协议，将共同建设成都金融科技产业生态圈及高端金融科技人才培训中心；成功举办“川港澳合作周・成都建设国家西部金融中心专场活动”（见图 4-5）；赴英国、法国、摩洛哥考察学习国际金融中心建设经验，并参加在伦敦举办的四川自贸试验区服务贸易对欧合作推介会和欧洲知名金融机构座谈会。

图 4-5 “川港澳合作周”成都建设国家西部金融中心专场推介会举行

三、未来重点

（一）加大外资金融机构招引力度

利用驻蓉外资金融机构精准招商，搭建平台促进驻蓉外资金融机构扩大市场份额、拓宽经营范围，提升驻蓉外资金融机构在总部的话语权，推动总部其他业务向成都转移。加强与外资金融机构深度合作，推动唯品富邦消费金融公司等项目落地。支持实力雄厚、经营规范的外资专业机构来蓉设立地方金融机构，提升企业实力。

（二）推动金融开放合作走深走实

以成（都）德（阳）眉（山）资（阳）同城化、成渝地区双城经济圈建设等重大战略为契机，加大与德阳、眉山、资阳等城市在金融领域的协同发展，推动金融资源优势互补，提升成都金融的区域辐射力和带动力。主动融入“一带一路”，依托自贸区试验，建立健全与欧洲、东南亚和港澳台地区的金融合作机制，共促资本市场互联互通、共建金融总部集聚地、共谋新型金融布局，持续提高资本聚集能力。

（三）发挥联络点、 会议活动等桥梁纽带作用

进一步发挥金融境外联络点的桥梁纽带作用，深化成都与英国伦敦等地合作，招引境外金融组织、国际高新技术、资金及人才向成都聚集，支持成都本地企业实施国际化战略。持续办好金融科技与中国经济增长论坛、金融科技博览会等一系列活动，加大对新金融领域研究机构、国际知名企业招引力度。图 4-6 为 2013 年财富全球论坛在成都召开。

图 4-6　2013 年财富全球论坛在成都召开

第四节　成都市金融信用环境分析

一、重要举措

（一）打造成都信用信息共享平台

整合成都市公共信用信息系统、成都市公民信息管理系统的法人、自然人信用信息，打造成都市信用信息应用管理平台，依法依规向社会提供信用信息查询和披露服务。依法与金融机构、信用服务机构共享共用信息数据，完善中小微企业综合信用评估体系，使信用状况良好的中小微企业享受更优惠的贷款利率和更便捷的贷款审批通道，增加纯信用金融产品有效供给。

（二）加速推进第三方征信机构发展

加强征信市场监督管理，对备案企业征信机构开展执法检查，指导征信机构依法合规开展业务。开展征信领域联合双随机抽查，促进成都市征信市场规范有序发展。支持备案企业征信机构依法采集应用信用信息，通过大数据采集、大数据建模、大数据分析建立企业行为数据库，引导金融机构应用征信机构的征信产品和服务。积极打造第三方征信龙头企业，支持成都数联铭品科技有限公司等成都信用服务机构做大做强，促进信用信息资源市场化开发，加快信用服务产业集聚发展。

（三）加大失信企业惩戒监测力度

在信用联合惩戒方面，成都在税务、城管、医疗等 40 余个领域建立了“红黑名单”制度，不断完善各行业领域“红黑名单”主体的认定标准和退出机制，加强对监管对象的分类监管。在信用探索创新方面，成都探索发展了“1+N”信用评级模式、“信用+”的行政管理方式，推进建立科技企业信用评价体系、市场主体信用积分管理制度等。在信用文化建设方面，成都持续跟进城市信用监测，同时，着力提升个人诚信意识，全力打造个人信用信息基础数据库。

（四）建立跨区域信用联动机制

实施价格领域信用联动，与西安、兰州、银川、西宁、乌鲁木齐 5 个城市联合建立“一带一路”城市价格诚信档案及“黑名单”制度，共同规范市场价格秩序。建立九城信用联盟，与杭州、宁波、无锡等 8 个城市探索建立以联合奖惩为核心的跨区域信用体系，重点在财政资金使用、政府采购、招投标等领域推进跨区域信用合作。探索泛珠江省会城市与港澳地区信用合作，共同提出探索信用建设经验成果及信用市场服务的互通、互认和互用。

二、主要成效

（一）第三方征信机构辅助作用不断显现

截至2019年末，成都数联铭品科技有限公司、川恒征信有限公司、四川金通企业征信有限公司、四川兴中诚信用服务有限公司、成都金控征信有限公司5家企业征信机构在人民银行成都分行备案。2019年累计提供征信产品（服务）76 497份、信用报告75 991份，实现总营业收入12 702.1万元。其中，数联铭品与重庆银行、贵阳银行、天府银行合作好企税信贷、烟商贷、银税通等项目，均以信用贷款为主，利用大数据处理、分析与建模技术，精准还原小微企业信用画像，为小微企业提供全流程线上信贷服务。截至2019年末，该公司已帮助27 672户小微企业获得信用贷款，余额达124.7亿元。表4-1为成都市第三方征信机构情况。

表4-1　成都市第三方征信机构情况　　单位：万元

征信机构	注册时间	认缴资本	机构功能定位
成都数联铭品科技有限公司	2013年7月	874.06	大数据征信服务
川恒征信有限公司	2014年4月	5 000	企业信用调查
四川金通企业征信有限公司	2013年2月	400	企业信用调查
四川兴中诚信用服务有限公司	2014年7月	5 000	民间债权债务征信服务
成都金控征信有限公司	2016年8月	2 000	征信大数据系统平台服务

（二）社会信用体系建设成效初显

成都建立健全企业“红黑榜”，加大金融、市场监管、法院等单位掌握的严重失信企业信息的披露。截至2019年2月末，全市累计发布“红名单”220批次、“黑名单”309批次；累计为53 000余户企业出具信用查询报告①，作为政策扶持、表彰评优、政府采购、招标投标、上市审核等工作的参考依据。部分企业被列入异常经营名录或黑名单后，失去了银行贷款、商业合作以及招投标资格等，“一处失信、处处受限”的联合惩戒作用初现。图4-7为《成都市社会信用体系建设规划（2015—2020年）》新闻发布会。

① 叶燕. 成都探索建立个人信用分 力争今年底覆盖率达90%以上［EB/OL］.（2019-03-25）［2020-07-05］. 红星新闻. https://baijiahao.baidu.com/s? id=1628976449269738724.

图 4-7 《成都市社会信用体系建设规划（2015—2020 年）》新闻发布会

（三）公共信用信息系统建设成效良好

目前，成都市公共信用信息系统已建成了“成都信用网”门户网站、微信公众号等多维度端口，延伸系统信息归集和使用面。截至 2019 年 2 月末，系统共归集全域成都 230 余万户法人主体，已成功为 21 个应用系统开展跨部门数据共享和业务协同提供了数据支撑。

三、未来重点

（一）加快推进信用体系建设创新

创新建立市场主体信用积分平台，为政府部门实施精准监管、推进失信联合惩戒提供全新的数据支撑；创新信息共享模式，在政府部门间开展信息推送、定制信息等共享工作，依法有序开放信用信息，支持有资质的征信机构开发和应用信用产品，构建共建共享共治格局。

（二）加强信用信息主体合法权益保护工作

加强硬件建设，确保各类信息平台安全运营，防范信息泄露给人民群众财产安全带来损失。加强软件建设，建立市场主体信用积分制度，探索建立个人诚信积分管理制度，完善信用信息共享归集机制、异议处理机制和信用修复机制。

（三）大力推进信用基础设施建设

进一步完善成都信用信息共享平台，加强“成都地方金融监管平台”与“成都信用信息共享平台”合作，形成有效的信用信息共享机制；支持融资担保、小额贷款、融资租赁、商业保理等机构接入人民银行征信系统；深化公共信用信息系统建设，加强新技术的应用，提升“成都信用网”的用户体验，完善公共服务功能。

第五节　成都市金融法治环境分析

一、重要举措

（一）健全金融监管机制

建立成都金融工作议事协调机构，构建部门间金融监管协作机制，形成监管合力。完善金融监管机构设置，加强地方金融组织监督管理，有效防范化解区域金融风险。建立地方金融监管问责机制，制定监管问责办法，定期开展考核评估，对各区（市）县进行业务监督和履职问责。完善与金融监管机构的协调保障机制，逐步健全按金融机构贡献配置政府性资源的体制机制。

（二）强化金融法治建设

建立金融案件审理“绿色通道”，健全专业化金融审判机制，探索实施“金融审判庭、金融法庭、金融审判专门法院”“三步走”，强化金融法治保障。完善调解与仲裁、诉讼的对接机制，发挥银行业纠纷调解中心、保险消费者权益保护中心以及成都金融消费纠纷人民调解委员会的作用。加大对涉众型金融类案件办理的统筹力度，按照依法处置原则，有效化解存量案件。加大金融法治宣传力度，加强市民金融知识普及和投资者风险教育，树立风险防范意识。图 4-8 为成都中级人民法院召开在蓉世界 500 强及跨国投资企业金融审判工作座谈会。

图 4-8　成都中级人民法院召开在蓉世界 500 强及跨国投资企业金融审判工作座谈会

（三）整顿规范金融秩序

进一步充实处置非法集资工作力量，加大打击违法金融广告力度，坚决取缔非法金融机构和非法金融活动，严禁一般类工商企业从事或变相从事法定金融业务。推动辖区内地方金融组织规范有序发展，依法合规开展业务。规范地方金融运行秩序，积极稳妥推进互联网金融风险专项整治，加快推进交易场所清理整顿，严厉打击金融乱象。

二、主要成效

（一）金融风险专项整治持续深化

重拳出击整治网贷乱象，依法依规取缔网贷机构。截至 2019 年末，尚在维持运营的网贷机构 9 家（其中 6 家已宣布清盘退出），在营机构的在贷余额 3.62 亿元，在投出借人数 4 450 人。坚决打击非法集资，印发《2019 年成都市防范化解金融风险专项方案》，2019 年全市共立案侦查非法集资类案件 53 件，涉及金额 49.8 亿元，涉及群众 4.8 万余人次，较 2018 年分别下降 26.4%、35.7%、78.6%。图 4-9 为成都市开展处置非法集资主题活动。

图 4-9　成都市开展处置非法集资主题活动

（二）金融风险防范格局优化提升

整合打击和处置非法集资工作领导小组、互联网金融风险专项整治工作领导小组、网贷风险应对工作领导小组，成立“成都市防范金融风险领导小组”，形成“1+8”（1个办公室、8个工作组）组织构架、“25+3”（25个市级单位、3个驻蓉监管机构）省、市、区协调联动的风险防范格局。建立监管部门、金融机构关于地方隐形债务置换的常态化协调机制，研究个别区（市）县债务疏解总体工作方案，推进债务置换。

（三）金融审判服务保障水平持续提升

近年来，成都法院系统积极推进金融审判专业化、国际化、智能化改革，带动金融审判服务保障水平不断提升，助力西部金融中心建设。2017—2018年，成都两级法院受理各类金融案件（含民事、商事、行政案件）累计分别为52 445件、56 534件，同比分别上升9.95%、7.8%。2019年1-5月，成都两级法院受理各类金融案件共计33 499件，呈上升态势。

三、未来重点

（一）全力优化完善金融法治体系

进一步落实“金融审判庭、金融法庭、金融审判专门法院”“三步走”，强化金融法治保障。加强对执法、司法人员的专业金融知识、业务培训，提升金融执法与司法水平。强化司法机构、执法机构及相关政府部门及金融机构合作，深化失信惩戒与执行联动机制建设，在审判、执行以及反洗钱等领域加强工作衔接，共同打击金融领域违法犯罪行为。

（二）加速提升地方金融监管能力

加快建立地方金融监管议事协调机制，对接一行二局，形成省市合力，协调各地、市、州，动员区（市）县，推动金融监管互联互通，积极防范化解金融风险，为实体经济发展营造良好的生态环境。加快建设地方金融行业综合监管系统，对地方金融机构实施动态业务监管，提升地方金融监管信息化水平。

（三）持续筑牢风险防控的“防火墙”

持续强化金融企业合规体系建设，构建符合企业自身实际的内部控制机制和业务产品制度，推动金融机构良性发展。及时化解上市公司出现的退市风险、股票质押风险以及债券违约风险，支持企业通过破产重整、引进战略投资人等手段积极化解风险。加强金融监管部门联动，推动高风险法人金融机构风险化解，制订高风险法人金融机构风险化解方案并推进实施。严把招商引资风险关，切实开展企业股东背景、信用状况、经营团队等方面资质审查，及时发现、识别、化解潜在风险。

第六节　成都市金融配套环境分析

一、重要举措

（一）大力发展金融中介服务

鼓励中介服务机构创新经营模式，构建与国际接轨的专业化金融中介服务体系，持续提高服务金融的专业化水平。优化金融中介服务业发展的政策环境，积极争取国际知名的会计、审计、法律相关服务、信用评级、资产评估、投资咨询等中介服务机构在成都设立法人机构、区域总部或分支机构。

（二）加快营造国际化生活环境

提升教育医疗“软”基础设施建设水平。优化教育结构，推进教育供给侧结构性改革，提高优质教育有效供给，努力提供多样化、个性化的教育服务。推出“818”专项规划，以 15 分钟步行距离为服务半径，合理配置社区管理、社区服务、教育、医疗卫生、文化、体育、社区商业、市政等 8 大类 18 项基本公共服务设施。加快国家健康城市试点建设，加强重大疾病综合防治和慢性非传染病综合防控，提升中医药、产科、儿科服务及基层医疗卫生能力。增强交通、通信等“硬”基础设施建设力度。提升综合交通能力，加快天府国际机场建设，完成双流国际机场扩能改造，开展低空空域管理改革试点，推动轨道交通加速成网，加快推进天府国际机场高速、三绕高速建设，加快市域快速路网规划建设。加快推进新一代信息基础设施布局建设，提前进行 5G 网络高标准建设规划及试点。

二、主要成效

（一）金融中介机构发展取得良好成效

一是金融中介机构不断发展壮大。近年来，成都加速推动一批中介服务机构来蓉集聚，大力支持移动支付、网络支付等第三方支付机构发展。截至 2019 年末，成都共有各类金融机构及中介服务机构近 3 000 家，其中会计师事务所、保险经纪等金融中介机构 1 100 余家；共有 5 家取得人行支付牌照的第三方支付机构，业务范围涵盖了互联网支付、预付卡发行、银行卡专业化服务等。二是金融中介发展质量西部领先。《2019 天府金融指数总报告》显示，成都金融中介机构指数得分为

41.67 分，在 10 个对标城市中排名第 6，虽处于中等发展水平，但在西部地区具有较明显的领先优势①。其中，成都 30 强会计师事务所数量达 24 家，在 10 个对标城市中排名第 5，在西部城市中排名首位。具体见图 4-10、图 4-11。

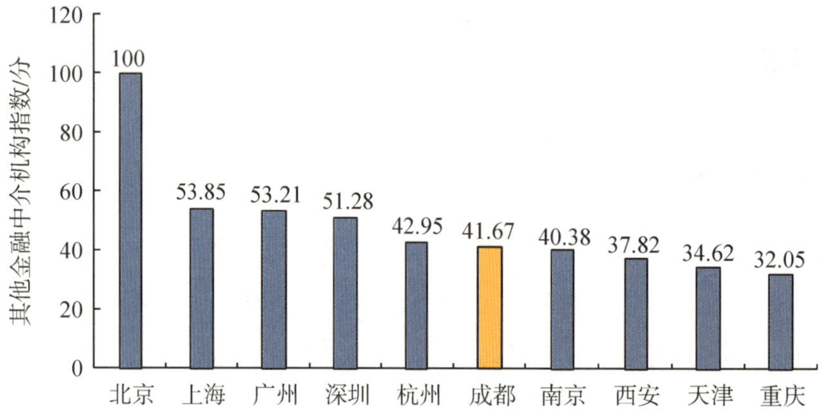

图 4-10　10 个对标城市其他金融中介机构指数情况

数据来源：《2019 天府金融指数总报告》。

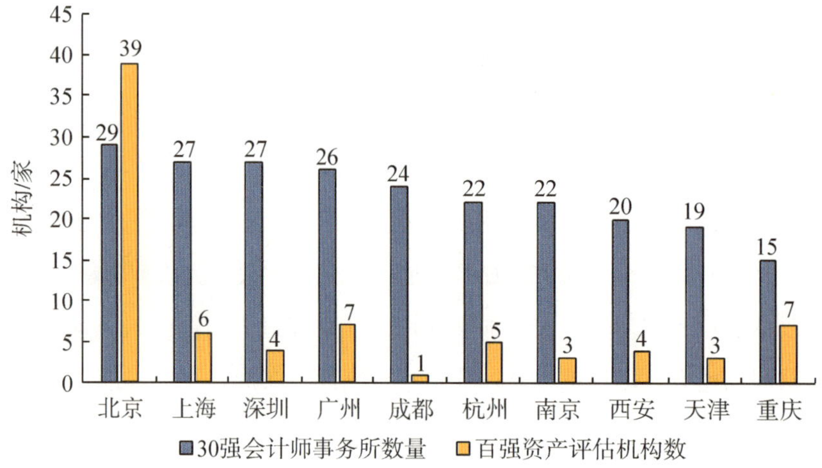

图 4-11　10 个对标城市其他金融中介机构情况

数据来源：《2019 天府金融指数总报告》。

（二）居民生活配套设施加快完善

截至 2019 年末，成都共有幼儿园 2 630 所、普通小学 607 所、普通中学 621 所（图 4-12）；共有卫生机构 12 121 个，其中，医院、卫生院 909 个，四川大学华西医院、四川省人民医院、四川省肿瘤医院等三甲医院 34 个；各类卫生机构床位数 14.9 万张，其中，医院、卫生院床位数 14.1

① 中国人民大学课题组. 2019 天府金融指数报告［R/OL］.（2019-11-21）［2020-07-05］. http://www.cs.com.cn/xwzx/hg/201911/t20191122_6001438.html.

万张；卫生技术人员 18.5 万人，其中，执业（助理）医师 6.8 万人，注册护士 8.8 万人。具体见图 4-13。2019 年以来，成都加快推进 13 个示范性国际化社区建设，进一步对接国际一流教育医疗资源[①]。

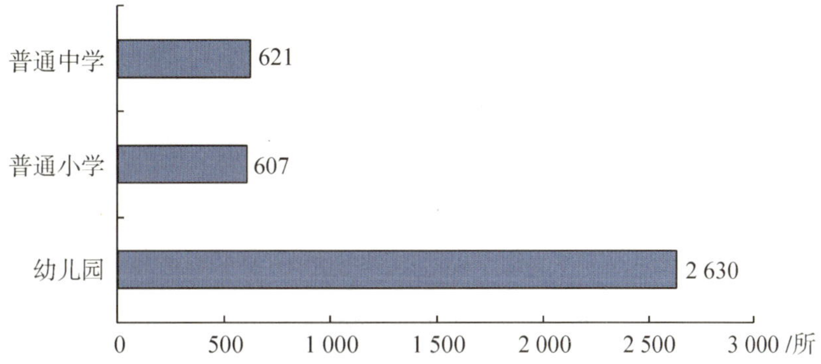

图 4-12　2019 年成都市学校配套情况

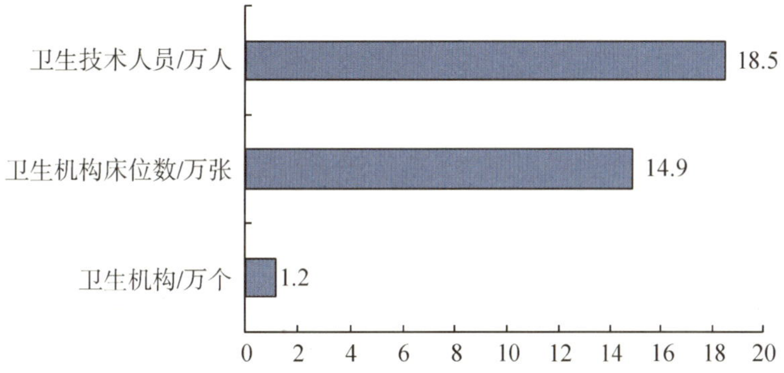

图 4-13　2019 年成都市医疗配套情况

（三）国际交通枢纽功能持续增强

近年来，成都持续加快推进航空铁路陆路为一体的国际交通枢纽建设。截至 2019 年末，已开通国际（地区）航线 126 条，其中定期直飞航线 73 条，新开通 15 条，航线规模位列全国第四、中西部第一；双流国际机场旅客吞吐量达 5 585.9 万人次，比 2018 年增长 5.5%，位居全国最繁忙机场第 4 位、全球第 26 位（图 4-14）。拥有亚洲最大的铁路集装箱中心站，亚蓉欧国际班列境外站点数拓展至 26 个，全年开行 3 186 列，增长 21.5%，是国内时效性最强、开行频率最稳定的国际货运直达班列。已形成高速公路、市域快速通道、国省干道和农村公路在内的城乡一体化公路网络，开通 8 条地铁线，累计运营 341 千米，常规公交“快、干、支、微”运输体系基本形成。

① 成都市统计局，国家统计局成都调查队. 2019 年成都市国民经济和社会发展统计公报［R/OL］.（2020-03-28）［2020-07-05］. http://www.cdstats.chengdu.gov.cn/htm/detail_180953.htm.

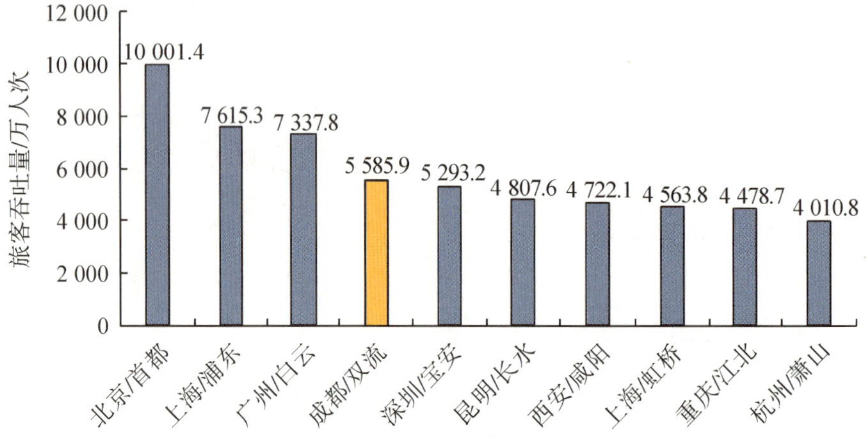

图 4-14　2019 年全国前十大机场旅客吞吐量

数据来源：中商产业研究院，https://www.360kuai.com/pc/9b0c576978866d820? cota = 4&kuai_so = 1&tj_url = so_rec&sign = 360_57c3bbd1&refer_scene = so_1.

三、未来重点

（一）不断完善金融中介服务体系

强化对金融中介服务业的政策支持，为会计、法律、评估、评级、咨询以及资格认证等各类金融中介服务机构在成都发展营造良好的政策环境；加快培育和引进一批具有较高知名度、能够从事国际商事法律服务的律师事务所；在金融相关活动中引入公证机制，发挥公证在防范金融风险、确保资金安全等方面的职能作用；改善会计税务服务行业执业环境，增强会计税务服务功能，增加会计税务服务品种，加快满足境内外不同服务对象、不同市场需求的会计税务服务体系建设。

（二）持续增加优质公共服务供给

加快实施教育优先发展战略，持续增强学位和优质教育资源供给，深入推进产教融合，加快建设国际合作教育园区；持续推进“健康成都”建设，完善公共卫生服务体系，建设高水平医学专科集群，推动优质医疗资源扩容下延，提升整体医疗卫生服务水平。

（三）加快现代交通运输设施网络化建设

加快重大通道建设，加速推进面向泛欧泛亚国际班列主枢纽和高能级立体大通道体系建设，强化成渝地区双城经济圈交通互联互通，推动成（都）德（阳）眉（山）资（阳）轨道交通加速成网，推进城市轨道交通向产业功能区延伸，尽快形成串点连线、成线扩面、通达便行“环状+米字”形交通网络。

第七节　成都市金融政务环境分析

一、重要举措

（一）建立和完善金融政策体系

成都加强规划引领和制度创新，完善金融支持政策。2017年成都产业发展大会召开以来，出台了《关于进一步加快建设西部金融中心的若干意见》《关于推广交子金融“5+2”平台构建中小微企业全生命周期投融资服务体系的实施意见》《关于扩大金融服务业对外开放助力实体经济高质量发展的若干政策措施》《关于支持金融科技产业创新发展的若干政策措施》《成都市引进培育交子金融人才实施办法》等系列政策，以及《上市公司纾困帮扶若干措施》《科创板上市扶持政策》《成都市金融科技发展规划（2020—2022年）》《金融产业精准支持行动计划（2019—2021年）》等扶持政策，形成了“1+X”金融政策体系。

（二）加快综合金融服务平台搭建

为破解中小微企业融资难题，成都创新构建起以“科创通”“盈创动力”“农贷通”“天府融通”“创富天府”和“信用信息共享平台”“地方金融监管平台”等为主要内容的交子金融“5+2”平台，根据企业在种子期、初创期、成长期、成熟期不同层次、特点和需求，提供具有针对性的专业投融资服务，并以此为牵引，通过服务创新，建立起中小微企业融资长效机制，持续为实体经济注入“源头活水”。

（三）全面深化商事制度改革

全面实施《自由贸易试验区外商投资准入特别管理措施（负面清单）》，外商投资备案管理权限下放落地区域，优化市场投资环境。更新完善了“一带一路”项目库，指导行业协会做实“走出去”企业服务联盟，支持企业开展多种形式的境外投资合作。大幅压减企业开办时间，推进企业“证照分离”、简易注销，推广“首证通”新模式。全面实施企业投资项目承诺制，建立重点投资项目“项目长责任制”。全面提升网络理政效能，运用大数据等先进信息技术提升政府治理能力、深入推进“仅跑一次”等便民便商政务服务，提高办事群众满意率。

二、主要成效

（一）金融平台服务功能充分发挥

近年来，通过交子金融“5+2”平台建设，进一步畅通了中小微企业融资渠道。截至2019年末，“科创通”平台已累计通过“科创贷”为2 612家科技企业利用股权、知识产权、信用等发放信用贷款56.91亿元；“盈创动力”平台“成长贷”“园保贷”“壮大贷”“新创贷”等政策性债权融资产品累计为314户中小微企业发放贷款12.12亿元；“天府融通”平台2019年全年累计投放支农再贷款9.15亿元，支小再贷款28.95亿元，累计办理再贴现207亿元。

（二）建立强有力的工作推进机制

建立推进国家西部金融中心建设联席会议制度，研究解决企业上市和金融产业发展等重大问题，加强对金融业发展趋势的分析研判，动态优化政策供给。截至2019年末，成都已召开37次推进国家西部金融中心建设联席会议，议定议题175项，细化具体事项共计388项。

（三）金融“放管服”取得较好成效

企业开户、退税效率有所提高，其中取消了企业银行开户许可，日均开户同比增长16%；实施全域全税种电子退税退库，确保减税红包进入纳税人账户，全市减税降费退库业务共办理19万笔。同时，在全国首创“减税贷”银税互动产品，2019年申请“减税云贷”（“减税贷”升级版）纳税人户数2 000户，发放贷款11.9亿元①。《2019中国城市营商环境指数评价报告》显示，成都金融服务维度在中国城市营商环境分项排名居上海、北京、深圳、天津之后，位列全国第5位、中西部第1位②。图4-15为成都市国际化营商环境建设年动员大会。

① 四川省司法厅. 成都：坚持依法治市 深化“放管服”改革 着力打造国际化营商环境建设先进城市［R/OL］.（2020-01-07）［2020-08-15］.

② 中国战略文化促进会，中国经济传媒协会，万博新经济研究院，第一财经研究院. 2019中国城市营商环境指数评价报告［R/OL］.（2019-05-11）［2020-06-02］. https://www.sohu.com/a/359831383_363323.

图 4-15 成都市国际化营商环境建设年动员大会①

三、未来重点

（一）提升平台投融资服务能力

完善“科创通”“双创”金融服务平台，鼓励面向科技型初创企业，加大“首投、首贷、首信”等金融服务；推广“盈创动力”科技金融服务平台，完善服务中小企业成长的“天使投资+风险投资+债权融资+上市融资”金融服务体系；升级“创富天府云”平台，运用大数据手段汇聚全球资本，营造服务企业的基金生态；做强“农贷通”金融综合服务平台，打通农业经营主体金融服务的“最后一公里”。

（二）优化提升政府服务水平

持续简政放权，通过优流程、减时限、承诺办、放权限等方式，提高服务效率，提升地方金融政务服务质量。强化部门协同，创建“银税互动服务平台”+“重点建设项目推介会”线上线下相结合的金融服务 O2O 新模式，探索破解中小企业融资困境新途径。创新政府扶持产业资金支持方式，加快建立成本补贴、风险补偿、投资引导以及专项奖励的联动机制，充分发挥财政资金杠杆放大作用。

（三）进一步优化金融发展支持政策

引导“11+2”中心城区加强现有特色产业政策的梳理和评估，根据实际情况持续完善成都特

① 图片来源：王若冰，张青青. 成都市召开国际化营商环境建设年动员大会［N/OL］. 成都日报，2019-02-12. 记者刘阳摄. http://news.sina.com.cn/c/2019-02-12/doc-ihrfqzka5049298.shtml.

色金融发展政策体系。立足已经制定出台的《关于进一步加快建设西部金融中心的若干意见》等相关政策，加快研究金融业“十四五”规划等新的金融发展支持政策。依据自贸试验区下放的外商准入区域与条件，优化完善针对外商的政府服务体系，提高外商国民待遇标准。

（四）全力构建新型银政企关系

建立政府相关部门与金融机构、企业的信息交流机制，通过举办经济金融形势分析会、银政企座谈会、项目推介会等形式，为金融机构和企业搭建信息沟通平台，促进融资方式、融资品种、服务手段与企业有效需求及时对接。同时，通过制定和完善重点发展产业目录，及时向金融机构推荐企业产品和项目融资需求信息，实现银政企信息对称，共同发展。

第五部分

案例篇

——成都市现代金融产业生态圈典型案例

产业生态圈建设是推动经济高质量发展的主要抓手，是事关城市发展转型和经济工作组织方式转变的一场深刻革命。建设成都市现代金融产业生态圈既是一次全新的探索，也是一项长期的任务，需要进一步深化研究、大胆探索、勇于实践，尤其要及时总结前期经验，充分发挥典型示范引领作用。

随着成都市现代金融产业生态圈和金融产业功能区建设的稳步推进，涌现了一批金融改革创新、金融载体建设的典型案例，在科技金融、消费金融、农村金融、供应链金融、绿色金融、文化金融等领域形成了一批先进和典范。

第一节　金融改革创新典型案例

一、搭建国内首个农村综合性金融服务平台

自2015年7月获批开展农村金融服务综合改革试点以来，成都坚持先行先试，搭建了全国首个集农业政策咨询、产权流转服务、融资供需对接、金融风险分担、信用信息共享等多功能于一体、线上线下结合的农村"政保银企"综合性金融服务平台——"农贷通"，并于2017年正式上线[①]。随着"农贷通"平台"线上+线下""网站+村站"等功能的不断完善和强化，全市农民足不出村即可办理信息采集、融资对接、小额支付、跨行转账、便民缴费、农村电商等业务。该平台的建设打通了农村金融服务"最后一公里"，提高了金融支农效率，改善了农村金融生态。图5-1是"农贷通"网站首页。

① 张惠. 成都积极争创全国金融服务乡村振兴试验区，"农贷通"提档升级2.0版［N/OL］. 成都日报，2019-05-31. ［2020-04-28］. http://www.cdrb.com.cn/epaper/cdrbpc/201905/31/c42131.html.

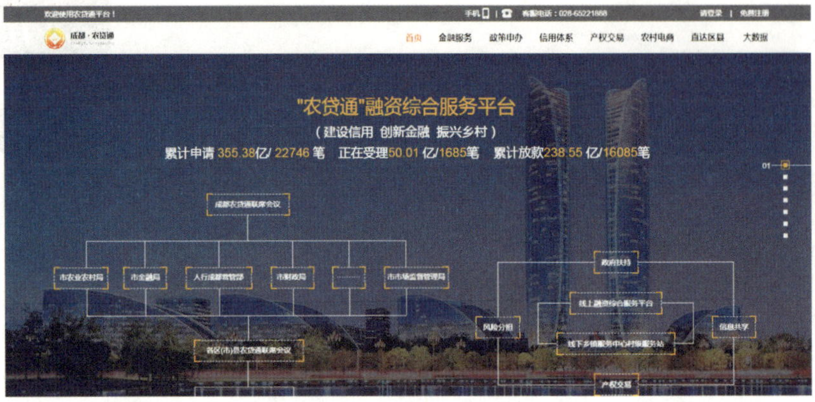

图 5-1 “农贷通”网站首页①

二、率先在全国探索农村产权抵（质）押融资

成都紧抓国家统筹城乡综合配套改革试验区的契机，积极探索农村产权与金融资本有效对接的路径和办法，率先利用农村土地承包经营权和集体建设用地使用权等农村产权直接抵押融资。并在“两权”抵押融资试点的基础上，探索开展经济林木（果）权、农业生产设施所有权、养殖水面经营权、集体资产股权等近 20 种农村不动产、动产抵（质）押贷款，拓展抵（质）押产品范围，进一步丰富农村金融产品，拓宽农村金融融资渠道②。

三、多式联运“一单制”改革为全国提供范本

2019 年，陆港运营公司基于“提单”控货权，着眼不同企业贸易融资需求，与金融机构合作探索“一单制”+供应链金融公司、银担联合体、区块链平台等多方协同、风险分担的陆上贸易结算融资新机制，为国家层面推进建立相关陆上贸易规则提供了实践经验。2019 年 7 月，国务院常务会议部署推动“一单制”，提出要“深化多式联运一单制改革”；商务部明确“不改变现有铁路运单规则，采取多式联运提单方式”推进（陆港运营公司模式），同时向联合国国际贸易法委员会提交了解决铁路运输单证不具备物权属性凭证的提案并获得通过。2019 年 8 月，“一单制”改革作为全省经济领域唯一案例被纳入中组部《贯彻落实习近平新时代中国特色社会主义思想在改革发展稳定中攻坚克难案例》。图 5-2 为中欧班列·蓉欧快铁。

---

① 图片来源：看度新闻. 农村金融创新产品“农贷通”助推成都乡村振兴［EB/OL］.（2020-01-20）［2020-04-29］. http://www.cditv.cn/show-3164-1443444-1.html.

② 谢瑞武. 农村产权制度改革的成都实践［R/OL］. 中国金融新闻网.（2018-04-12）［2020-05-12］. https://www.financial-news.com.cn/ncjr/focus/201804/t20180412_136306.html.

图 5-2　中欧班列·蓉欧快铁①

四、率先在国内开创国际信用证模式

青白江国际铁路港依托“蓉欧+”通道开放及航空枢纽优势，开展贸易金融产品创新，开创国际信用证模式，一方面为对外经贸合作提供资金支持，另一方面通过丰富金融产品扩大国际业务范围与规模。2018 年 12 月，青白江国际铁路港联合工商银行，开具了全国首张以国际铁路联运运单作为信用证议付凭证、以人民币进行结算的国际信用证；2020 年 1 月，青白江国际铁路港联合区内金融机构落地国内信用证质押开具国际信用证模式，将多式联运“提单”融入国内信用证质押开立国际信用证流程。该模式下，国际贸易企业无须额外获批授信即可开展贸易融资，加快了成都对外开放步伐，扩大了国际贸易合作规模。

五、发布四川首个地方绿色金融认定标准

2019 年 12 月，成都发布四川首个地方绿色金融认定标准，为改善环境、应对气候变化和实现资源节约高效利用等提供金融支持。成都绿色金融认定标准包括绿色企业评价办法和绿色项目评价办法，其中绿色企业评价办法将所有企业分为深绿、绿、非绿三个等级，绿色项目评价办法将对相应项目进行打分评级。地方政府根据评级标准，采取差异化激励机制，助推绿色企业和项目融资；同时金融机构根据评级标准，相继推出“百亿计划”信贷额度、绿色贷款补贴、“绿惠通”等举措，创新助力绿色企业破除融资壁垒、打通融资“最后一公里”②。

---

① 图片来源：青白江今天的这场盛会，带你穿越 40 年［EB/OL］. 成都青白江网.（2018-11-22）［2020-05-10］. https://www.toutiao.com/i6626694061724025351/.

② 四川首个地方绿色金融认定标准在蓉发布，成都绿色金融智库同日成立［EB/OL］. 四川在线.（2019-12-14）［2020-05-15］. https://sichuan.scol.com.cn/ggxw/201912/57404033.html.

六、发行全国最高单期发行额的绿色债券

绿色项目通常收益低、投资回收期长，绿色金融资金的总供给明显不足。为此，成都积极发展绿色信贷、绿色保险、绿色债券、绿色基金、绿色权益交易等多元化绿色金融体系，以绿色金融推动成都“公园城市”建设和绿色经济发展。其中，中信银行成都分行独家主承销的成都轨道交通集团有限公司2019年度第一期绿色中期票据在银行间市场成功发行，募集资金共计30亿元，成为2019年全国最高单期发行额的绿色债务融资工具。此次银企绿色金融合作，助推成都绿色产业项目落地实施，丰富了绿色金融体系，提升了成都绿色金融创新水平①。

七、发布中西部首只百亿规模文创产业基金

成都文创产业发展投资基金于2018年9月正式宣告成立，是全国副省级城市、中西部地区“新一线”城市中首只百亿级别的文创基金。成都文创产业发展投资基金采用“母基金+子基金群”架构运作，募资主要用于参与设立子基金，同时保留部分比例的资金用于直接投资项目②。首期母基金规模25亿元左右，预计可撬动近100亿元规模资金，带动社会资本投入文创产业领域，推动实现文创金融“投贷联动”。成都文创产业发展投资基金的设立是成都推动金融与文化融合发展的一项重磅举措，将进一步加快成都乃至整个中西部地区文创产业发展，激发文化创新创造活力，推动成都建设世界文化名城。

八、成立西南地区首家文创支行

文创企业具备“轻资产、高成长”的行业特性，普遍面临“融资难、融资贵”问题。2018年，成都推动成都银行棕北支行变更为成都银行锦城文创支行，标志着西南首家文创支行正式落地。同时，建立与之配套的融资风险补偿资金池机制，资金池总额1亿元，按10倍杠杆放大后，文创支行总授信额度可达到10亿元。文创支行计划推出“文创通”系列融资产品，运用“政银”和“政银担”模式，实行贷款风险由政府与银行共同分担。成都银行锦城文创支行的创立，创新

---

① 王军．中信银行成都分行成功发行全国最高单期发行金额绿色债务融资工具［EB/OL］．人民网．（2019-03-29）［2020-05-16］．http://sc.people.com.cn/n2/2019/0329/c379469-32792177.html.

② 百亿级文创基金扬帆起航，成都“文化+金融”创新再添重磅［EB/OL］．每日经济新闻．（2018-09-25）［2020-05-18］．http://www.nbd.com.cn/articles/2018-09-25/1257971.html.

信贷资本与文创企业对接渠道，实现了政府、银行、机构三方联动，缓解了文创企业信贷融资问题。① 图 5-3 为成都银行锦城文创支行。

图 5-3 成都银行锦城文创支行②

第二节 金融载体建设典型案例

一、交子公园金融商务区打造全国首个金融科技众创空间

成都依托交子公园金融商务区这一重要载体，打造了全国首个金融科技众创空间——交子金融梦工场，以服务中小微金融科技创新创业企业为导向，聚焦大数据、云计算、人工智能、区块链、物联网五大金融科技底层技术，覆盖金融安全、数据征信、快捷支付、新型融资、财富管理、区块链金融六大金融科技前沿领域。2019 年，交子金融梦工场三期创业孵化载体投运，成为全球最大的金融科技产业创业孵化载体。截至 2019 年末，交子金融梦工场已建成天府国际金融中心、交子金融科技中心、金融麦田三大创业孵化载体，聚集了国内外金融科技团队 200 余家，汇聚金融科技从业人员 5 000 多人，其中有 53 家企业获得了各轮次融资，总融资额超过 40 亿元，入驻企业正在孵化的知识产权总数达 2 821 项。图 5-4 是交子金融梦工场门廊。

① 西南首家文创支行落地，助力成都建设世界文化名城［EB/OL］. 每日经济新闻.（2018-09-26）［2020-06-12］. https://baijiahao.baidu.com/s? id=1612602054445751401.

② 图片来源：罗斯，滕杨，薛欢. 西南首家文创支行成都落地［N/OL］. 成都晚报，2018-09-26.［2020-06-12］. https://3g.163.com/dy/article/DSKEAGIC0512EL5Q.html? referFrom=.

图 5-4　交子金融梦工场门廊①

二、华西大健康产业功能区创新建设“一谷一带一区”载体

瞄准产业定位，武侯区规划建设了“一谷一带一区”作为大健康产业发展的空间承载，分别为环华西国际智慧医谷、大合仓—金阳智能医药带、环城西部智创健康融合区。其中，“环华西国际智慧医谷”区域，由锦江、人民南路、一环路、浆洗街、洗面桥街围合而成，四川大学四所附属医院位于该区域，布局发展高端医疗、精准医疗、智慧医疗、国际医疗、医学研究、医学教育、医药研发及成果转化等领域；“大合仓—金阳智能医药带”位于中环路、三环路、晋阳路、佳灵路围成的带状区域中，布局医药商贸流通、医疗器械和智能穿戴研发、药品冷链服务等领域；“环城西部智创健康融合区”位于环城生态区和武侯新城区域内，主要布局特色医疗、第三方独立机构、健康养老、健康大数据等领域。未来，武侯区将依托“一谷一带一区”等载体，致力于建设中国西部区域性国际医疗中心核心区、中国西部大健康产业融合发展示范区。

三、白鹭湾新经济总部功能区打造国内首家金融安全产业园

聚焦金融安全产业，白鹭湾新经济总部功能区积极推动金融安全产业园建设，将其打造成为国内率先基于区块链、大数据等前沿技术的金融安全领域的产业园。围绕金融安全大数据、金融信息系统安全、身份认证、征信服务等七个金融安全子产业，加快引进核心战略合作伙伴及产业链上下游、关

① 图片来源：交子金融梦工场［EB/OL］.（2018-02-12）［2020-05-18］. https://baike.baidu.com/item/%E4%BA%A4%E5%AD%90%E9%87%91%E8%9E%8D%E6%A2%A6%E5%B7%A5%E5%9C%BA/22853148? fr=aladdin.

联配套企业；以区块链、云计算、大数据、人工智能作为产业创新发展的突破口，积极打造区块链技术发展的重要枢纽、数据资产的区域管理中心和重要业务领域的核心数字节点，构建以金融安全产业为核心的产业生态体系①。目前，金融安全产业园已聚集启迪区块链、梆梆金服等金融安全领域企业近 30 家。

第三节 重点企业典型案例

一、成都数联铭品科技有限公司

成都数联铭品科技有限公司（简称“BBD”）创立于 2013 年，是一家专注于金融科技和监管科技的大数据综合服务提供商。目前已经成为国内发展最快、研发能力最强、与各级政府和核心企业合作最密切的大数据技术和应用服务公司之一。

BBD 作为数字科技企业，围绕数字经济发展、智慧社会建设、现代政府治理深度服务了国家发改委、国家信息中心、中国人民银行、证监会、国家粮食局、21 个省市国资委、金融、工商、发改、扶贫等部门以及诸多商业银行和金融机构。经过短短 7 年时间，BBD 市场估值约 45 亿元，拥有 11 名全球顶尖大数据专家和资深金融专家，1 名国家级和 3 名省级“千人计划”学者。除成都总部外，BBD 已陆续在北京、上海、重庆、香港等城市和地区设立了公司或分支机构，为国内外客户提供普惠金融、风险监管、宏观经济等领域的科技服务。2019 年，BBD 整体入驻交子金融梦工场科创园，并计划公开上市发行。自创建以来，BBD 创新开展了以下业务：

一是以大数据风控技术助力传统银行快速发展普惠金融业务，全力解决中小微企业融资难、融资贵、融资慢的问题，成效显著。如整合企业信用数据、银行数据、企业行为数据等多源数据，形成三位一体的“大数据”体系；与多家银行合作开发“银税贷”“商超贷”“发票贷”等线上信贷产品，为不同应用场景的中小微企业提供丰富多样且快捷有效的融资路径。

二是基于大数据技术对企业进行全息画像，精准识别、分析和挖掘企业涉及风险的行为特征，对于涉及风险的企业进行有效监管。现已与北京市、上海市、河南省等全国多个省市地方金融监管部门展开合作，解决新型金融风险预测监管、打击非法集资等问题，为地方间接挽回经济损失达数千亿元。

三是联合财新智库推出“万事达卡中国新经济指数”，以劳动力、资本和科技为主要指标，旨在

① 新财网. 金融科技安全备受关注，榕树贷款打造安心服务［EB/OL］.（2020-04-13）［2020-05-18］. http://www.ceoim.com/article-152043-1.html.

追踪新经济增长模式，关注经济发展的质量，分析中国新经济发展趋势。该指数作为成都新经济发展典型案例入选由联合国人居署、牛津大学、清华大学、新经济发展研究院共同发布的《科技创新驱动未来城市：新经济与共享城市繁荣》特刊。

二、天府国际基金小镇

天府国际基金小镇是中西部第一个基金小镇，也是国内首家投入运营的自贸区基金小镇。自2016年开镇以来，基金小镇始终以“财富管理、‘双创’孵化、创投融资、人才聚集”为核心功能，制定了包含核心起步区、产业发展区、战略纵深区的长远发展规划，迅速跻身国内基金小镇第一梯队，成为成都金融业新名片。

一是全面开启小镇“2.0”发展新阶段。2016—2018年，天府国际基金小镇实现了入驻机构、金融高端人才及资金聚集，此为小镇的“1.0”时代。自2019年，天府国际基金小镇以重点打造“天府新经济基金加速器集群”为抓手，全面开启小镇2.0发展的新阶段。2019年4月25日，天府国际基金小镇正式启动了天府新经济基金加速器集群的第一个项目——天府科技金融加速器的建设，服务对象包括云计算、大数据、人工智能等领域企业，为企业提供覆盖全生命周期的金融综合服务。

二是助推成都“双创”。天府国际基金小镇先后与国家级“双创”示范基地——菁蓉镇建立全方位战略合作关系，与英国国家级孵化器剑桥圣约翰创新中心、中国科技部产业技术创新战略联盟试点单位中关村产业技术联盟促进会、京东云创空间等知名“双创”机构和基地开展了深度合作，探索创新项目与资本的联动机制。此外，小镇还建设常态化活动平台，构建以投资人俱乐部为核心的基金业生态圈，引导资本服务创新创业。

三是推动项目和资本对接。常态化举办各种论坛、路演、沙龙等投融资对接活动，开镇至今已连续三届成功承办中国西部国际资本论坛，并举办2018全球独角兽企业高峰论坛、2017中国母基金百人论坛、2017天府金融论坛等重大活动接近百场，参与总人数超过两万。积极发挥资本的产业黏性，通过小镇集聚资本引领产业项目落户发展，如通过基金牵引罗欣药业落户温江。依托小镇专业运营能力，实现产业运营输出，目前小镇已与省内遂宁、资阳等地签订战略合作协议，同时推动与济南、哈尔滨、三亚等产业集聚区开展跨区域优质产业项目交流合作。

图5-5是天府国际基金小镇地标。

图 5-5　天府国际基金小镇地标①

三、四川新网银行股份有限公司

四川新网银行股份有限公司（简称“新网银行”）于 2016 年 12 月 27 日正式对外宣布成立，成为原中国银监会批准成立的全国第七家、四川首家民营银行，同时也是继腾讯微众银行、阿里网商银行之后全国第三家、中西部首家互联网银行。新网银行作为拥有全业务牌照的互联网银行，纯在线运营数字小微信贷业务，通过互联网为用户提供 7×24 小时的线上贷款业务②。在“技术立行”的战略指引之下，新网银行通过近 4 年的探索发展，不断创新服务产品和发展模式。

一是拓展普惠金融服务半径。为城市新市民、创新创业者、小微企业主等客群提供秒申秒贷、实时放款、随借随还的金融服务，成为中国银行业里做到单笔贷款额度最小的一家银行，并且新网银行实现了小微信贷业务的全线上申贷、审批和放款，极大地提升了小微客群申贷的便利性，进一步拓展了普惠金融服务半径。截至 2020 年 3 月末，新网银行累计服务客户数超过 3 140 万，累计放款总额超过 3 890 亿元，贷款笔数超过 1. 13 亿笔。即使在疫情期间，新网银行依然保持在线金融服务，发挥“无接触”优势，存款、贷款、提款、支付等各项业务系统全天候运行。

---

① 图片来源：张喜威，王可然. 天府国际基金小镇：寻找中国西部投资机会的“桥头堡”［EB/OL］. 每日经济新闻，(2017-08-23).［2020-05-18］. https://www.sohu.com/a/166579466_115362.

② 杨富，吴纪涛. 中西部首家互联网银行、四川首家民营银行定名为四川新网银行［EB/OL］. 成都日报，2016-12-28.［2020-05-18］. http://www.kaixian.tv/gd/2016/1228/85830.html.

二是有效推动银行数字化转型。充分运用大数据、云计算、人工智能等数字技术创新金融产品和服务，实现金融服务的场景化、风险控制的智能化、运营模式的差异化，努力打造成为一家数字科技普惠银行。通过运用金融科技的力量，践行普惠金融，服务实体经济，实现银行自身的高质量发展。特别是在新型冠状病毒肺炎疫情期间，借助“零接触”银行的技术变革，有力地推动了银行数字化转型。

三是加快完善大数据风控体系。借助人脸识别、生物探针、星网关联等技术进行反欺诈识别，并通过 9 大维度的模型计算，上千个变量因子的综合分析进行信用风险评估，授信数据全面覆盖了互联网用户的资产情况、消费水平、浏览行为、生物特征和黑名单信息等方面情况，进而实现银行线上信贷业务全天候、全场景、全实时和全线上的授信决策，为客户量身定制授信额度以及贷款利率。

第六部分

附录

附录 1 成都市现代金融产业“两图一表”汇总

附表 1-1 成都市及各功能区现代金融产业“两图一表”名录

序号	成都市及各功能区
1	成都市金融产业“两图一表”
2	交子公园金融商务区现代金融产业“两图一表”
3	成都青羊文化金融商务区文化金融产业“两图一表”
4	华西大健康产业功能区大健康金融产业“两图一表”
5	春熙路时尚活力区消费金融产业“两图一表”
6	白鹭湾新经济总部功能区金融安全产业“两图一表”
7	青白江国际铁路供应链金融产业“两图”

注：“两图一表”由相关部门、产业功能区提供。

	科技金融（要素市场、保险服务、银行服务、创投融资、资本市场）	消费金融（汽车金融、财富管理、银行服务）	农村金融（要素市场、保险服务、银行服务、资本市场）	供应链金融（融资租赁、互联网金融、银行服务、资本市场）	绿色金融（要素市场、银行服务、资本市场、金融信息服务）	文化金融（要素市场、银行服务、保险服务、资本市场）
行业领军企业	美国国际集团、劳合社保险（中国）、晨兴资本、经纬中国、中信产业基金、凯雷资本、IDG资本、北京银行	大众汽车金融（中国）、上汽通用汽车金融、瑞士联合银行、瑞士信贷银行、星展银行、招联消费金融、中邮消费金融	上海农业要素交易所、中原农业保险、阳光农业相互保险、江苏银行、北京农村商业银行、法国农业信贷银行、中粮信托	中国外贸金融租赁、上海文沥信息技术、中航信托、广发证券资产管理(广东)、中铁中基供应链集团、Stenn誓腾国际、北京银行	北京环境交易所、荷兰银行、英国绿色投资银行、中航信托、海尔产业基金、九州创投、联合赤道环境评价	国际版权交易中心、安联财产保险（中国）、劳合社保险（中国）、西安曲江文化产业融资担保、北京国华文创融资担保
成都企业	新网银行、盈创动力、华西证券、人保财险、平安保险、太平洋保险、建设银行、农业银行、华夏银行、深圳市创新投资	成都锦程消费金融、东联、普罗米修斯、第一租赁、世达、美兴、国邦维仕、易人金融、众人行汽车服务	成都农村产权交易所、成都农商行、简阳农商行、中华融合财产保险、安华农业保险、华农财产保险、国家开发银行、中信银行	成都交子供应链金融公司、天府银行、远洋资本、万创华瑞商业保理、成都惠融融资租赁、深圳市迪蒙网络科技、中投证券、平安银行	四川联合环境交易所、中信信托、中融信托、中国诚信信用管理、东方金诚国际信用评估、人民银行、建设银行	成都银行、天府文投、每日经济新闻、传媒集团、中国建设银行、交通银行、上海浦发银行、工商银行、建设银行、华夏典当行
关键短板	资本和要素市场资源配置功能不明显，缺乏具有带动影响力的创投融资类机构	市场规模及结构等方面存在滞后或不平衡，缺乏消费金融持牌机构	农村金融市场发育滞后、法人金融机构影响力偏弱	供应链金融资源共享与整合程度不高，缺乏具有带动力的供应链金融企业	绿色金融组织体系有待完善，绿色金融风险防控能力有待加强	缺少专业的文化金融服务机构，缺少有针对性的文化金融创新，投融资渠道不畅
突破发展	争创科创金融改革试点，支持设立专业科技银行、科技保险公司和科技证券公司。加快与境内外知名资本市场对接，积极招引一批具有带动效应的企业进驻，完善资本投资服务。支持科技金融服务平台建设	支持银行业机构围绕新消费领域设立特色专营机构，推动新设消费金融、汽车金融等专业消费金融机构，鼓励发展消费金融业务。创新消费金融产品，规范消费金融发展秩序	支持设立“三农”金融事业部，扩大农金融服务网点布局。扩大农金融服务网点布局。创新银行、保险、小额贷款和融资担保普惠金融服务。支持涉农金融机构依托“农贷通”平台，开展涉农金融业务。健全农业保险奖补机制和再保险制度	加快引进培育供应链金融企业。鼓励金融机构依托供应链核心企业，共同开发供应链金融产品和服务，为上下游企业提供高效便捷的融资渠道。运用区块链和大数据等技术来提升平台服务效率及风险管理水平	支持设立绿色金融专营机构，采用赤道原则理念开展绿色信贷。支持推动绿色信贷资产证券化和绿色债券发行，推动环境责任险等绿色保险产品创新。引进培育绿色中介服务机构。深化国内绿色金融机构协作	支持设立文创专营机构，开发面向文创产业的金融产品。优化文创产业引导基金运作模式，探索文创融资新模式。支持成都文化产权交易所创新发展，推进交子文化金融博物馆建设，培育塑造天府金融文化

附图 1-1　成都市金融产业全景图

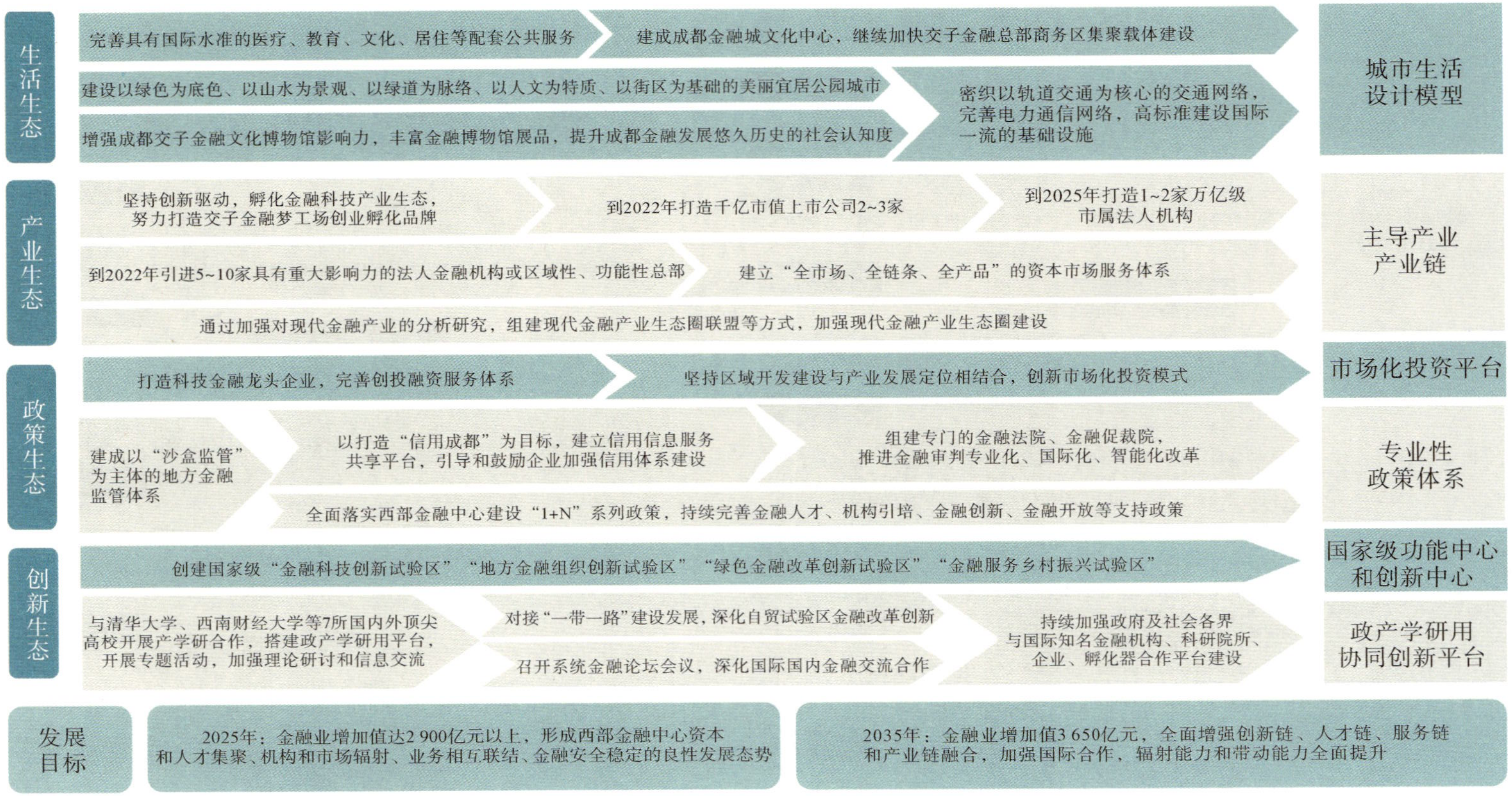

附图 1-2　成都市金融产业生态发展路径图

附表 1–2　成都市金融产业招商表

金融中心功能类

筹备入驻中

上海交易所西部基地、成都交易所大厦、中国工商银行远程银行中心外呼营销职场、台湾永丰银行成都分行、全国股转系统成都基地、中航资本长江发展基金、中国工商银行集约运营中心

重点推进中

中化资本西南总部基地、五矿资本西南总部基地、唯品会消费金融项目、中华资本西南总部基地、五矿资本西南总部基地、中法互助保险组织、“一带一路”天府金融服务中心、四川银行

已落户设立

九泰基金、中国建设银行成都投行交易中心、文旅集团资管公司、第一创业证券、复星联合健康保险、恒邦财产保险、新疆前海联合财产保险、混沌期货、中国并购公会四川分会

新金融业态类

徘徊入驻中

交子金融麦田、复旦西部国际金融研究院、成都金融城文化中心、启迪区块链西部总部项目、成都交子供应链金融服务、基于区块链的知识产权融资服务平台、国家金融实验室成都基地、四川数字金融大厦、天府四川并购集聚区、龙泉驿区金融服务平台

重点推进中

川港青年金融科技加速器、新希望新金融产业园、优必选基金、武侯大健康产业基金项目、对冲基金孵化平台项目、大健康金融产业技术研究院、四川新金融科技生态中心

已落户设立

成都新希望金融科技　天府四川金融博物馆

服务实体经济类

筹备入驻中

峨影股投基金、国新建信股投基金、成都市天府新区高榕四期康永投资、成都盈耀兴源投资中心、川交善道成都投资、成都万创华新股投基金、成都嘉华五号股权投资、成都光大永年股投基金、成都丰厚砺金创业投资中心、成都创芯股权投资管理、成都芯航、成都市天府新区高榕四期康元投资、金路资产、成都天府蓝三木月创业投资中心、成都峰睿天投创投中心、国新融汇股投基金、成都生活美学西部广泉城股权投资、中铁城市资产、成都鹏道股投基金、成都云石厚德股投基金、四川云石股权投资、四川天府蜀道贰期交通产业股投基金、建信金投（成都）股权基金、成都梅花新时代投资、成都交子产业基金、东方电气（成都）氢能产业基金、成都经开新经济创新投资基金

重点推进中

成都优选睿智股投基金、成都市天府壹号文创产业发展股投基金、久远产融控股、中投中财（成都）股投基金、四川广润投发集团、以新投资（成都）、践远投资（成都）、中津川发展、成都首泰菁蓉近邻宝投资管理、厚同瑞吉智能产投基金、成都华通科源氢能产投基金、航天科工云制造产投基金

已落户设立

成都红土菁科创投基金、成都市天府壹号文创产投基金

地方金融组织类

筹备入驻中

成都市地方金融监管沙箱、成都市市级再担保、成都华荣惠众融资租赁、首成融资租赁（成都）、利斯特融资租赁（成都）、一诚融资租赁、川开融资租赁、成都富森美小额贷款、易融融资租赁

重点推进中

香港金融资产管理控股有限公司国际金融服务中心、青白江日新融资担保增资

已落户设立

成都武侯武兴小额贷款

主导产业及细分领域	科技金融	绿色金融	消费金融	文化金融	农村金融	供应链金融	配套产业
	要素市场、保险服务、银行服务、创投融资、资本市场	要素市场、银行服务、资本市场	财富管理、银行服务	要素市场、银行服务、保险服务、资本市场	要素市场、保险服务、银行服务、资本市场	融资租赁、互联网金融、银行服务、资本市场	金融科技、金融信息服务、专业服务、金融文化服务
行业领军企业	美国国际集团、劳合社保险（中国）、晨兴资本、经纬中国、中信产业基金、凯雷资本、IDG资本、北京银行	北京环境交易所、荷兰银行、英国绿色投资银行、中航信托、海尔产业基金、九州创投、联合赤道环境评价	大众汽车金融（中国）、上汽通用汽车金融、瑞士联合银行、瑞士信贷银行、星展银行、招联消费金融、中邮消费金融	国际版权交易中心、安联财产保险（中国）、劳合社保险（中国）、西安曲江文化产业融资担保、北京国华文创融资担保	上海农业要素交易所、中原农业保险、阳光农业相互保险、江苏银行、北京农村商业银行、法国农业信贷银行、中粮信托	中国外贸金融租赁、上海文沥信息技术、中航信托、广发证券资产管理（广东）、中铁中基供应链集团、Stenn誓腾国际、北京银行	智融集团、重庆印链科技、联合赤道环境评价、大公国际资信评估
成都企业	人保财险、平安保险、太平洋保险、新网银行、建设银行、农业银行、华夏银行、盈创动力、深圳市创新投资	四川联合环境交易所、中信信托、中融信托、中国诚信信用管理、东方金诚国际信用评估、人民银行、建设银行	四川锦程消费金融、东联、普罗米修斯、第一租赁、世达、美兴、国邦维仕、易人金融、众人行汽车服务	中国建设银行、交通银行、上海浦发银行、工商银行、建设银行、华夏典当行	成都农村产权交易所、中华融合财产保险、安华农业保险、华农财产保险、成都农村商业银行、国家开发银行、中信银行	深圳市迪蒙网络科技、中国中投证券、平安证券、平安银行、中国银行、农业银行、工商银行、招商银行	中国诚信信用管理、东方金诚国际信用评估、鹏元资信评估、中伦律师事务所、北京大成律师事务所
关键短板	区域内具有影响力的资本和要素市场服务企业数量聚集效应相对不高；缺乏具有带动影响力的创投融资类企业；金融科技和创投融资上下游企业聚集度低，其中金融科技类企业以初创、中小类企业为主；保险类企业在高新区聚集度有待提升；知名专业服务企业聚集度低；持牌信用评级类金融信息服务企业缺乏						
突破方向	加快与境内外知名资本市场对接，积极招引如经纬中国、凯雷资本等一批具有带动效应的企业进驻，完善我市资本投资服务。积极对接引进各地要素市场，构建功能完善的融资渠道	推动绿色信贷资产证券化和绿色债券发行，推动环境责任险等绿色保险产品创新。深化行业协作，与北京环境交易所、英国绿色投资银行等知名龙头企业加强联系，加快开展碳排放权、排污权等环境资源交易	争取稀缺金融牌照。推动持牌类消费金融公司、知名汽车金融公司进驻，依托区域发展特色做大做强，产业特色化创新化发展，形成一批特色鲜明的产业企业聚集，填补相关领域法人金融机构空白	着力打造涵盖文化银行、文化小贷、文化基金、文化保险、文化担保等"投、贷、债、保"联动的多层次、全方位文化金融组织体系。提升特色化、创新化文化金融机构聚集度	优化普惠金融服务机制，创新银行、保险、小额贷款和融资担保普惠金融服务模式，构建多层次金融扶贫保障机制，提升金融扶贫精准度。创新中小微企业融资模式	借助自贸区、"一带一路"发展契机，在跨境金融领域创新性塑造金融总部商务区优势。积极拓展资本市场服务和融资租赁类企业，拓宽融资渠道。依托互联网金融平台，打造供应链线上信息共享平台	金融科技需要与资本市场对接，培育本地区独角兽企业；金融信息服务与绿色金融协同发展，打造独具实力的绿色金融征信服务平台；金融文化服务积极对接国际金融组织

附图 1-3　交子公园金融商务区现代金融产业全景图

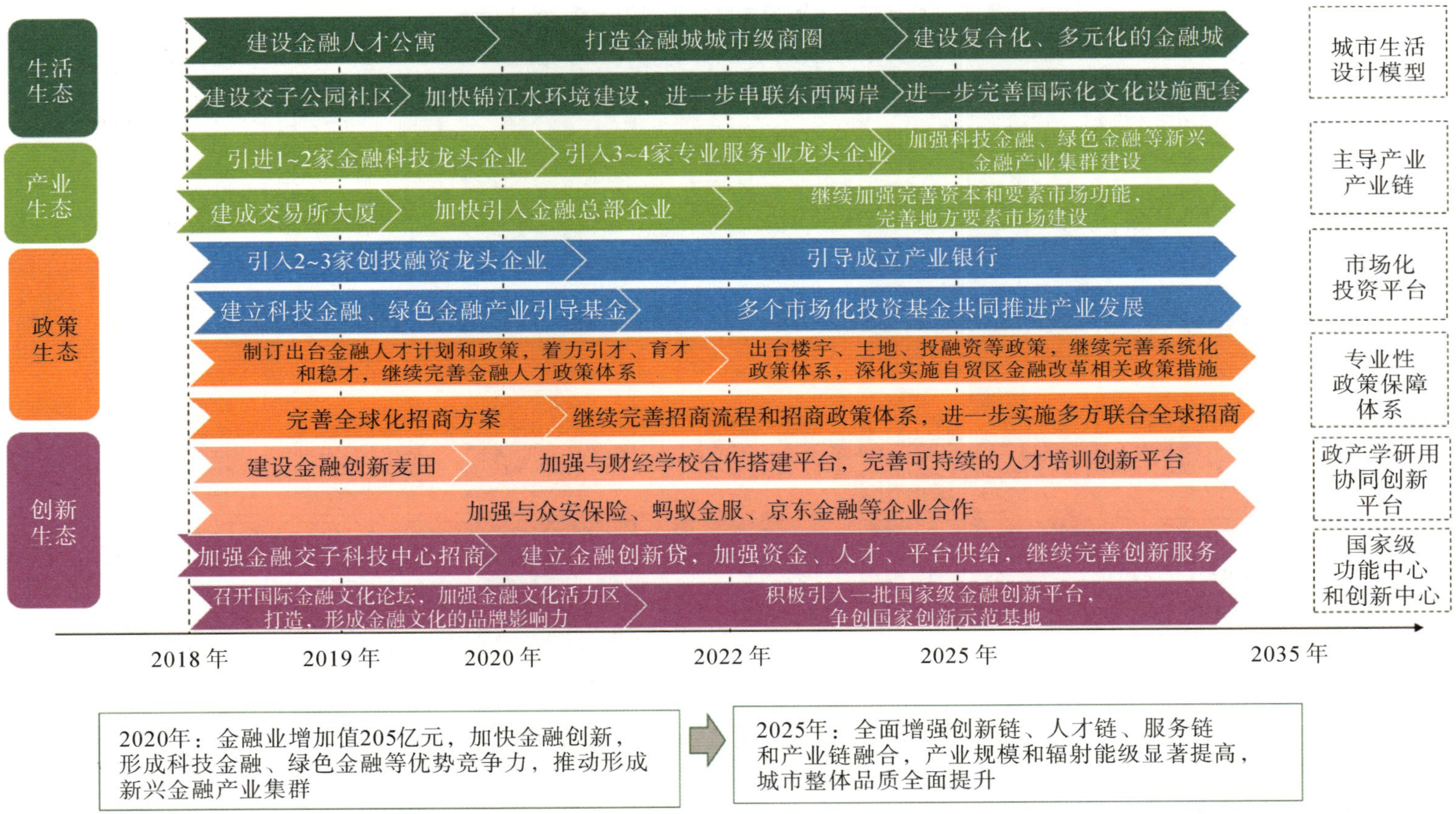

附图 1-4　成交子公园金融商务区现代金融产业生态发展路径图

附表 1-3(1) 交子公园金融商务区现代金融产业招商表（1/2）

科技金融

要素市场
- 北京软件和信息服务交易所
- 西安技术产权交易中心
- 广东省产权交易集团
- 贵阳大数据交易所
- 上海数据交易中心
- 上海票据交易所
- 南方联合产权交易中心

保险服务
- 人保财险
- 平安保险
- 太平洋保险
- 华泰保险
- 信达财险
- 国泰财产保险
- 华泰保险
- 都邦财产保险
- 太平科技保险
- 美国国际集团
- 劳合社保险(中国)

银行服务
- 新网银行
- 建设银行
- 农业银行
- 华夏银行
- 浦发银行
- 浙商银行
- 杭州银行
- 北京银行
- 长安银行
- 江苏银行
- 上海瑞华银行

创投融资
- 盈创动力
- 深圳市创新投资
- 中信产业基金
- 北京海蓝创景投资咨询
- 晨兴资本
- 经纬中国
- 纪源资本
- 东方汇富
- 红杉资本（中国）
- 谷歌风投

资本市场
- 国泰君安
- 源码资本
- 趣店集团
- 凯雷资本
- 招商局资本
- 磁金融
- 盈米财富
- 上海市科技金融信息服务

绿色金融

要素市场
- 四川联合环境交易所
- 北京环境交易所
- 上海环境能源交易所
- 深圳排放权交易所
- 广东省环境权益交易所

银行服务
- 贵阳银行
- 人民银行
- 中国邮政储蓄银行
- 上海银行
- 兴业银行
- 中国农业银行
- 建设银行
- 中原银行
- 江苏银行
- 青岛银行
- 浙江稠州商业银行
- 荷兰银行
- 英国绿色投资银行

资本市场
- 中信信托
- 中融信托
- 天风证券
- 广发基金
- 中航信托
- 海尔产业基金
- 九州创投
- 佛山市金融投资控股
- 广东省绿色金融投资控股

消费金融

财富管理
- 汇丰银行
- 渣打银行
- 华南银行
- 瑞士联合银行
- 瑞士信贷银行
- 星展银行
- 宜信惠民
- 国投信达
- 首善财富
- 艺金所

银行服务
- 四川锦程消费金融
- 招联消费金融
- 中邮消费金融
- 杭银消费金融
- 马上消费金融
- 海尔消费金融
- 瑞士杜高斯贝银行
- 华融消费金融
- 包银消费金融

文化金融

要素市场
- 国际版权交易中心
- 广东省南方文化产权交易所
- 金陵文化产权交易中心
- 华鼎文化艺术产权交易中心
- 中国艺交所金属艺术品交易中心

银行服务
- 建设银行
- 交通银行
- 浦发银行
- 工商银行
- 建设银行
- 杭州银行
- 长安银行
- 江苏银行
- 西安银行
- 盛京银行
- 潍坊银行
- 乌鲁木齐商业银行
- 台州银行

保险服务
- 中荷人寿
- 安联财产保险（中国）
- 瑞泰人寿保险
- 安盛艺术品保险
- 劳合社保险（中国）
- 安达中国

资本市场
- 华夏典当行
- 卡塔维基
- 西安曲江文化产业融资担保
- 浙江文创小额贷款
- 北京市文化科技融资担保
- 北京国华文创融资担保
- 苏富比拍卖行
- 佳士得拍卖行

黑色字体为已签约落户 绿色字体为积极引进 蓝色字体为持续跟进 橘色字体为保持接触

附表 1-3(2) 交子公园金融商务区现代金融产业招商表（2/2）

农村金融

要素市场
- 成都农村产权交易所
- 湖南股权交易所
- 上海农业要素交易所
- 安徽省股权托管交易中心
- 齐鲁股权交易中心

保险服务
- 中华融合财产保险
- 安华农业保险
- 华农财产保险
- 中原农业保险
- 阳光农业相互保险
- 国元农业保险
- 上海安信农业保险

银行服务
- 成都农村商业银行
- 四川省农村信用联合社
- 国家开发银行
- 中信银行
- 中国农业银行
- 江苏银行
- 武汉农村商业银行
- 临商银行
- 厦门农村商业银行
- 北京农村商业银行
- 法国农业信贷银行

资本市场
- 深圳前海三农互联网金融信息服务
- 希望金融
- 中粮信托
- 普惠农牧融资担保
- 辽宁贷财互联网科技
- 海尔产业基金

供应链金融

融资租赁
- 福建中海仓供应链管理
- 贵州省联合金融供应链金融
- 百业中兴（泉州）融资租赁
- 中国外贸金融租赁

互联网金融
- 深圳市迪蒙网络科技
- 上海文沥信息技术
- 深圳市辉腾金融控股
- 用友供应链金融
- 群星金融
- 一润供应链管理（上海）
- 星贝云链

银行服务
- 平安银行
- 中国银行
- 农业银行
- 工商银行
- 建设银行
- 中信银行
- 招商银行
- 北京银行
- 宁波银行
- 长沙银行
- 华润银行
- 温州银行
- 南京银行

资本市场
- 中国中投证券
- 平安证券
- 中航信托
- 广发证券资产管理（广东）
- 华泰资产管理有限公司
- 中铁中基供应链集团
- 上海摩山商业保理
- Stenn誓腾国际

金融科技
- 质数金服
- 亨宇金服
- 奇点云
- 贝壳林
- 智融集团
- 重庆印链科技
- 深圳银链科技
- 云图智链（北京）科技
- 通联金融科技
- 众安科技
- 上海陆家嘴国际金融资产交易市场股份有限公司
- 北京雪球信息科技有限公司

金融信息服务
- 中国诚信信用管理
- 东方金诚国际信用评估
- 鹏元资信评估
- 联合赤道环境评价
- 大公国际资信评估
- 商道融绿
- 中债资信评估
- 上海新世纪资信评估

专业服务
- 中伦律师事务所
- 北京大成律师事务所
- 立信会计师事务我
- 北京市中银（成都）律师事务所
- 金杜律师事务所
- 北京盈科(成都)律师事务所
- 海问律师事务所
- 通力律师事务所
- 广东华商律师事务所
- 环球律师事务所
- 恒都律师事务所
- 广东信达律师事务所
- 广东卓科律师事务所

黑色字体为已签约落户 绿色字体为积极引进 蓝色字体为持续跟进 橘色字体为保持接触

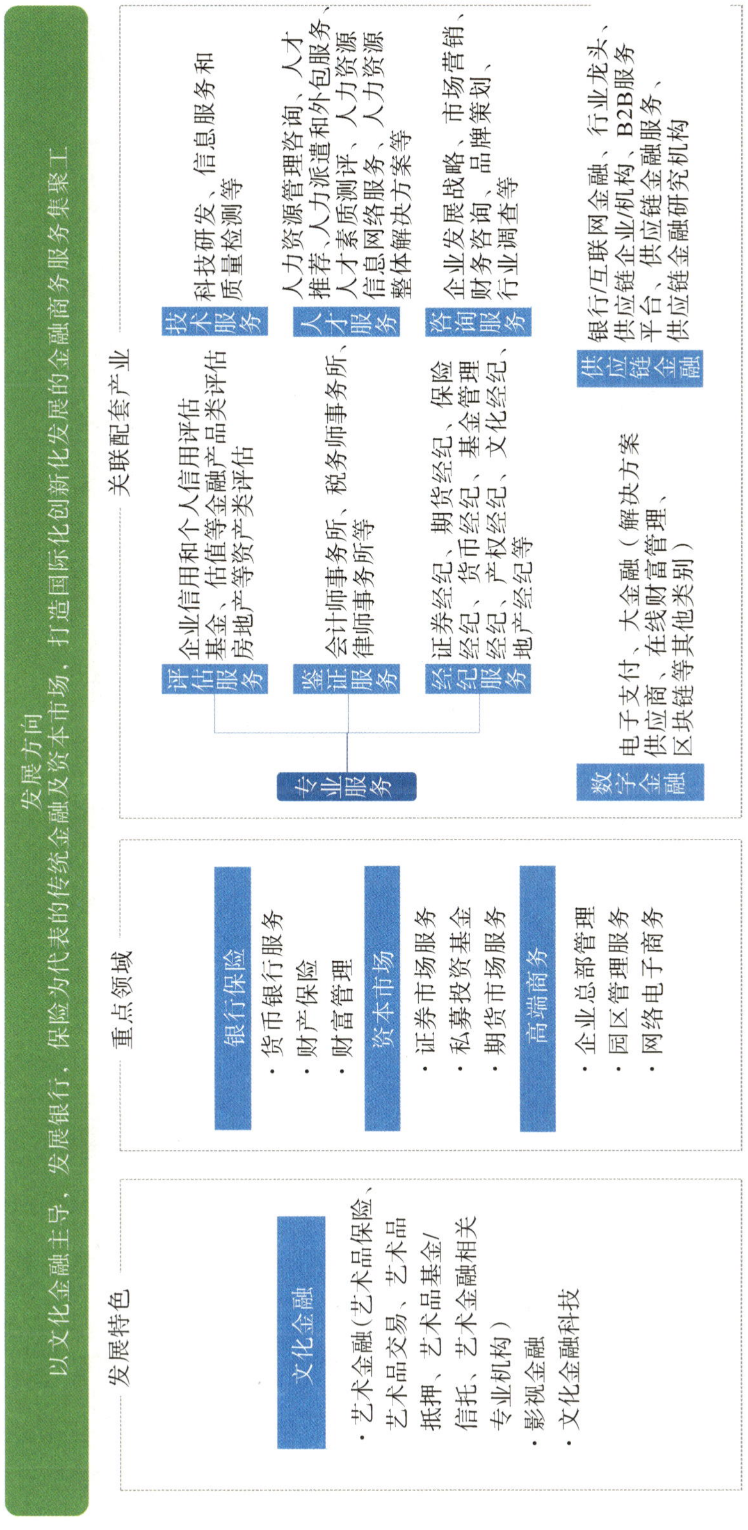

附图 1-5　成都青羊文化金融商务区文化金融产业全景图

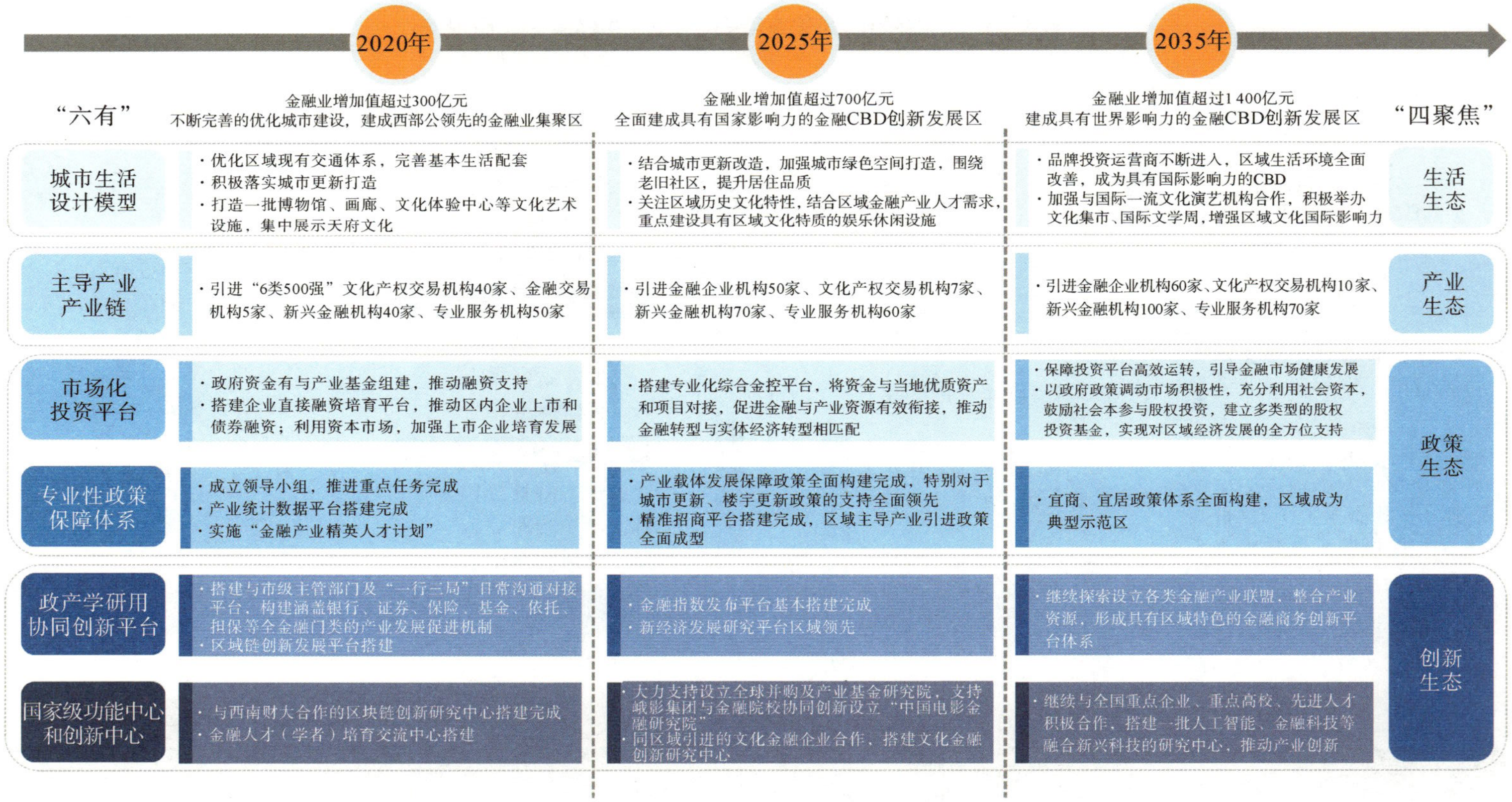

附图 1-6　成都青羊文化金融商务区文化金融产业生态发展路径图

附表 1-4 成都青羊文化金融商务区文化金融产业招商表

	文化金融	银行	保险	其他类型	资本市场	数字金融	供应链金融
已入驻企业	-	· 外资银行：东亚银行、花旗银行、加拿大永明 · 国内银行：交通银行、中国银行、中国农业银行、中国建设银行、平安银行、成都银行、德阳银行、南洋商业银行、渤海银行	· 外资机构：宏利金融、美国纽约人寿保险、安盛天平财产保险 · 国内机构：中国太平洋保险、天安保险、民生保险、华安保险、光大永明保险、北大方正保险、阳光保险、中国人寿保险	· 恒泰金融 · 国金证券 · 海通证券 · 中国邮政	-	-	· 天府惠融资产管理、西陵动力、成飞集成、文宝供应链、腾邦物流集团、西南财经大学供应链金融研究机构、拉卡拉
未来预计引进企业	· 艺术金融： · 艺术品保险：安盛艺术品保险、安达中国、劳埃德保险美国丘博保险、旅行者保险 · 艺术品交易：苏富比、佳士得、德国纳高、英国大维德拍卖；中国嘉德、保利国际、北京匡时、北京荣宝斋、上海朵云　轩 · 艺术品抵押：中国民生银行、花旗私人银行、Prime Art Capital · 艺术品基金/信托：中国民生银行、建信信托、保利投资、摩帝富 · 艺术金融相关专业机构：德勤艺术品咨询、雅昌文化 · 影响金融： · 五矿国际信托、美国电影金融公司（FFI）、福莱曼基金保险公司（International Film Guarantors）、Cine Finance（HK）LLC…… · 文化金融科技： · 嘉德在线、佳士得在线、Artsy、AMA艺术分析、Pi-ex、Mutualart、ArtTactic、artnet	· 外资银行：巴克莱银行、德意志银行、法国农业信贷银行、英国劳埃德银行集团、美国银行、德国中央儷作银行、西班牙对外银行、美国银行、德国中央合作银行、西班牙对外银行、美国富国银行、荷兰合作银行、多伦多道明银行、西太平洋银行、澳大利亚国民银行、俄罗斯联邦储蓄银行、巴西银行……	· 外资保险：友邦保险、慕尼黑再保险、安达保险公司、保德信保险、英国耆卫保险公司、日本第一生命保险、瑞士再保险、Anthem公司、哈门那、住友生命保险、Centene公司…… · 内资保险：富德生命人寿保险、中法人寿保险有限责任公司（合资）、前海人寿保险……	· 房利美、第一资本金融、加拿大鲍尔集团、意大利邮政、国际资产控股…… · 物产中大集团股份有限公司、阳光金融控股投资集团有限公司、厦门象屿集团、隆鑫控股、广州金融……	· 华鼎文化艺术产权交易中心、国际版权交易中心、南方文化产权交易中心、金陵文化产权交易中心……	· 电子支付：MAarqeta · 大金融（解决方案供应商）：网易金融、天创信用、度小满金融、同质科技、同陌科技、排列科技、众安科技、True Accord、Tala · 在线财富管理：陆金所(LU.com)、铜板街、银承库、老虎证券 · 区块链等其他类别：Circle、好扑、Coinbase、Blockstream、Chain	· 银行/互联网金融：华润银行、海容易 · 供应链企业/机构：赛富科技（1号链）、云图征信、创捷供应链、朗华、飞马、宏伟供应链（HW supply）、普路通 · B2B服务平台：金银岛、铜道、钢银电商、东煤交易、易煤、OLBASE · 供应链金融服务：用友产融、金碟、聚宝汇、中金创云、Welink Data文沥、WSNCM感融物联网、海平线 · 供应链金融研究机构：万联供应链金融研究院、中国供应链金融服务联盟

	评估服务	鉴证服务	经纪服务	技术服务	人才服务	咨询服务
已入驻企业	· 四川智诚资产评估事务所有限责任公司、四川恒德资产评估有限公司	· 北京大成(成都)律师事务所	· 四川民润保险代理有限公司、四川全明保险代理有限公司、四川博广诚保险代理有限公司、四川远州保险代理有限公司、四川志远保险代理有限公司	· 成都九方财富金融外包务有限公司、合力贷成都科技有限公司、成都爱投融科技有限公司、成都北斗星车联互联网金融信息服务有限公司、成都丹佛金融服务外包有限公司、四川马铃薯金融服务外包有限公司	· 成都双维劳动保障服务有限公司、四川宏福劳务有限公司	· 四川省外国企业服务有限责任公司
未来预计引进企业	· 中企华资产评估有限责任公司、银信资产评估有限公司	· 君合律师事务所、国浩律师事务所	· 明亚保险经纪有限公司、怡安翰威特(中国)	· 成得信息技术股份有限公司	· 光辉人才咨询、万宝盛华	· 麦肯锡、盛世长城

已入驻企业　未来预计引进企业

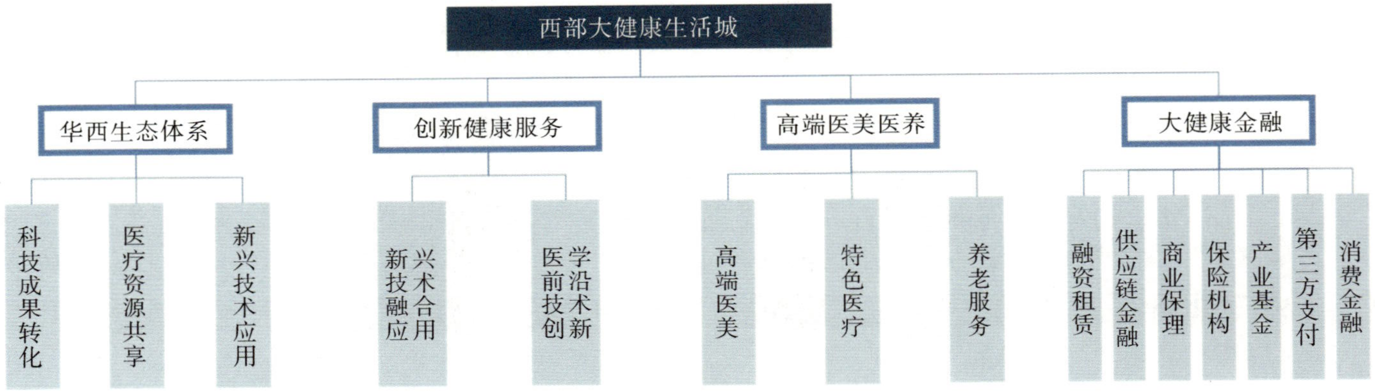

	华西生态体系	创新健康服务	高端医美医养	大健康金融
行业领军企业	药明康德、吉凯基因、博恩生物技术、三诺生物、博德嘉联	阿里健康、恒宁健康、丁香园、好医生	朗姿股份、新氧、悦美、艺星、华熙生物、赛诺龙、昊海生物科技、美莱、华韩整形、爱尔眼科、华厦眼科、通策医疗、康宁医院、红岭医疗、和睦家医疗、爱以德（日月星）、泰康之家	中国平安、工银金租、中信建投、深圳前海中投宝、江苏金融租赁、蚂蚁金服
成都企业	华西健康、利康实业、成都医投集团、成都启迪数字	图灵傲佳、义幻健康	米兰柏羽、华美紫馨、西婵泛亚、美莱、大华、成都怡脂、胡桃盒子、美呗、锦欣医疗、成都天使儿童医院、成都安琪儿医院、科创智远、长者乐生、成都万科养老、强森医疗、吕医生	成都银行、成都农商银行、成都金控融资租赁有限公司、国宝人寿保险股份有限公司
关键短板	科技成果转化市场化程度不足，医疗资源共享合作关系搭建不紧密，对市场主体的孵化、培育引导性政策不明确	土地载体空间与人才较为缺乏，产业基础相对薄弱	高端人才匮乏，行业规范欠佳，关键医疗、医养技术竞争力不足，国际化程度受限	缺乏针对大健康产业的创新金融产品及服务，大健康需求与金融供给对接体系待完善，大健康金融跨界融合亟待突破
突破方向	搭建对接华西医院和市场主体的合作交流平台、构建“政医产学研资用”一体化协同创新联动机制；依托区域医疗机构资源，形成以临床发现为源头、科学研究为基础、成果转化为推力、临床应用为结点的产业闭环；构建以华西医院为核心的医师、病患、培训资源的共享模式；围绕优质医疗机构，探索“互联网+医疗健康”方向，发展以提升医疗服务水平为主要目标的新兴医疗信息技术	加快建立数据搜集、应用标准，打通大健康分享渠道；持续加强新兴医疗技术、穿戴设备开发制造、健康管理软件开发、家庭医生团队等企业招引工作，提升健康管理产业能级，加强产业集聚；以“产城人”融合为目标，增强本地居民健康意识，促进健康服务业需求端发展	紧抓中日现代服务开放合作机遇，引入日本医疗美容医师、行业专家、关键医美技术与产品；灵活监管行业，鼓励医美机构开展合作研发，提升核心竞争力；建立医美培训体系，激活人才基础要素资源；构建健康消费场景，领先发展健康消费，提高区域国际化高端医疗机构品牌集聚度、新型业态创新度和最终消费贡献度；抓住养老行业导入期及本地市场究竟基础的机遇，发展壮大本地养老产业，形成规模效应。	以大健康产业特色及需求为依托，结合大健康产业发展趋势，推动金融机构开展产品和经营形式创新，为大健康产业提供针对性的金融产品和服务，优化融资环境，强化多层次资本市场的作用，优化消费群体的资产配置，增强支付能力，激发大健康领域的消费潜力，持续推进各类型金融机构的引入工作，提升金融产业能级，加强产业集聚

附图 1-7　华西大健康产业功能区大健康金融产业全景图

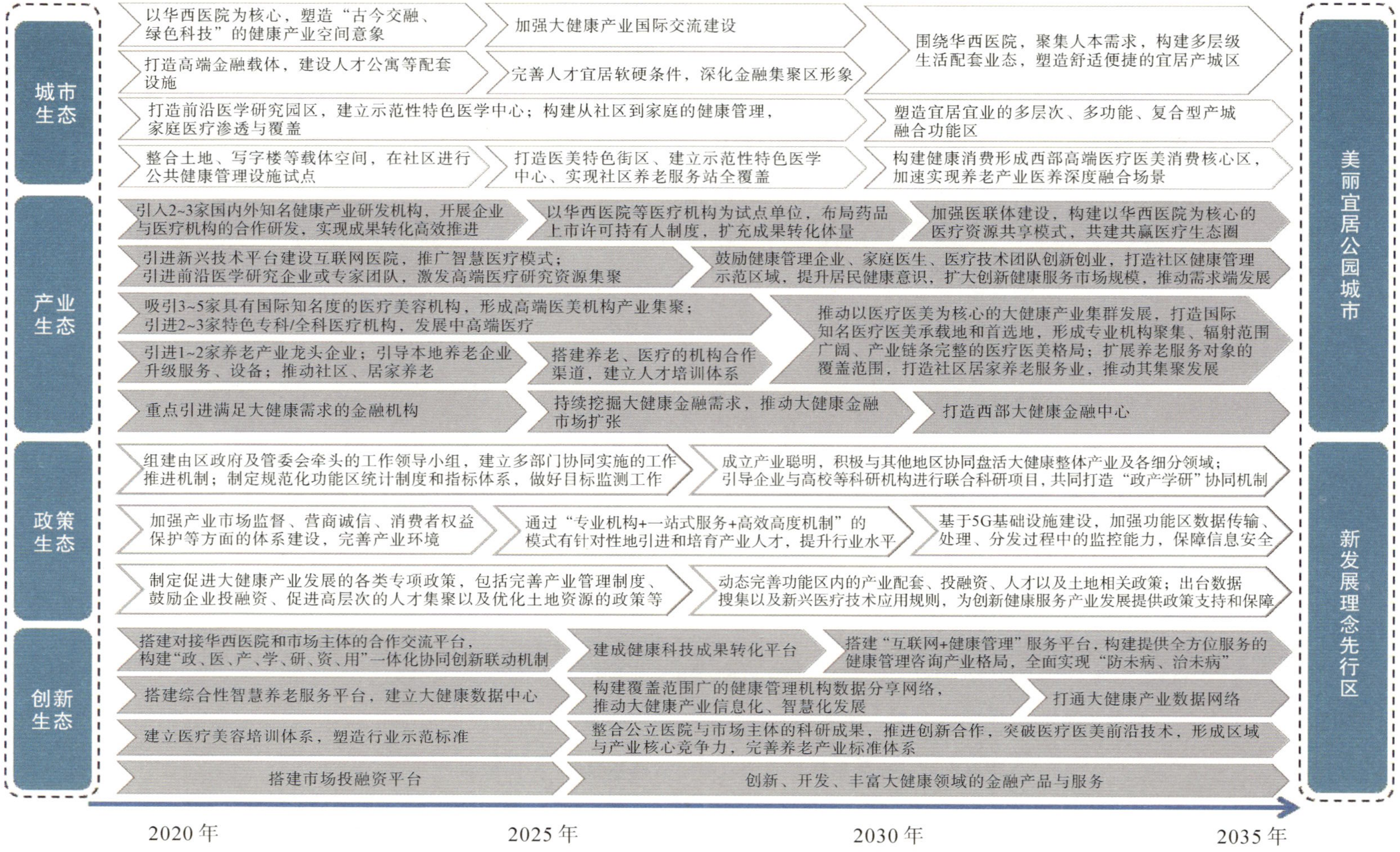

附图 1-8 华西大健康产业功能区大健康金融产业生态发展路径图

附表 1-5　华西大健康产业功能区大健康金融产业招商表

第一梯队 行业领先 优先引进	· 华西生态体系：华西第四医院平台公司项目、四川华西健康科技有限公司医联体项目、健康产业科技成果转化中心暨成都国际医疗服务产业基地项目、清华启迪医疗总部项目等 · 创新健康服务：图灵傲佳、国化投资、阿里健康、恒宁健康、丁香园等 · 高端医美医养：Noel银座美容整形医院、阪田美容形成外科、和睦家医疗、红岭医疗、上海爱以德、泰康之家等 · 大健康金融：新华人寿、易宝支付、瑞穗银行、IDG资本等
第二梯队 综合实力优异 积极引进	· 华西生态体系：微医集团、三诺生物、Outcome Health等 · 创新健康服务：好大夫、春雨天下、友德医、金科产业等 · 高端医美医养：同仁医疗产业集团、联合丽格、曜影医疗、芸昇医疗等 · 大健康金融：深圳前海大数金融服务有限公司、安盛保险有限公司、CIT集团（金融租赁）、马上消费等
第三梯队 潜力较大 持续跟进	· 华西生态体系：太美医疗科技、欧谱曼迪、普施康生物、万邦德医疗、易复诊等 · 创新健康服务：雅森科技、易联众信息、杭州联科美讯等 · 高端医美医养：华润医疗、深圳春天医疗美容　爱思特医疗美容、重庆合展养老、上海顾连医疗、朗诗集团等 · 大健康金融：招商信诺人寿、捷信消费金融、国银金融租赁等

主导产业	细分领域	组织机构	现有企业	目标企业
消费金融	资金服务	· 商业银行 · 持牌消费金融公司 · 电商金融平台 · 小额贷款	· 建设银行、工商银行、光大银行、华夏银行等分行级银行机构24家 维仕小贷、瀚华小贷、富登小贷等12家	· 台湾永丰银行 · 澳门国际银行等 · 唯品会消费金融公司 · 捷信消费金融公司 · 京东金融 · 苏宁金融等
	征信服务	· 个人征信	· 暂无	· 百行信用 · 芝麻信用 · 腾讯征信 · 鹏元征信
	支付服务	· 商业银行 · 第三方支付机构	· 分行级银行机构24家 · 现代金融控股（现代支付）	· 持牌支付机构 · 区域结算中心

附图 1-9　春熙路时尚活力区消费金融产业全景图

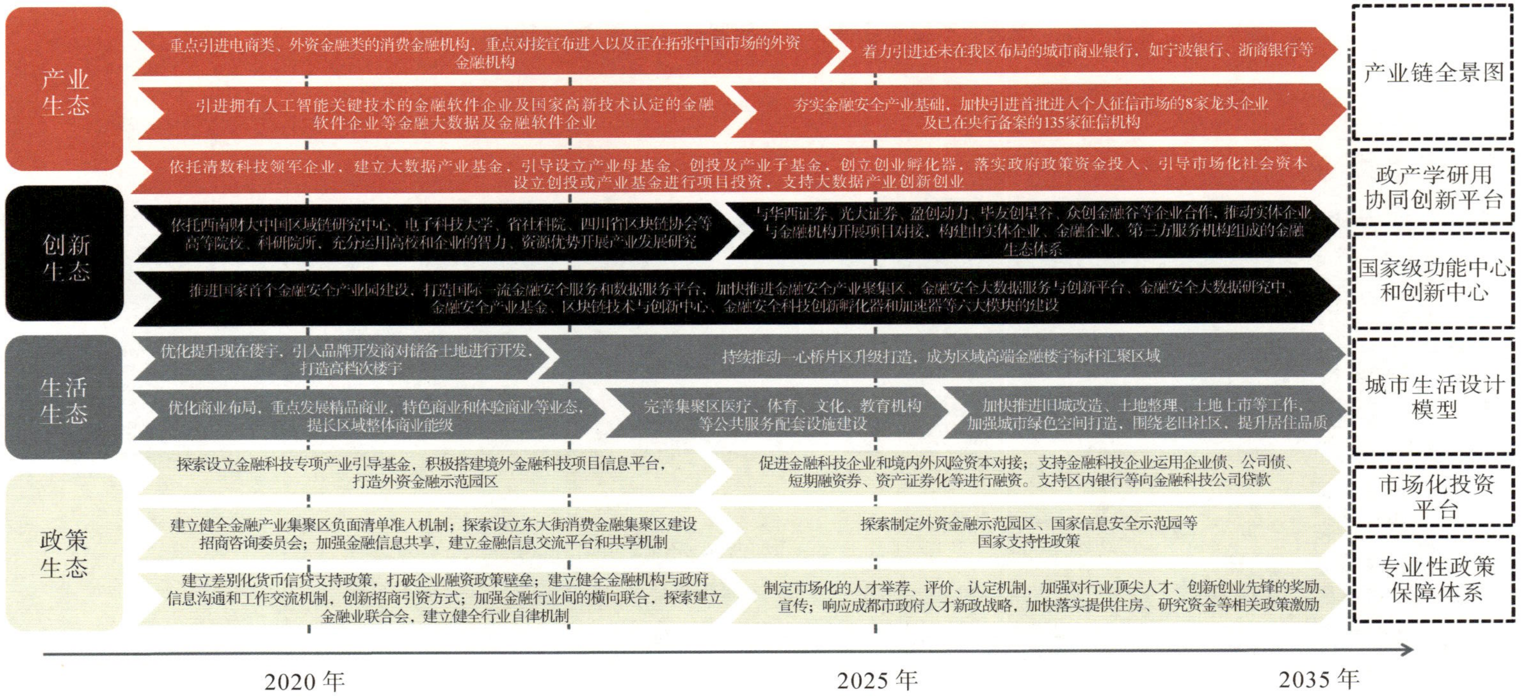

附图 1-10　春熙路时尚活力区消费金融产业生态发展路径图

附表 1-6 春熙路时尚活力区消费金融产业招商表

序号	公司	总部	企业简介	产能布局敏感度分析	当前布局	西南布局	引进可能性	细分
1	台湾永丰银行	南京	永丰银行（中国）有限色司（以下简称“永丰银行（中国）”）于2014年2月28日正式对外营业，注册资本金20亿元人民币，总部设于江苏省南京市河西中央商务区（CBD），为台湾永丰商业银行股份有限公司在大陆设立的全资子公司，是大陆地区第一家台资法人银行，亦是台湾永丰金融控股有限公司在大陆发展的旗舰。为提供最灵活便利的金融服务，永丰银行（中国）除逐步落实利用金融创新带给客户更便捷的服务外，还依循集团整体业务布局，支持国家战略发展，于在岸及离岸市场为两岸企业走向国际提供金融支持	市场：★★★★ 资本：★★★★★ 人才：★★★★ 土地：★★ 政策：★★★★	上海、广州	否	高	商业银行
2	澳门国际银行	澳门	澳门国际银行在于1974年在澳门注册成立，1985年成为中国第一家中外合资银行——厦门国际银行在澳门的附属机构，2015年完成增资扩股后成为以澳门资本为主体的澳门本土银行，经营一切商业银行业务	市场：★★★★ 资本：★★★★★ 人才：★★★★ 土地：★★ 政策：★★★	澳门	否	高	商业银行
3	梆梆金服	北京	梆梆金服是一家提供“企业智能安全服务”的国家最新技术企业，“共享安全”理念首倡者与践行者，以“金牌服务，安全世界”为企业使命，依托具备自主知识产权的共享安全服务系统（S⁴），结合技术领先的安全引擎与企业安全情报，围绕企业多维度特性建立企业安全需求模型，提供精准的智能分级安全服务，给予客户最优质的安全服务体验，做企业身边的智能安全服务管家，为企业提供一站式、定制化、按需订阅的企业智能安全服务	市场：★★★★ 资本：★★★★ 人才：★★ 土地：★★ 政策：★★★	北京、上海	否	高	商业银行
4	北京中华联合人寿保险股份有限公司	北京	中华联合人寿保险股份有限公司（简称“中华人寿”），是经中国银保监会（原中国保监会）批准（保监许可【2015】1128号），由中华联合保险集团股份有公司和中华联合财产保险股份有限公司发起成立的全国性人寿保险公司，总部设在北京，注册资金为人民币15亿元	市场：★★★★ 资本：★★★★ 人才：★★ 土地：★★ 政策：★★★	北京、上海、广州、深圳	否	高	保险
5	厦门国贸期货有限公司	厦门	厦门国贸集团股份有限公司是一家国有控股上市公司，始创于1980年，1996年在上海证券交易所上市（股票代码：600755），是厦门国贸控股集团有限公司的控股子公司。现已形成供应链管理、房地产经营和金融服务三大核心业务，是中国上市公司50强之一	市场：★★★★ 资本：★★★★ 人才：★★ 土地：★★ 政策：★★★	北京、上海、广州、深圳、厦门	否	高	期货
6	香港普基哥尔夫球有限公司	香港	普基控股（成都）有限公司于2019年5月31日成立。公司经营范围包括：在法律允许范围内进行项目投资及投资的资产管理等。公司核心业务包括“普基NEMall（新能源综合体）”和“普基NETown（新能源智慧社区）”	市场：★★★★ 资本：★★★★ 人才：★★ 土地：★★ 政策：★★★	香港、上海、	否	高	投资

	金融安全大数据		金融信息系统安全		身份认证		征信		金融风险管理	
产业	数据采集 存储分析	数据应用 及服务	金融安全 防护软件	金融安全 解决方案	生物识别	网络虚拟 身份识别	个人征信	企业征信	信贷风险 识别	市场风险 管理
场景	金融手机应用 金融中介平台 金融门户		金融企业定制应用 金融防护APP		客户识别 社保应用 大众消费		消费贷款 信用贷款	企业贷款 融资授信	信贷审查 估值定价 风险计量	
载体	商务楼宇 楼宇数据中心（机房）		商务楼宇		商务楼宇 楼宇数据中心（机房）		商务楼宇 楼宇数据中心（机房）		商务楼宇 楼宇数据中心（机房）	
现有企业	启迪区块链 睿至大数据		众人科创 观安信息 梆梆金服		同盾科技		中胜信用管理 川恒征信		友信金服	
目标企业	星月时空区块链 银链科技 众安科技 思特奇信息 智慧星光 华控清交	明朝万达 拓尔思 誉尔科技 苏宁金融 上海数据交易中心 GBDE 九次方大数据	科大讯飞 商汤科技 旷视科技 今始科技 深兰科技		绿盟科技 盛邦安全 榕基软件 商汤科技 同盾科技 华软金科 民大科技 恒生电子	金证股份 赢时胜 云从科技 卫士通 亚信安全 浪潮集团 深信服科技 天融信	百行征信 芝麻信用 腾讯征信 鹏元征信 川恒征信 前海征信		百度金融 夸客金融 网易金融 友信金服 管家投	平安金融 点石金融 数联铭品 冰鉴科技

附图 1-11　白鹭湾新经济总部功能区金融安全产业全景图

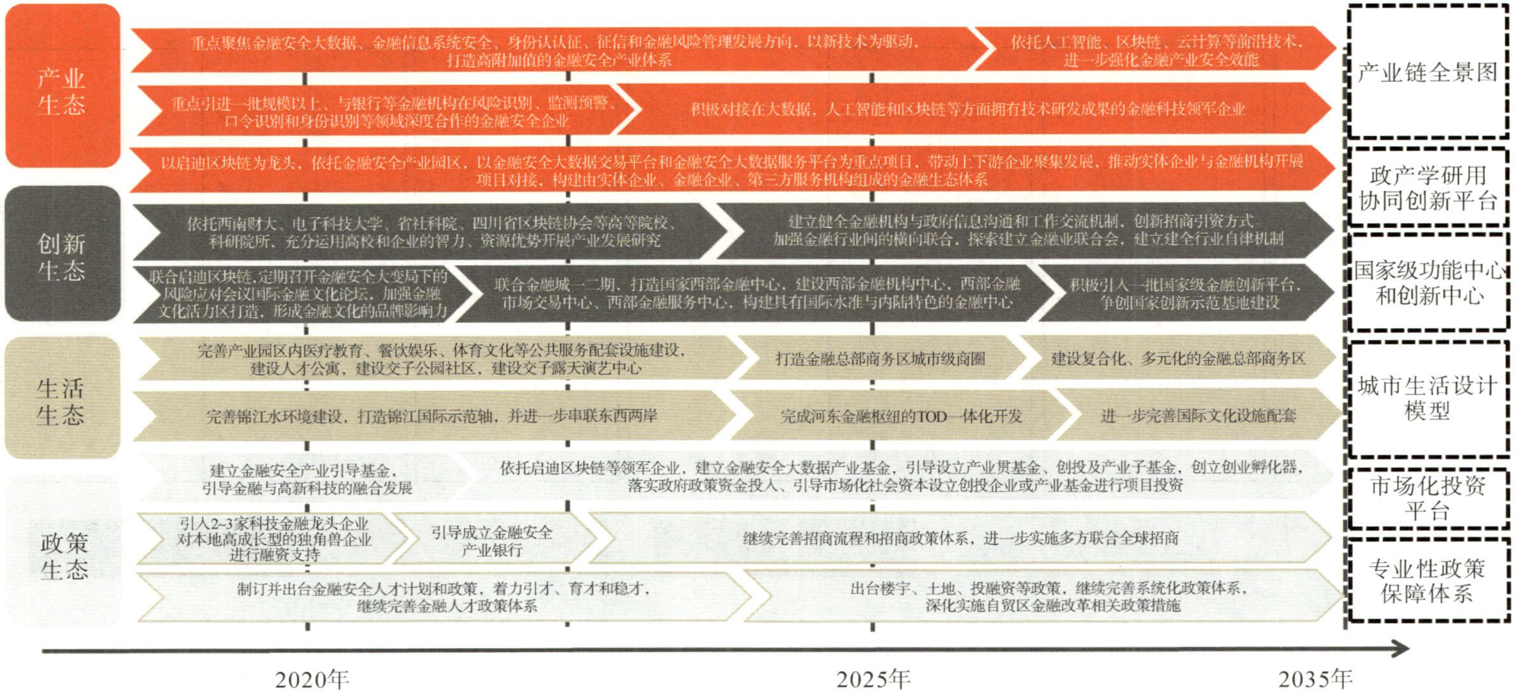

附图 1-12　白鹭湾新经济总部功能区金融安全产业生态发展路径图

附表 1-7　白鹭湾新经济总部功能区金融安全产业招商表

➢ 重点企业　➢ 非重点企业　• 已落户企业

金融安全大数据

- • 启迪区块链
- • 睿至大数据
- ➢ 星月时空区块链
- ➢ 银链科技
- ➢ 众安科技
- ➢ 思特奇信息
- ➢ 智慧星光
- ➢ 华控清交
- ➢ 明朝万达
- ➢ 拓尔思
- ➢ 誉存科技
- ➢ 苏宁金融
- ➢ 上海数据交易中心
- ➢ GBDE
- ➢ 九次方大数据

- ➢ 腾讯金融科技
- ➢ 小米金融
- ➢ 京东金融
- ➢ 中科金财
- ➢ 现代金融控股
- ➢ 现代数据
- ➢ 汇安融
- ➢ 神州融
- ➢ 海捷科技
- ➢ 蚂蚁金服
- ➢ 财付通
- ➢ 陆金所
- ➢ 宜信公司
- ➢ 点融网
- ➢ 享宇金服
- ➢ 泰康在线

身份认证

- • 同盾科技
- ➢ 科大讯飞
- ➢ 商汤科技
- ➢ 旷视科技
- ➢ 今始科技
- ➢ 深兰科技
- ➢ 方程式电子
- ➢ 芯软科技
- ➢ 指码科技
- ➢ 川大智胜
- ➢ 远鉴科技
- ➢ 中科虹霸
- ➢ 四川省数字证书认证管理中心
- ➢ 飞天诚信
- ➢ 欧菲光

金融信息系统安全

- • 观安信息
- • 众人科技
- • 梆梆金服
- ➢ 绿盟科技
- ➢ 盛邦安全
- ➢ 榕基软件
- ➢ 商汤科技
- ➢ 同盾科技
- ➢ 华软金科
- ➢ 民大科技
- ➢ 恒生电子
- ➢ 金证股份
- ➢ 赢时胜
- ➢ 云从科技
- ➢ 卫士通
- ➢ 亚信安全

- ➢ 浪潮集团
- ➢ 深信服科技
- ➢ 天融信
- ➢ 创意信息技术
- ➢ 增强虚拟参考站网络系统软件（VENUS）
- ➢ 金山公司
- ➢ 360公司
- ➢ OPTIV
- ➢ 东软集团
- ➢ 杰思安全
- ➢ 安络科技
- ➢ 信安信息技术
- ➢ 帝友公司
- ➢ 知道创宇云

征信

- ➢ 芝麻信用
- ➢ 鹏元征信
- ➢ 百行征信
- ➢ 中胜信用管理
- ➢ 腾讯征信
- ➢ 川恒征信
- ➢ 前海征信
- ➢ 邦盛科技
- ➢ 小赢科技
- ➢ 天创信用
- ➢ 阿里巴巴金融
- ➢ 希财
- ➢ 百融金服
- ➢ 启信宝
- ➢ 中诚信征信
- ➢ 成都金控征信

风险管理

- ➢ 百度金融
- ➢ 夸客金融
- ➢ 网易金融
- ➢ 友信金服
- ➢ 管家投
- ➢ 中胜信用管理
- ➢ 川恒征信
- ➢ 平安金融
- ➢ 点石金融
- ➢ 数联铭品
- ➢ 冰鉴科技
- ➢ 金融壹账通
- ➢ 爱保科技
- ➢ 中软融鑫
- ➢ 品钛科技

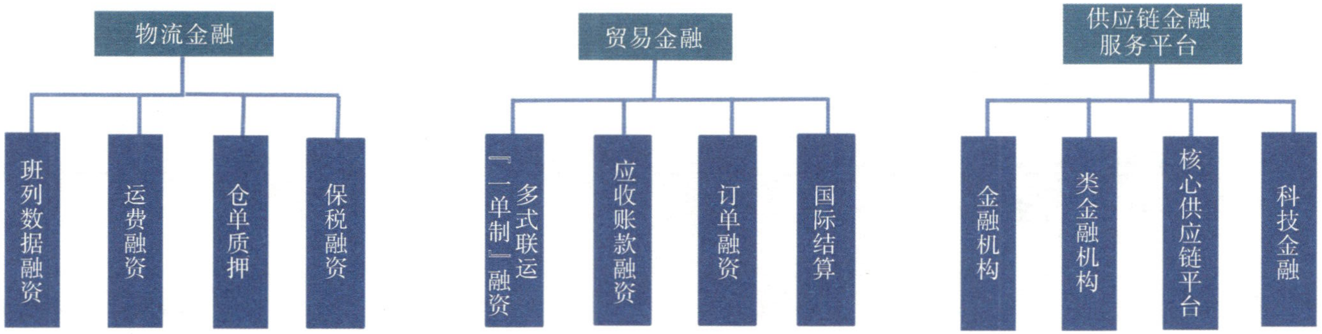

	物流金融	贸易金融	供应链金融服务平台
行业领军企业	顺丰金融、菜鸟物流金融、民生、满帮、安能、苏宁金融、京东金融、唯品会金融、运洋资本、普洛斯	百度金融、网易金融、平安金融、香港新华、绿地、成都农商银行、天府银行、华夏银行	美国际集团、劳合社保险（中国）、晨兴资本、经纬中国、中信产业基金、凯雷资本、京东数科、度小满金融
布局青白江企业	民生、满帮、安能、远洋资本	香港新华、绿地、成都农商银行、天府银行、华夏银行	交子供应链、万创华瑞商业保理、成都惠融融资租赁、锦泰保险、新怡担保、积微物联
关键短板	招引难度比较大，融资渠道少；中小企业融资难；港区缺乏科学、合理的监管机制及平台，符合金融机构监管条件及标准的物流企业少	供应链金融资源共享与整合程度不高，中小微企业面临融资难、融资贵等问题；缺乏具有带动力的供应链金融企业	供应链金融服务平台发展尚处初级阶段，普遍存在数据量大、信用风险高、人才短缺等问题
突破方向	搭建以融资服务为主的金融平台，建立供应链小微企业服务中心，帮助供应链上企业与优质金融资源进行对接；培育符合金融机构监管条件及标准的物流企业	大力推动多式联运“一单制”融资，实现各贸易参与方间的信息共享；加快引进培育供应链金融企业，拓宽融资渠道	运用区块链和大数据等技术来提升平台服务效率及风险管理水平；整合海关、市场监管、人民银行征信系统等信息资源，为供应链上下游企业提供一体化供应链综合服务

附图 1–13 青白江国际铁路港供应链金融产业全景图

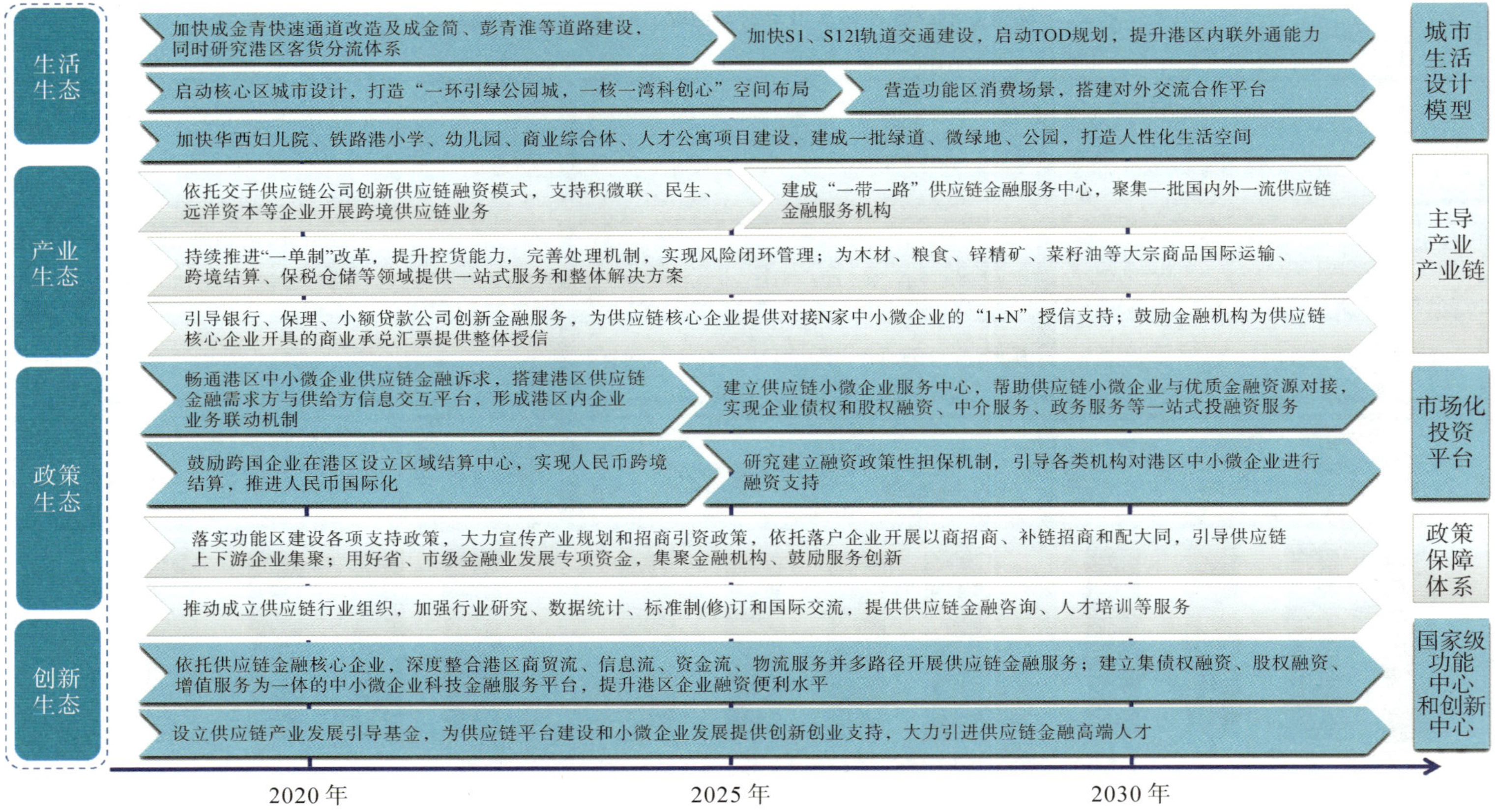

附图 1-14　青白江国际铁路港供应链金融产业生态发展路径图

附录 2 成都市现代金融产业相关政策汇总

附表 2-1 成都市现代金融产业相关政策汇总名录

<table>
<tr><th>序号</th><th colspan="2">政策名称</th><th>发布单位</th><th>发布日期</th></tr>
<tr><td>1</td><td colspan="2">《关于进一步加快建设国家西部金融中心的若干意见》</td><td>中共成都市委
成都市人民政府</td><td>2018 年 3 月 19 日</td></tr>
<tr><td rowspan="4">2</td><td rowspan="4">加快建设国家西部金融中心 4 个配套文件</td><td>《关于推广交子金融“5+2”平台 构建中小微企业全生命周期投融资服务体系的实施意见》</td><td rowspan="4">中共成都市委办公厅
成都市人民政府办公厅</td><td rowspan="4">2019 年 3 月 25 日</td></tr>
<tr><td>《关于扩大金融服务业对外开放 助力实体经济高质量发展的若干政策措施》</td></tr>
<tr><td>《关于支持金融科技产业创新发展的若干政策措施》</td></tr>
<tr><td>《成都市引进培育交子金融人才实施办法》</td></tr>
<tr><td>3</td><td colspan="2">《成都市金融科技发展规划（2020—2022 年）》</td><td>成都市人民政府
中国人民银行成都分行</td><td>2020 年 5 月 6 日</td></tr>
<tr><td>4</td><td colspan="2">《青羊区关于促进文化金融融合发展的指导意见》</td><td>中共成都市青羊区委办公室
成都市青羊区人民政府办公室</td><td>2018 年 7 月 25 日</td></tr>
<tr><td>5</td><td colspan="2">《青羊区关于促进文化金融融合发展的若干政策》</td><td>青羊区文化金融融合发展工作领导小组</td><td>2018 年 7 月 11 日</td></tr>
<tr><td>6</td><td colspan="2">《武侯区进一步促进金融业发展若干扶持政策》</td><td>成都市武侯区人民政府</td><td>2017 年 2 月 6 日</td></tr>
<tr><td>7</td><td colspan="2">《成都市武侯区关于支持大健康金融产业发展的若干政策》</td><td>成都市武侯区人民政府</td><td>2018 年 11 月 2 日</td></tr>
<tr><td>8</td><td colspan="2">《成都市青白江区提升企业信贷获得便利化水平和保护中小投资者行动计划》</td><td>成都市青白江区人民政府办公室</td><td>2019 年 3 月 26 日</td></tr>
<tr><td>9</td><td colspan="2">《金牛区加快金融业聚集发展的若干政策》</td><td>中共成都市金牛区委
成都市金牛区人民政府</td><td>2018 年 11 月 15 日</td></tr>
<tr><td>10</td><td colspan="2">《龙泉驿区促进金融业发展实施意见（试行）》</td><td>成都市龙泉驿区人民政府办公室</td><td>2018 年 12 月 11 日</td></tr>
<tr><td>11</td><td colspan="2">《成都市温江区加快医养金融功能区建设若干政策》</td><td>成都市温江区人民政府</td><td>2018 年 9 月 3 日</td></tr>
<tr><td>12</td><td colspan="2">《成都市双流区打造航空金融生态圈行动计划（2018—2022）》</td><td>成都市双流区人民政府</td><td>2018 年 10 月 19 日</td></tr>
<tr><td>13</td><td colspan="2">《成都市郫都区完善金融服务体系 助推建设“双创”、知识产权特色金融功能区的六条政策》</td><td>成都市郫都区人民政府办公室</td><td>2018 年 7 月 12 日</td></tr>
</table>

注：政策具体内容以政策执行单位的解释为准。

附件 2-1

中共成都市委　成都市人民政府
印发《关于进一步加快建设国家西部金融中心的若干意见》的通知

各区（市）县党委和人民政府，市级各部门：

《关于进一步加快建设国家西部金融中心的若干意见》已经市委、市政府同意，现印发给你们，请结合实际认真贯彻执行。

中共成都市委

成都市人民政府

2018 年 3 月 19 日

关于进一步加快建设国家西部金融中心的若干意见

为贯彻落实党的十九大、全国金融工作会议和省委经济工作暨全省金融工作会议、成都建设国家西部金融中心大会精神，加快建设国家西部金融中心，现提出以下意见。

一、指导思想和总体目标

（一）指导思想。坚持以习近平新时代中国特色社会主义思想为指引，认真贯彻落实习近平总书记来川视察重要讲话精神，全面贯彻中央和省委各项金融工作重大部署，深入落实市第十三次党代会和市委十三届二次全会精神，紧紧围绕服务实体经济、防控金融风险、深化金融改革主要任务，加强顶层设计，统筹谋划，开创国家西部金融中心建设新局面。

（二）总体目标。力争到 2022 年，金融业增加值达 2 500 亿元，占全市地区生产总值比重达 13%左右，本外币存款规模达 5 万亿元，本外币贷款规模达 4 万亿元，基金资产管理规模达 2 万亿元，经济证券化率达 200%，直接融资比重达 60%，上市企业户数比 2017 年增长一倍，市值达 1 000 亿元企业两户以上，建成立足四川、服务西部、具有国际影响力的国家西部金融中心。

二、做强做大金融总部经济

（三）完善金融组织体系。支持国内外知名金融机构来蓉设立法人金融机构总部、专业子公司、区域性中心、功能性总部、研发运营后台服务机构。支持设立民营银行，推动地方法人金融机构跨区域设立分支机构。支持新设消费金融公司、汽车金融公司、金融租赁公司、货币经纪公司等非银行金融机构，组建地方资产管理公司。支持设立责任保险、健康保险、养老保险、航运保险、再保险等专业保险机构，支持设立区域总部、后台服务机构等保险区域功能中心和保险经纪、保险销售等中介服务机构。支持金融机构通过整体上市、重组收购、引进战略投资者等方式提升资产规模和竞争力。

（四）引导金融机构集聚发展。结合成都市金融产业功能区规划，对落户的境内外银行、保险、证券、期货、信托、公募基金等持牌法人金融机构，按其注册资本的1%给予一次性奖励，最高不超过4 000万元。鼓励注册地区（市）县对新设或迁入成都市产业聚集区的法人金融机构，根据对地方发展贡献给予配套奖励。市内跨区（市）县迁移总部型金融机构的，相关财税利益分配按有关规定执行。

（五）提升金融机构实力。支持本地法人金融机构增强资本实力，鼓励本地企业收购市外金融机构，实缴资本金增加额或收购交易额达5亿元（含）以上的，按2‰给予一次性奖励，最高不超过1 000万元。

三、增强金融服务实体经济能力

（六）加大信贷支持力度。优化信贷结构，鼓励金融机构加大对小微、“三农”、新经济、绿色环保、住房租赁等领域企业的信贷支持力度。对银行机构向无贷款记录的新经济企业发放的首笔贷款，按年度发放额的1‰给予最高不超过100万元补贴。对银行机构发放的小微企业年度贷款平均余额同比增长超过20%的部分，按1%给予银行高管团队最高不超过100万元的奖励。优化充实中小企业贷款风险补偿资金池，用好用活“科创贷”“壮大贷”“科票通”“小贷通”“农贷通”以及应急周转金等政策性金融产品。鼓励开展大数据征信、远程申贷、投贷联动、知识产权质押贷款等业务。

（七）增强保险保障功能。对开展中小微企业贷款保证保险、公共领域第三方责任险等险种的保险机构，单个险种保费收入超过100万元的，按实缴保费的2%给予单个险种最高不超过20万元奖励，单家机构最高不超过100万元。保险资金投资基础设施建设、产业化项目建设等领域，按实际新增投资额的1‰给予最高不超过100万元奖励。支持保险机构参与自贸试验区建设，为企业进出口、产品技术输出、“一带一路”建设提供服务，对参保短期出口信用保险的企业，按实缴保费的40%给予最高不超过30万元的补贴。支持保险机构通过PPP、资产支持计划、购买政府债券等方式服务地方经济发展。鼓励符合条件的保险机构参与设立产业投资基金、专项投资基金及基金管理公司。

四、完善多层次资本市场

（八）支持企业上市融资。加大对企业改制上市的支持力度，对注册地和税收解缴地在成都且满足下列条件的企业，分阶段给予奖励：

对在天府（四川）联合股权交易中心挂牌的企业，给予每户1万元奖励。对挂牌企业完成股份制改造的给予20万元奖励。在成都托管中心托管的股份公司实现挂牌的，按每户5 000元给予成都托管中心奖励。对在“新三板”市场挂牌的企业，给予最高不超过50万元奖励，其中对首次挂牌进入创新层的企业奖励50万元，对首次挂牌进入基础层的企业奖励25万元。

对拟在沪深交易所上市的企业，上市申请被中国证监会正式受理的，给予100万元奖励。对首发上市的企业，按融资额的1%给予最高不超过350万元奖励。对通过资本市场再融资的上市公司，按融资额的5‰给予最高不超过50万元奖励。对开展并购交易的上市公司，按实际交易额的5‰给予最高不超过50万元奖励。对新迁入成都市的上市公司，一次性给予350万元奖励。鼓励各区（市）县进一步完善企业上市补充奖励政策，制定针对拟上市企业股份改制的补助措施。

（九）鼓励直接债务融资。支持企业通过发行公司债、企业债、可转债、中期票据、短期融资券、区域集优票据等方式融资。非上市企业直接债务融资单笔达3 000万元以上，每笔奖励10万元，单户企业奖励最高不超过100万元。对企业发行债券品种为成都市首次发行的，每笔奖励50万元，单户企业奖励最高不超过100万元。地方法人金融机构发行小微、“三农”等专项金融债券，按发行额的1‰给予奖励，单家机构奖励最高不超过200万元。

（十）构建基金业生态系统。发挥政府投资基金引导作用，鼓励社会资本投资城市建设、重大产业、创新创业等领域。鼓励各区（市）县设立政府引导基金。

设立私募基金信息发布平台，提供基金核算、基金估值、投资咨询、基金托管、项目退出全产业链综合服务。鼓励在成都市注册设立私募基金服务机构，协助私募基金进行资金募集。鼓励各区（市）县为私募基金提供便捷的政务服务，并按实际贡献给予奖励。

公司制创业投资企业采取股权投资方式直接投资于种子期、初创期科技型企业满2年的，依法可以按照投资额的70%在股权持有满2年的当年抵扣该公司制创业投资企业的应纳税所得额；当年不足抵扣的，可以在以后纳税年度结转抵扣。天使投资个人采取股权投资方式直接投资于初创科技型企业满2年的，依法可以按照投资额的70%抵扣转让该初创科技型企业股权取得的应纳税所得额；当期不足抵扣的，可以在以后取得转让该初创科技型企业股权的应纳税所得额时结转抵扣。对符合西部大开发税收优惠政策条件的创投机构，依法按15%税率缴纳企业所得税。合伙制股权投资类企业中不执行企业合伙事务的自然人有限合伙人，从该企业取得的股权投资收益，依法按20%税率缴纳个人所得税。创业投资机构、私募股权投资机构发生的亏损可依法在5个纳税年度内弥补。

（十一）打造具有全国影响力的要素市场中心。推动沪深交易所、“新三板”、港交所等境内外重要交易市场在成都市设立服务中心。推动设立交易所登记结算中心、大数据交易中心、知识产权交易中心等一批创新型要素交易市场及配套机构。对省政府批准并经清理整顿各类交易场所部际联席会议备案的要素交易场所及配套机构，一次性给予100万元奖励。鼓励各类合规交易场所创新交易品种，扩大交易规模，提升服务实体经济能力，每年按交易规模等业绩指标进行考核并对前三名的班子成员给予奖励。推动天府（四川）联合股权交易中心跻身全国一流区域性股权市场行列，增强融资功能，对成都市挂牌企业通过股权质押、增资扩股等方式进行融资的，按融资总额的1%给予天府（四川）联合股权交易中心奖励，每年最高不超过1 000万元。

五、提升地方金融机构发展水平

（十二）健全融资担保组织体系。发展政府性融资担保公司，推动设立市级再担保公司，健全以政府性融资担保为主导的行业体系。鼓励银担互利互惠合作，降低对政府性融资担保公司和再担保公司盈利考核，适当提高风险容忍度。落实融资担保公司免征增值税和税前扣除准备金等财税优惠政策。融资担保公司在办理抵（质）押物登记以及司法保障等有关事项时，与成都市银行业金融机构等金融企业实行同等待遇，协助做好债权保护，加快融资担保公司民事案件审理和追偿，加大融资担保案件执行力度，提高案件执结率。支持政府性融资担保公司参照金融企业适用不良金融资产处置和呆账核销。

对实缴资本超过10亿元的新设地方融资担保公司，一次性给予200万元奖励。对融资担保在保余额10亿元以上的融资担保公司（住房置业担保公司除外），按新增小微企业、“三农”担保实际发生额的1‰给予最高不超过100万元补贴。对融资担保公司形成的成都市中小企业贷款担保代偿，按实际代偿的15%给予最高不超过300万元补贴。对市级再担保公司符合条件的再担保业务代偿按实际代偿的50%给予最高不超过1 000万元补贴。

（十三）鼓励小额贷款公司改革创新。明确小额贷款公司作为非货币银行类金融业企业的行业属性，在司法保障、商事登记、资产核销、抵（质）押物登记等方面按照金融机构性质给予同等待遇，参照银行类金融机构执行相应的财务核算、呆（坏）账计提和风险拨备等制度。

落实小额贷款公司相关财税优惠政策，对以西部地区鼓励类产业目录中“服务三农、小型微利企业、个体工商户的小额贷款金融服务”为主营业务，且当年主营业务收入占企业收入总额70%以上的小额贷款公司，依法减按15%的税率缴纳企业所得税。鼓励小额贷款公司创新发展，支持符合条件的小额贷款公司开展资产证券化、同业拆借、资产收益权转让等试点，支持符合条件的小额贷款公司转型升级为专业科技小贷公司、网络小贷公司。推动金融同城化，支持科技小额贷款公司投资范围扩大到成都平原经济区。对科技小额贷款公司投资种子期、初创期科技型企业所发生的投资损失，按不超过损失部分的20%给予补贴，单个机构不超过200万元。

对实缴资本超过10亿元的新设地方小额贷款公司（含小额再贷款公司），一次性奖励200万元。对小额贷款公司，按单户单笔20万元以下贷款余额（不含展期和借新还旧）的2%给予最高不超过50万元奖励，其中，对网络小额贷款公司给予最高不超过100万元奖励。对科技小贷公司科技贷款业务按年度发生额（不含展期和借新还旧）的 1%，给予累计不超过 100 万元奖励。支持设立小额再贷款公司，对再贷款业务按照贷款余额（不含展期和借新还旧）的 2%给予最高不超过 500 万元奖励。

（十四）支持发展融资租赁和商业保理。支持融资租赁企业设立坏账准备金，符合国家税收规定的准备金允许在税前扣除。对政府物业和商业物业售后回租业务，在租赁公司购买环节和原业主回购环节发生的契税，实行先征后返（如因情况变化导致售后回租业务未能实施，物业所有权未转移到原业主的，租赁公司和原业主应退还已经返还的契税）。支持融资租赁企业比照金融租赁公司办理融资租赁交易相关担保物抵（质）押登记。支持融资租赁企业兼营与主营业务有关的商业保理业务。在自贸试验区范围内，允许符合条件的融资租赁业务收取外币租金，支持在自贸试验区海关特殊监管区域开展飞机融资租赁业务。

开展自贸试验区内商业保理试点工作。支持银行与商业保理企业合作发展保理业务，支持保险公司开发商业保理企业适用的责任保险、信用保险等保险产品。支持商业保理企业依法加入国际性保理组织，积极审慎开展国际保理业务。

鼓励融资租赁企业和商业保理企业提供适合中小微企业特点的产品和服务，通过引进战略投资者、兼并重组、增资扩股等方式优化股东结构、提升资本实力。对实缴资本超过 10 亿元的新设融资租赁和商业保理企业，一次性给予 200 万元奖励。对融资租赁余额达 5 亿元以上的，按当年新增融资租赁额（按承租人实际放款额计算，转租赁业务除外）的 5‰给予最高不超过 100 万元补贴。

六、构建新金融产业生态圈

（十五）突出发展科技金融。设立总规模不低于 20 亿元的知识产权运营基金，投资孵化知识产权驱动型企业、知识产权运营服务机构。充分发挥成都市科技创业天使引导资金引导作用，进一步壮大成都市创业天使投资基金规模。设立总规模为 2 亿元的新经济天使基金，支持天使段新经济企业成长。对获得天使投资的种子期、初创期科技型企业以及由创投机构投资引进并入驻市级以上创新创业载体的市外种子期、初创期科技型企业，按照所获天使投资额的 10%给予最高不超过 30 万元补贴。

支持设立科技支行、科技小贷等科技金融专营机构，加强差异化信贷管理。支持科技型企业开展信用融资、股权质押融资、知识产权质押融资，对实际发生的信用评级费、知识产权质押融资评估费、担保费、贷款利息给予补贴，每户每年按实际发生费用及相关比例核定，最高补贴分别不超过 5 万元、10 万元、20 万元、50 万元。加快发展科技保险，健全科技保险奖励机制和再保险制度，按照购买险种、实际支出保费及相关比例给予补贴，每年每户最高不超过 20 万元。

设立 100 亿元规模的新经济发展基金，对新经济企业成长段进行引导投资。鼓励金融科技类企业落户成都，对国内外知名金融机构和国家高新技术企业新设立的金融科技类法人企业按实缴资本的2%给予一次性奖励，最高不超过1 000万元。鼓励金融科技类企业利用创投资本加速发展，对获得股权投资基金投资的金融科技类企业，按投资额的5%给予最高不超过50万元奖励。支持金融科技类载体建设，对经认定的国家级、省市级金融科技类创新创业载体分别给予最高不超过200万元、100万元奖励。对评为国家级、省级金融科技类研究机构，经认定后一次性分别给予最高200万元、100万元资助。

（十六）加快发展消费金融。推动新设消费金融公司、汽车金融公司等消费金融专营机构，支持互联网银行、直销银行、网络小贷等机构打造线上消费贷款场景，针对细分市场提供特色服务，促进消费信贷模式创新。支持第三方支付机构做大做强，拓展非现金支付应用领域，大力发展跨境支付和结算，完善境内外银行卡服务受理环境。在自贸试验区探索开展金融IC卡及移动金融技术和业务创新，构建便捷、丰富的金融IC卡便民生活圈。培育和引进国内外知名财富管理机构，对管理规模超过100亿元的机构采用一事一议原则给予落户奖励，按照实际管理资产规模每增加100亿元奖励200万元的标准，给予最高不超过1 000万元奖励。推动与新加坡、中国香港等国家和地区在财富管理领域深度合作，构建良好的财富管理生态系统。

（十七）优先发展农村金融。设立总规模100亿元的乡村振兴发展基金，引导撬动社会资本参与城乡融合发展。加快涉农数据归集和功能集成，做大做强“农贷通”，打造覆盖全省、全国领先的“互联网+”农村金融综合服务平台。对在“农贷通”平台乡（镇）服务中心和“农贷通”平台服务站布设自助机具的银行机构，给予最高不超过30万元补贴。对在农村地区（乡镇或村）新设网点的银行和保险机构，给予最高不超过30万元的补贴。对金融机构通过“农贷通”平台增加的涉农贷款，按新增贷款余额的1%给予最高不超过50万元奖励。对通过“农贷通”平台进行融资从事大宗粮食种植、特色养殖、一二三产业融合发展的经营主体，按当期银行贷款基准利率分行业给予30%-80%贴息，单户最高不超过200万元。健全农业保险奖补机制和再保险制度，按照实际保费支出给予一定比例的补贴。大力发展农村资产评估、金融仓储、产权收储等中介服务机构，对符合条件的新设专业中介机构，分别给予20万元、30万元、50万元一次性开办奖励。

（十八）提升发展供应链金融。鼓励商业银行、供应链核心企业等建立供应链金融服务平台，为供应链上下游中小微企业提供高效便捷的融资渠道。鼓励供应链核心企业、金融机构与人民银行应收账款融资服务平台对接，发展线上应收账款融资等供应链金融模式。健全供应链金融担保、抵押、质押机制，鼓励供应链金融机构依托人民银行动产融资统一登记系统开展应收账款及其他动产融资质押和转让登记，加强供应链大数据分析和应用。支持融资租赁、商业保理、金融仓储等机构围绕产业链布局融资链，探索供应链金融产品创新。鼓励电子商务企业自建和完善线上金融服务体系，有效拓展电商供应链业务。

（十九）创新发展绿色金融。鼓励法人金融机构采纳赤道原则，支持符合条件的银行设立绿色金融专营机构，开发绿色信贷产品。支持企业通过发行绿色债券、开展资产证券化等方式优化融资结构，对发行绿色债券规模不超过5亿元的企业，每户奖励25万元，对发行绿色债券规模超过5亿元的企业，按发行规模的0.5‰给予奖励，单户企业最高不超过100万元。支持保险机构创新绿色保险产品和服务，开展气象指数保险、环境污染责任险等绿色保险业务。探索发展绿色基金、绿色担保、绿色小贷，为符合条件的企业和绿色项目提供全产业链服务。支持围绕碳排放权、排污权、用能权、水权等环境权益交易创新开发金融产品。探索建立包含环境权益远期、期权、期货、掉期等品种的创新金融衍生品市场。组建绿色金融专委会和绿色金融实验室，建立绿色项目库，搭建绿色金融信息平台，推动建设绿色信用信息平台，引进第三方机构开展绿色金融评级与认证。

（二十）大力发展文化金融。支持金融机构设立文创支行、文创小贷、文创保险等金融专营机构，创新金融服务模式，开发一批面向文创产业的信贷、保险产品。设立文创产业基金，做大做强文化产权交易所，为文创企业提供融资服务。支持文化企业通过多层次资本市场拓宽融资渠道，优化融资结构。构建适合文创企业特点的风险分担机制，支持设立文创专营融资担保公司，探索文创知识产权、著作权等质押融资新模式。支持设立交子文化金融博物馆，培育塑造天府金融文化。

七、深化金融改革创新

（二十一）深化自贸试验区金融创新。重点发展面向航空业和“一带一路”的跨境金融服务，引进跨境结算功能性总部、跨国企业结算中心、跨境大宗商品交易结算中心等机构。深化跨国公司总部外汇资金集中运营管理和跨境双向人民币资金池业务创新，争取个人项下跨境人民币结算试点，促进跨境投融资便利化。推动企业发行外债、境外投资管理流程简化，鼓励企业利用债务融资工具、项目投资、境外上市等方式“走出去”。开展多式联运提单融资、平行进口车综合融资等金融产品创新，打造自贸试验区金融成都名片。

（二十二）加大保险创新力度。培育发展创新型保险机构，推动设立健康保险、科技保险、互联网保险、互助保险等专业保险组织。构筑保险民生保障网，推动商业养老保险、个人税优健康保险、长期照护险、企业年金和职业年金等多元化健康保险服务发展，完善巨灾保险制度体系。加快发展各类责任保险，运用保险机制创新公共服务模式。大力发展服务“双创”、服务新经济、服务小微企业的保险业务。大力发展出口信用险、国内贸易信用险、综合物流保险等业务。丰富“三农”保险产品体系，创新地方特色农业保险品种，发展农村互助合作保险。

（二十三）规范发展互联网金融。鼓励银行、证券、保险、基金、信托等金融机构开发基于互联网技术的新产品和新服务，实现传统金融服务转型升级。支持有条件的金融机构设立直销银行、网络基金销售等创新型互联网平台。推动网络小额贷款公司、网络借贷信息中介平台等新业态纳入规范健康发展轨道，稳步拓展普惠金融的广度和深度。初创期互联网金融机构可按规定享受小微企业税收优惠政策，结合金融业营业税改征增值税改革落实新技术、新产品研发费用税前加计扣除政策。

八、完善金融配套服务体系

（二十四）提升金融中介服务水平。支持国内外知名会计师事务所、律师事务所、征信机构、资产评估机构、信用评级机构等专业中介服务机构落户。鼓励中介服务机构加强行业自律、创新经营模式、提升服务水平。构建种类齐全、发展规范、与国际接轨的专业化金融中介服务体系。

（二十五）加强金融人才建设。制定成都市引进培育高层次金融人才政策，每年开展金融人才评选并给予奖励。支持金融人才参选国家级、省级重大人才计划和工程，支持申报“蓉漂计划”“成都市有突出贡献的优秀专家”等市级人才项目。对符合“蓉城人才绿卡”申领条件的紧缺型金融人才，可优先发放“蓉城人才绿卡”。鼓励在蓉金融从业人员和大学生参加特许金融分析师（CFA）、金融风险管理师（FRM）等国际知名金融职业认证考试，对新取得认证的给予补贴。支持金融智力体系建设，设立成都金融业联合会、西部金融中心高端智库和国际化金融人才聚集平台。加强与国内外金融研究机构开展课题研究和项目合作。

九、优化金融生态环境

（二十六）完善金融监管体系。建立成都市金融工作议事协调机构，构建部门间金融监管协作机制，形成监管合力。完善金融监管机构设置，加强地方金融机构监督管理，有效防范化解区域金融风险。建立地方金融监管问责机制，制定监管问责办法，定期开展考核评估，对各区（市）县进行业务监督和履职问责。完善与金融监管机构的协调保障机制，逐步健全按金融机构贡献配置政府性资源的体制机制。建立有利于留住和吸引人才、符合地方金融管理部门特点的薪酬制度。

（二十七）创新金融监管模式。综合运用大数据、云计算、人工智能、区块链等新技术，构建地方金融机构监管沙箱，建立融资担保公司、小额贷款公司、网络借贷信息中介机构等地方金融机构动态业务监管和风险监测系统，搭建地方金融机构大数据服务平台和创新业务测试平台，提升金融风险防控水平和地方金融机构创新能力。

（二十八）整顿规范金融秩序。进一步充实处置非法集资工作力量，公安、检察、法院、工商等有关单位要加大打击违法金融广告力度，对非法金融机构和非法金融活动坚决取缔。严禁一般类工商企业从事或变相从事法定金融业务。

（二十九）加强金融法治建设。建立金融案件审理“绿色通道”，健全专业化金融审判机制，探索实行金融案件集中管辖、专门审理。完善调解与仲裁、诉讼的对接机制，发挥银行业纠纷调解中心、保险消费者权益保护中心以及成都市金融消费纠纷人民调解委员会的作用。加大对涉众型金融类案件办理的统筹力度，按照依法处置原则，有效化解存量案件。加大金融法治宣传力度，加强市民金融知识普及和投资者风险教育，树立风险防范意识。

（三十）加快信用体系建设。依托成都市政务云平台，归集整合企业商事、知识产权注册、不动产登记、税收缴纳、司法判决与执行等公共数据，利用互联网技术，为金融业发展提供信用信息服务。支持融资担保、小额贷款、融资租赁、商业保理、互联网金融等机构接入人民银行征信系统。建立完善金融失信黑名单制度，定期向社会公布，加强对金融失信企业和个人的联合惩戒。

（三十一）加强对外交流合作。开展高水平金融国际交流，通过举办金融论坛、金融博览会、金融推介会等活动扩大对外影响力、吸引力，对围绕全市金融产业定位并经批准举办的金融活动，按实际发生费用给予有关单位一定补贴。构建国际化金融产业招商体系，在北京、上海、深圳以及香港、新加坡、伦敦、纽约、硅谷等地设立国家西部金融中心联络点，开展专项招商活动和国际金融合作，有效承接产业转移。

十、加强党对金融工作的领导

（三十二）完善党领导金融工作的体制机制。健全党对金融工作的领导机制，市、区（市）县两级党委要加强辖内法人金融机构基层党组织建设和党员队伍管理，推动地方金融健康有序发展，确保中央和省委、市委重大金融方针政策的贯彻执行。市级法人金融机构要将党建工作总体要求纳入机构章程，明确党组织在公司治理结构中的法定地位。

（三十三）加强金融系统领导班子建设。坚持党管干部原则，按照“对党忠诚、勇于创新、治企有方、兴企有为、清正廉政”要求，选优配强市属国有金融企业领导班子。通过任职或挂职等方式选派一批精通现代金融知识、熟悉金融法律法规的干部充实到区（市）县党政领导班子。健全金融人才交流制度，推进优秀金融干部在金融机构、金融监管部门和区（市）县之间有序交流。加强市属国有金融系统领导班子理想信念教育、党性修养教育、纪律作风教育，持之以恒开展党风廉政建设和反腐败斗争。坚持党管干部原则和发挥市场机制作用相结合，推进市内国有金融机构经营管理层成员的市场化选聘、市场化考核、市场化薪酬。

十一、附则

本意见由市委、市政府负责解释，具体工作由市金融工作局承担。

本意见自印发之日起施行。

附件 2-2

中共成都市委办公厅　成都市人民政府办公厅
关于印发加快建设国家西部金融中心 4 个配套文件的通知

各区（市）县党委和人民政府，市级各部门：

加快建设国家西部金融中心 4 个配套文件已经市委、市政府同意，现印发给你们，请认真贯彻执行。

中共成都市委办公厅

成都市人民政府办公厅

2019 年 3 月 25 日

附件 2-2-1

关于推广交子金融“5+2”平台　构建中小微企业全生命周期投融资服务体系的实施意见

为深入贯彻党的十九大、中央经济工作会议、全国金融工作会议精神，落实党中央、国务院大力支持中小微企业发展相关部署和省、市金融工作部署，持续精准服务实体经济，现就推广交子金融“5+2”平台（“科创通”“盈创动力”“农贷通”“天府融通”“创富天府”、地方金融监管平台、信用信息共享平台）构建中小微企业全生命周期投融资服务体系，提升金融普惠性和服务质效，制定本意见。

一、精准发力，分类推广五大中小微企业融资服务平台

（一）推广“科创通”平台，促进“双创”企业发展。立足科技型企业融资特点，用好“科创通”平台，延伸“科创贷”“科创投”“科创贴”“科创保”“科创券”“五创”科技金融服务链条，解决科技型中小微企业初创期融资难、融资贵问题。〔牵头单位：市科技局；责任单位：市金融监管局、市发改委、市商务局、市经信局，各区（市）县〕

（二）推广“盈创动力”平台，赋能科技金融服务。推广“盈创动力”模式，以“盈企汇”APP 为载体搭建投融资信息服务平台，以债权融资、股权融资、增值服务三大体系为支撑，为科

技型中小微企业提供“一站式”投融资服务。〔牵头单位：市金融监管局；责任单位：市农业农村局、市经信局、市商务局、市发改委，各区（市）县〕

（三）推广“农贷通”平台，服务乡村振兴战略。推动“农贷通”平台建设，健全风险补偿和分担机制，推进村级服务站市场化改革，打造“线上+线下”相结合的农村金融服务模式，为乡村振兴提供综合金融服务。〔牵头单位：市农业农村局；责任单位：市金融监管局、人行成都分行营管部、市经信局、市商务局、市发改委，各区（市）县〕

（四）推广“天府融通”平台，精准传导货币政策。强化“天府融通”平台融资服务和政策传导功能，集中发布诚信企业标准化融资需求信息，跟踪监测融资成果，及时发布信贷政策，实现信贷政策传导清单化、精准化。依托平台深化民营和中小微企业融资服务，推动诚信体系和普惠金融体系建设。〔牵头单位：人行成都分行营管部；责任单位：市金融监管局、市农业农村局、市科技局、市新经济委、市发改委、市商务局、市经信局，各区（市）县〕

（五）推广“创富天府”平台，完善创投基金生态。推动天府国际基金小镇“创富天府”平台建设推广，优化创投基金生态，汇聚创新资本及创投资源。推广“一镇多园”模式，辐射四川五大经济区企业，服务全省“一干多支”战略。〔牵头单位：市金融监管局；责任单位：市农业农村局、市经信局、市商务局、市发改委，各区（市）县〕

二、上下联动，夯实两大金融信用基础设施

（六）构建成都地方金融监管平台，加强防范金融风险。建设涵盖融资担保、小额贷款、典当行、商业保理、融资租赁等地方金融业态的金融“监管沙箱”和创新业务测试平台，采用人工智能、机器学习等前沿技术，构建地方金融风险量化模型，实时掌握风险动态，有效防范区域性金融风险。〔牵头单位：市金融监管局；责任单位：市财政局、市发改委、市经信局、市市场监管局、市网络理政办、市公安局、人行成都分行营管部、成都交子金控集团，各区（市）县〕

（七）打造成都信用信息共享平台，优化金融信用环境。打造全市信用信息应用管理平台，整合市公共信用信息系统和市公民信息管理系统的法人、自然人信用信息，以“信用中国（四川成都）”等为载体，依法依规向社会提供信用信息查询和披露服务。依法与金融机构、信用服务机构共享共用信息数据，完善中小微企业综合信用评估体系，使信用状况良好的中小微企业享受更优惠的贷款利率和更便捷的贷款审批通道，增加纯信用金融产品有效供给。〔牵头单位：市发改委、市金融监管局、市市场监管局；责任单位：市经信局、市公安局、市网络理政办、人行成都分行营管部、成都交子金控集团，各区（市）县〕

三、整合资源，提升交子金融“5+2”平台能级水平

（八）推动平台融资服务下沉。按照“统一窗口、统一人员、统一管理、统一服务、多块牌

子”原则，以成都农村产权交易所区（市）县分所为物理载体，加强与当地农民专业合作社合作，推进“5+2”平台线下服务对象一站式引流、融资政策针对性宣讲和信息资源整合共享。由“5+2”平台或系统建设运营机构负责，对线下服务网点提供业务培训和帮助指导。〔牵头单位：市农业农村局；责任单位：市委社治委、市科技局、市农业农村局、市金融监管局、人行成都分行营管部，各区（市）县，成都交子金控集团〕

（九）拓展平台金融服务链条。支持各区（市）县结合产业功能定位，因地制宜推广“5+2”金融服务。深化债权融资服务，扩大“双创贷”“期权贷”“成长贷”“壮大贷”等定制化产品的惠及面。加快发展农业供应链金融，将农业供应链金融纳入“农贷通”风险分担资金池适用范围。用好“民营企业债券融资支持工具”“债券市场信用保护工具”，扩大创新创业债试点，拓宽中小微企业融资渠道。夯实股权融资服务体系，完善包含天使投资、创业投资（VC）、私募股权投资（PE）的全链条股权融资服务体系，推动中小微企业发展壮大。各区（市）县级金融服务平台要加强与“5+2”平台合作，因企施策，加强企业信用培育，做细做实中小微企业投融资培训、改制上市辅导、上市路演、项目对接等融资服务，精准对接中小微企业融资需求。市级相关部门和各区（市）县行业主管部门要主动收集符合政策导向的企业和项目融资信息，建立融资名录，通过“天府融通”平台予以发布。〔牵头单位：市金融监管局；责任单位：市科技局、市农业农村局、市经信局、市商务局、市发改委、人行成都分行营管部，各区（市）县〕

（十）推动平台服务产业功能区。鼓励“5+2”平台主动进驻产业功能区，结合园区特点提供管理咨询、融资对接、专业培训等服务。推动金融机构加大与“5+2”平台合作力度，鼓励“园保贷”项目增资扩围，扩大合作银行和试点园区数目。拓展“创富天府”管家式专业基金服务，整合创投行业生态资源，推广“一镇（天府国际基金小镇）多园”模式，为各产业功能区搭建产融对接体系。“5+2”平台在产业功能区举办专项融资对接会，按照实际活动经费的30%，由市级金融业发展专项资金给予活动组织方每年最高30万元补贴。〔牵头单位：市金融监管局、市发改委；责任单位：市科技局、市农业农村局、市经信局、市商务局〕

（十一）提升平台协同服务效能。在成都交子金融科技中心设立“5+2”平台宣传展示窗口，针对中小微企业差异化融资需求提供一站式分类指引服务，让企业“少跑腿”。健全“5+2”平台信息对接机制，加强横向联动，在企业经营信息、融资需求、客户引流等方面建立合作机制，让信息“多跑路”。推动“5+2”平台在创业投资“募、投、管、退”环节协同互补，为中小微科技型企业提供全方位融资支持。优化“5+2”平台债权融资服务，创新知识产权质押融资模式，深化农村产权抵押融资试点，提高金融支持创新的灵活性和便利性。合力推进信用信息服务，支持“天府融通”加强与“成都地方金融监管平台”“成都信用信息共享平台”两大信用平台合作，形成有效的信用信息共享机制，推动成都社会信用体系建设。〔牵头单位：市科技局、市农业农村局、人行成都分行营管部、市金融监管局；责任单位：成都交子金控集团〕

（十二）健全平台融资担保体系。继续支持政府性融资担保机构做大做强，加快设立规模50亿元的市级再担保公司，优化正向激励的资金补充和风险补偿机制，放宽政府性融资担保机构和市级再担保公司盈利考核，适当提高风险容忍度，充分发挥对“5+2”平台的增信和分险作用。完善“农贷通”涉农贷款担保体系，发挥政府性融资担保优势，加大支农支小担保供给，为中小微企业、“三农”融资提供优质担保增信服务。〔牵头单位：市财政局、市经信局、市科技局、市农业农村局、市金融监管局、人行成都分行营管部；责任单位：各区（市）县〕

（十三）推动平台服务“一干多支”发展战略。将复制推广“5+2”金融服务模式纳入区域合作范畴，推动“5+2”平台在全省各区域板块间协同发力，力争实现设施互通、制度联动、创新协同、服务共享。采用“平台搭建+政策配套”模式，推动“5+2”金融服务体系在全省范围分区域、分步骤复制推广，共享机制优势和服务经验，输出核心技术和骨干人才，增强对省域经济的辐射带动，服务我省“一干多支”发展战略。〔牵头单位：市金融监管局；责任单位：市农业农村局、市经信局、市商务局、市科技局、市发改委、人行成都分行营管部〕

四、加强保障，完善交子金融“5+2”平台配套体系

（十四）建立工作协调机制。“推进国家西部金融中心建设联席会议”要加强统筹协调，推动交子金融“5+2”平台主管部门、产业部门和市级相关部门横向互通，促进市区两级联动，推动“5+2”金融服务向市内区（市）县和全省其他市（州）延伸，提升成都市金融服务全市、全省中小微企业水平。各平台主管部门要建立健全对区（市）县或金融机构的引导和激励约束机制，加强督查检查，发挥考核指挥棒作用，更好推动工作落实。〔牵头单位：市金融监管局；责任单位：市财政局、市农业农村局、市经信局、市商务局、市科技局、市发改委、市市场监管局、市网络理政办、市公安局、人行成都分行营管部、成都交子金控集团，各区（市）县〕

（十五）加大政府支持力度。充分发挥成都市中小微企业“贷款风险资金池”作用，推广“壮大贷”产品，对担保机构向中小微企业贷款发生的逾期直至无力偿还的最终损失给予最高30%风险补偿。各区（市）县根据金融服务平台工作实际和财力情况配备工作经费，用于“5+2”平台政府性服务项目补贴、风险补偿等公共支出。鼓励有条件的区（市）县设立引导基金或信用保证基金，扶持中小微企业发展。建立天使基金投资容错机制，允许符合条件的国有企业建立跟投机制，优化财政让利机制，拓宽基金募资渠道，确保到2022年，成都市天使引导基金规模达到20亿元。加大金融机构激励力度，对积极参与交子金融“5+2”平台融资服务体系、服务中小微企业贡献突出的金融机构，在宏观审慎评估、再贷款和再贴现等货币政策工具运用、债券发行等方面加强激励。〔牵头单位：市财政局、人行成都分行营管部、市国资委、市经信局、市科技局、市金融监管局；责任单位：各区（市）县〕

（十六）加强整体宣传推广。紧紧围绕交子金融“5+2”平台中小微企业全生命周期投融资服务主题，创新宣传推介方式方法，加强政府采购支持，集中传统媒体力量，发挥新媒体优势，通过电视、广播、网站、微博、微信等多种宣传渠道，以群众喜闻乐见的形式开展多样化宣传推广，集中塑造和展示“5+2”平台金融服务品牌，提升“5+2”平台在中小微企业中的影响力和知名度，增加服务对象、扩大受益群体。〔牵头单位：市金融监管局；责任单位：市农业农村局、市科技局、人行成都分行营管部、市委宣传部，各区（市）县〕

（十七）加强金融科技赋能。鼓励“5+2”平台借助人工智能、物联网、云计算、区块链等金融科技手段，对客户群体进行精确定位，创新融资机制模式，为中小微企业提供精细化融资服务。支持“5+2”平台加强与互联网银行等新型金融机构合作，发挥大数据评级优势、抓取生活场景，提高中小微企业信用评估精度和服务效率。鼓励“5+2”平台构建虚拟化资源整合中介，促进业务协同互动、系统集约集成、资源互利共享，拓宽线上展业渠道。〔牵头单位：市金融监管局；责任单位：市科技局、市经信局、人行成都分行营管部，各区（市）县〕

附件 2-2-2

关于扩大金融服务业对外开放助力实体经济高质量发展的若干政策措施

为贯彻落实党中央、国务院关于金融业对外开放重大举措和四川省委、省政府“四向拓展、全域开放”战略部署，加快构建成都金融业立体全面开放新格局，增强西部金融中心影响力和辐射力，制定本措施。

一、吸引外资金融机构集聚发展

（一）加大外资持牌金融机构总部招引。支持国外知名金融机构来蓉设立法人金融机构总部。鼓励外资设立信托、金融租赁、汽车金融、消费金融、货币经纪等银行业金融机构。支持外资设立健康保险、科技保险、互联网保险、责任保险等专业保险组织。支持设立外资控股或参股的证券公司、基金管理公司、期货公司。支持外资银行与本地银行开展股权和业务合作，扩大市场竞争主体总量，增强市场活力。结合成都市金融产业功能区规划，对落户的持牌法人金融机构，按其注册资本的1%给予最高4 000万元一次性奖励。

（二）支持外资金融分支机构和功能性机构落户。积极引进符合条件的外资金融机构来蓉设立经营性分支机构，支持在蓉外资金融机构引入功能性机构。打造外资银行功能性总部集聚区，鼓励开展票据服务、单证审核、数据处理等业务。落实新版外商直接投资负面清单和自贸试验区外商投资准入负面清单，逐步放宽外资金融业务范围。

（三）加速新兴金融机构集聚。积极引进国际知名财富管理机构，对在蓉设立法人机构且管理规模超过100亿元的，给予最高1 000万元落户奖励。支持外资设立融资租赁、商业保理、小额贷款公司等地方金融机构，对优秀外资地方金融机构进行分类指导，在设立分支机构流程上予以简化。支持外资申请取得支付业务许可证，开展第三方支付业务。

（四）推动国际金融组织落户。充分借助和依托友城、领馆、商（协）会等平台，不断深化金融领域务实合作，推动国际证券交易所来蓉设立办事处或服务联络点，支持国际金融组织来蓉设立海（境）外代表处。

二、推进金融国际化创新试点

（五）深化“一带一路”跨境金融业务创新。建立“一带一路”金融服务中心，推动建立资讯平台、货币交易、物流金融平台等配套机构。鼓励自贸试验区银行业金融机构和企业运用离岸人民币市场拓展融资渠道，简化跨境结算业务流程。探索开展合格境外有限合伙人（QFIP）和合格境内投资企业（QD1E）试点。深化跨国公司总部外汇资金集中运营改革试点。支持符合条件的企业参与跨国公司总部外汇资金集中运营管理和跨境双向人民币资金池业务。支持跨国公司在蓉设立全球或区域结算中心。

（六）加大保险创新力度。支持国际知名专业性保险经纪、代理、公估等中介机构及从事再保险业务的社会组织和个人在自贸试验区依法开展业务。支持外资保险机构探索完善保证保险、第三方责任险、涉农保险、巨灾保险等产品和服务，创新开展医疗责任、健康管理、长期护理等健康类保险产品。鼓励本市医疗机构与国际商业医疗保险接轨，每开通一家国际商业医疗保险直付服务并办理实际业务的给予最高 5 万元奖励。

（七）深化个人本外币兑换特许业务试点。推动个人本外币兑换特许机构拓展网点，支持其免费入驻国家 A 级旅游景区的游客中心。鼓励金融机构在酒店、商场增设外币自助兑换机具。鼓励区（市）县对新设或迁入的外币兑换机构落户提供便利化服务，降低综合运营成本。

三、优化外资金融机构落户服务机制

（八）构建国际化金融产业招商体系。在国外主要金融中心设立西部金融中心联络点，开展专项招商活动和国际金融合作，形成全球金融招商服务网络。实施“GP 独角兽计划”，依托天府国际基金小镇伦敦办事处、新加坡办事处，吸引外资创投机构落户。鼓励在蓉外资金融机构为成都引入海（境）外金融资源，对于落户成功的项目，由所在区（市）县给予奖励。强化展会招商、载体招商，支持外资金融机构来蓉举办金融论坛、博览会、推介会等活动。

（九）健全外资金融机构政务服务体系。会同金融监管部门搭建外资金融机构沟通服务平台，建立牌照申请绿色通道，畅通外资金融机构政策咨询、政策建议渠道。依托四川省银行业协会外资银行专委会等行业组织，搭建外资金融机构与政府行业主管部门沟通平台，为外资金融机构展业提供政策指引。进一步完善“推进国家西部金融中心建设联席会议”制度，为外资金融机构提供全方位综合协调服务。

（十）完善外国金融人才服务体系。将外国金融人才培育和服务体系纳入《成都市引进培育交子金融人才实施办法》，分类分层提供住房、落户、配偶就业、子女入学、医疗、出入境和经停居留便利、创业扶持等服务保障。为外国人才签证等开通“绿色通道”。对经认定的外国高层次人才申请工作许可提供便利，降低永久居留申请门槛、放宽申请条件。

四、提升金融服务实体经济水平

（十一）支持外资金融机构参与“一带一路”建设。依托中德、中法、中意、中韩、新川等国别合作园区，开展各类宣传推介活动，吸引聚集国际化金融要素资源，助推国际产业合作。支持外资银行机构创新和开发连接境外金融市场的资产配置产品，鼓励外资保险机构开发海（境）外投资保险品种。支持保险机构为企业进出口、产业技术输出、“一带一路”建设提供服务，对参保短期出口信用保险的企业给予扶持。

（十二）支持企业开展直接融资。支持外资通过设立天使投资基金、创业投资基金、股权投资基金等方式，参与企业上市培育、并购重组。推动企业发行外债，简化境外投资管理流程，鼓励企业利用债务融资工具、项目投资、境外上市等方式“走出去”。非上市企业直接债务融资单笔达 3 000 万元以上的，每笔奖励 10 万元，单户企业奖励最高 100 万元。发行债券品种为成都市首次发行的，每笔奖励 50 万元，单户企业奖励最高 100 万元。

（十三）支持发展融资租赁和商业保理。支持在自贸试验区海关特殊监管区域开展飞机融资租赁业务，允许符合条件的融资租赁业务收取外币租金。支持符合条件的融资租赁公司开展跨境融资租赁、主营业务相关的福费廷、跨境双向人民币资金池业务。对自贸试验区融资租赁类公司开展对外融资租赁业务，取消其境外放款额度限制。支持融资租赁公司将无形资产作为融资租赁标的物。鼓励在自贸试验区内设立成套设备进出口保理公司，支持商业保理企业依法加入国际性保理组织，积极审慎开展国际保理业务。对实缴资本超过 10 亿元的新设融资租赁和商业保理企业，一次性给予高管团队 200 万元奖励。

（十四）提升发展供应链金融。加强海关、商务、市场监管、口岸物流、税务等部门协调配合，主动与外资金融机构开展对接，提高单证处理电子化水平，为进出口贸易金融服务提供便利。鼓励外资金融机构、第三方物流企业依托成都市“双机场”和中欧班列（成都）合作创新供应链金融运作模式，打通供应链上下游企业资金便捷周转渠道，切实帮助企业解决融资难、融资贵的问题。鼓励外资金融机构创新多式联运提单融资方式，拓宽多式联运一单制融资渠道。

（十五）大力推进产融对接。积极推广外资金融机构特色金融产品和服务，围绕产业功能区融资需求，定期组织产融对接活动，实现资金供需精准对接。

五、构建与国际接轨的金融生态环境

（十六）营造良好市场环境。加大成都金融工作信息宣传力度，每年向社会发布上一年度中英文版成都金融发展报告。加强政企沟通交流，定期与在蓉外资金融机构及其在华总部机构开展座谈，组织开展外资金融沙龙等活动。营造内外资金融机构一视同仁、公平竞争的发展环境，支持符合条件的外资金融机构平等参与政府采购项目。有序推进政府数据对外资金融机构开放。

（十七）营造公平有序的法治环境。推动设立成都金融法庭，加强与成都金融仲裁院、成都金融消费纠纷人民调解委员会、四川银行业纠纷调解中心等合作，建立与国际规则接轨的多层次金融纠纷解决机制。加强外资金融机构合法权益保护，打击违规违法金融活动。

（十八）打造金融综合监管和创新测试平台。学习借鉴国际金融监管先进经验，加强与金融科技企业深入合作，运用大数据、云计算、人工智能等手段，建设“地方金融监管沙箱”，搭建地方金融机构大数据服务平台和创新业务测试平台，提升金融风险防控水平和地方金融机构创新能力。

附件 2-2-3

关于支持金融科技产业创新发展的若干政策措施

为深入贯彻落实全国金融工作会议、省委经济工作暨全省金融工作会议、成都建设国家西部金融中心大会精神，增强金融科技基础研发能力，激发企业创新动能，促进金融科技产业持续、快速、健康发展，结合成都市实际，制定本措施。

第一条　加大招引力度

（一）落户奖励。分类实施机构落户奖励，对我市新设或迁入的金融科技类法人企业，按实缴资本的2%给予最高1 000万元落户奖励。对我市重点引进、技术水平领先、具有行业带动力和国际竞争力的金融科技类法人企业，采取“一事一议”方式给予落户奖励。

（二）项目资助。支持重大产业化项目落地，对由诺贝尔奖获得者、图灵奖获得者、中国科学院院士、中国工程院院士领衔或与全球系统重要性金融机构合作在我市设立的金融科技类研发机构，给予最高5 000万元项目资助，资助年限不超过5年，年度资助不超过1 000万元。

（三）载体奖励。加快培育创新创业载体，对国家级、省市级主管部门认定的产业园区、众创空间、孵化器等创新创业载体，经成都金融科技技术专家组认定符合金融科技类创新创业载体条件的，分别给予最高200万元、100万元奖励。

（四）租金补贴。降低企业运营成本，对入驻我市金融科技类创新创业载体的金融科技企业，按实际缴纳租金（或工位服务费）的30%进行补贴，单户企业每年补贴不超过20万元，补贴年限不超过3年。

第二条　加强孵化培育

（五）创业奖励。开展早期团队孵化培育，对入驻我市金融科技类创新创业载体1年以上的金融科技创新创业团队、大学生创业团队，经成都金融科技技术专家组认定后给予3万元一次性创业奖励。

（六）成长奖励。扶持中小微企业成长，对年度主营业务收入首次达到1 000万元、5 000万元、1亿元以上的金融科技企业，分别给予10万元、50万元、100万元成长奖励，单户企业累计最高奖励100万元。

（七）应用奖励。强化创新应用支持，对创新业务模式获国家级、省级、总行（总部）复制推广的金融科技企业，分别给予50万元、30万元、10万元奖励，单户企业累计最高奖励100万元。

（八）贡献奖励。突出普惠化导向，对重点服务“三农”和中小微企业融资、普惠贡献突出的金融科技企业，按照企业年度单户单笔 20 万元以下贷款季末平均余额（不含展期和借新还旧）的 2%给予最高 100 万元奖励。

（九）推介奖励。鼓励开展市场化推介，对经市政府批准承办国际级、国家级金融科技高层次创业大赛、展览推介、研讨交流等活动的机构，按照实际发生费用的 30%给予最高 100 万元推介奖励。

第三条　加大创新激励

（十）创新奖励。鼓励开展创新研发，对国家级、省级主管部门认定的重点实验室、工程技术研究中心、工程研究中心、企业技术中心，经成都金融科技技术专家组认定符合金融科技类创新研发机构条件的，分别给予最高 200 万元、100 万元一次性奖励。

（十一）技术奖励。争取核心技术领域国际标准的话语权，对主持金融科技重点算法、核心逻辑、基础技术等相关国际标准、国家标准制定的机构，分别给予最高 1 000 万元、500 万元技术奖励，对参与相关国际标准、国家标准制定的机构，分别给予最高 200 万元、100 万元技术奖励。

（十二）平台奖励。鼓励运用金融科技技术提升服务效率，对我市批准设立的知识产权交易和区块链知识产权融资服务平台，一次性给予 100 万元经费补贴，并按照实际完成交易融资总额的 1%给予平台奖励，年奖励额最高 1 000 万元。

第四条　强化融资支持

（十三）加强产业基金支持。发挥政府引导作用，统筹设立规模 10 亿元的市级金融科技产业投资基金，孵化培育金融科技领域创新项目，支持前沿成果运用，推动初创期、成长期金融科技企业发展壮大。

（十四）拓宽创投融资渠道。对获得股权投资（投资主体须经过中基协或市发改委登记备案）的金融科技企业，按投资额的 5%给予最高 50 万元奖励。对在成都市新设或参与投资金融科技创业投资基金的保险机构，按实缴资本或投资额的 1‰给予最高 50 万元奖励。

（十五）积极实施担保增信。鼓励金融机构建立对金融科技企业的联合授信及共保机制，融资担保机构为成都市符合条件的金融科技企业提供融资担保服务，按融资担保额的 5‰给予最高 50 万元奖励。

（十六）鼓励开展直接融资。鼓励利用资本市场直接融资，对在上海证券交易所、深圳证券交易所、全国中小微企业股份转让系统、天府（四川）联合股权交易中心及香港联合交易所等境内外资本市场上市挂牌或直接融资的金融科技企业，按照成都市市级金融业发展专项资金实施方案相关条款给予奖补。

第五条 优化政务服务

（十七）推动登记注册便利化。发挥“推进国家西部金融中心建设联席会议”指导作用，统筹协调工商、税务、科技、经信等相关主管部门，优化金融科技企业工商注册及变更审批流程，支持具备资质的金融科技企业依法在其营业范围内明确业务内容。

（十八）优化头部企业政务服务。对有效满足小微市场主体资金需求的优秀头部企业，在地方准金融机构市场准入方面给予优先支持。积极支持符合条件的金融科技企业参与银行、保险、证券、金融租赁、消费金融等金融牌照申请。

（十九）强化产品推介支持。市金融监管局在“推进国家西部金融中心建设联席会议”指导下，牵头组织相关部门及金融科技类创新创业载体，定期或不定期召开成都市金融科技新产品推介会、博览会、创新创业大赛等推介活动。

（二十）强化应用场景支持。加大政府采购政策支持力度，探索采取预留政府采购份额的方式扶持金融科技企业发展。鼓励市级平台、市属国企等市场主体深化与金融科技企业合作，以市场化方式促进应用技术开发和科技成果转化。

第六条 完善配套服务

（二十一）强化数据资源支持。探索在依法依规、安全可靠的前提下，稳步有序向金融科技企业开放政务数据资源。探索设立大数据交易中心，为金融科技企业提供数据流转交易和增值服务。

（二十二）鼓励行业交流和自律发展。鼓励具备条件的市场主体发起设立金融科技行业协会等行业自律组织，促进行业持续、快速、健康发展。对依法在市级及以上政府职能部门登记成立的金融科技行业协会，根据工作开展情况每年给予5万~20万元活动经费补贴。

（二十三）加强产业配套服务。鼓励设立社会化创业服务机构，为金融科技企业提供注册设立、工商变更、财务核算、信用评估等专业化服务，构建完善金融科技产业配套服务体系。依托成都知识产权交易中心，优化金融科技企业知识产权价值评估、专利孵化、投融资服务。

第七条 提升监管技术

（二十四）探索金融“沙箱”监管模式。加大金融监管基础设施建设和通用技术研发力度，利用金融科技手段构建“地方金融监管沙箱”体系，加强对地方金融机构的监督管理，做好风险监测、评估、预警和处置，切实防范化解区域性金融风险。

（二十五）强化监管技术交流。加强与国内外金融监管部门、顶级科研机构、知名金融科技企业在地方金融监管领域的交流合作，推动和深化物联网、云计算、区块链、人工智能等技术在金融监管领域的应用。

第八条　健全工作机制

（二十六）成立成都金融科技技术专家组。统筹市科技局、市新经济委、市网络理政办等部门，组建成都金融科技技术专家组。专家组办公室设在成都市金融发展促进中心，负责引入国际国内技术专家，组织研讨交流、按年度发布行业研究报告、开展金融科技企业认定和奖励评审等工作。

第九条　企业认定

（二十七）本措施所称金融科技企业，是指在成都市设立并主营区块链、物联网、人工智能、大数据、云计算、生物识别等相关领域的企业，须满足以下认定条件：

工商注册和税收解缴关系在成都市。

企业包括两类：A 类是纳入金融监管部门监管的金融机构；B 类是为金融监管部门、金融机构提供相关服务的科技型或技术型企业，且须为高新技术企业（有效期内）或备案认定的科技型中小微企业（需提供相关证明材料）。

企业应主要运用区块链、物联网、人工智能、大数据、云计算、生物识别等相关技术提供服务，服务对象为资金最终使用方或金融机构。

企业提供服务包括智能信贷、信用甄别、风险管理、资产定价、市场营销、支付结算、智能投顾等，且此类服务收入占当年企业主营收入比例不低于 50%（企业须提供有资质的会计师事务所出具的专项审计报告）。

企业具有与开展主营业务相对应的区块链、物联网、人工智能、大数据、云计算、生物识别等领域自主知识产权（需提供专利、软件著作权等证明材料）。

企业具有与开展业务相适应的固定生产经营场所和与所提供金融科技服务能力相匹配的技术支撑环境（需提供相关证明文件）。

企业不得以金融科技为名从事非法集资、金融诈骗等违法犯罪活动；在取得相关金融牌照之前，不得发放或变相发放贷款，不得提供增信服务，不得直接或间接归集资金。

企业近三年内在国家企业信用信息公示系统中未被列入经营异常名录，法人代表和实际经营人无违法、违纪行为。

本认定条件中“金融监管部门”指国务院金融监管机构及地方政府金融管理部门；“金融机构”指符合中国人民银行《金融机构编码规范》定义与类别的机构。

第十条　附则

（二十八）本措施适用对象为注册设立或迁入第一条第三款所认定的创新创业载体，且符合第九条认定条件的金融科技企业。入驻《西部金融中心建设行动计划（2017—2022 年）》所规划金融科技产业园区或交子金融科技中心的企业，同等条件下享受奖励的金额（或比例）可在本政策标准上浮 20%（不得突破奖励上限）。

（二十九）在成都市创业执业、符合相关条件的金融科技人才，适用《成都市引进培育交子金融人才实施办法》相关人才激励政策。

（三十）金融科技企业符合成都市其他产业政策支持条件的，经市政府主管部门同意，可按其规定申请其他政策支持，同类型优惠政策不得重复享受。

（三十一）金融科技企业认定申报、奖励补贴项目申报时间为每年 5—6 月，由企业提交申报材料，成都金融科技技术专家组对申报企业进行认定，并对相关奖励补贴项目进行评审。申报流程及评审要求在成都市地方金融监督管理局网站（http://jr.chengdu.gov.cn/）进行公示。

附件 2-2-4

成都市引进培育交子金融人才实施办法

第一章 总 则

第一条 为贯彻落实《成都实施人才优先发展战略行动计划》（成委办〔2017〕23 号）《中共成都市委、成都市人民政府关于进一步加快建设国家西部金融中心的若干意见》（成委发〔2018〕10 号）及相关配套文件，大力实施人才优先发展战略，为成都建设具有国际影响力的西部金融中心提供强大的人才保障和智力支持，结合成都实际，制定本办法。

第二条 深入实施“交子金融人才”建设工程。按照高端人才分层引进、技术人才分类培育的思路，力争到 2022 年，带动聚集 80 000 名各类金融人才，加快建设一支适应西部金融中心发展的金融人才队伍。

第三条 人才认定和项目评定坚持公开、公平、公正原则，坚持品德、知识、能力和业绩并重原则，坚持业内认可、社会认可原则。

第二章 交子金融人才引进培育对象

第四条 大力引进顶尖、领军、管理类高端金融人才，本土培育技术类实用金融人才。

第五条 “交子金融人才”申请对象须与驻蓉金融机构建立 3 年以上（含 3 年）劳动关系。包含以下机构：

（一）受国家金融监管部门监管的银行、证券、保险、信托、期货、基金等类型机构；

（二）受地方金融监管部门监管的小额贷款、融资担保、地方交易场所等地方金融机构；

（三）金融科技等新兴金融企业；

（四）会计师事务所、律师事务所、信用评级等金融业配套服务机构；

（五）金融研究机构、金融智库等机构。

第六条 顶尖、领军、管理类高端金融人才，主要是指符合《成都市引进高层次创新创业人才实施办法（2016 年修订）》（成委办〔2016〕32 号）的 A 类（国际顶尖人才）、B 类（国家级领军人才）和 C 类（地方高级人才）标准，并入选“蓉漂计划”的高层次金融人才。须具备以下条件：

（一）顶尖金融人才。申请对象须具备引领经济金融行业参与国际竞争的卓越能力，在国际经济金融领域做出突出贡献，其带领的机构或团队能够填补成都经济金融发展空白。主要包括：诺贝尔奖、图灵奖等国际大奖获得者；中国科学院院士、中国工程院院士，美国、英国、德国、日本等发达国家科学院院士或者工程院院士；中国社会科学院学部委员；相当于上述层次的顶尖人才。

（二）领军金融人才。申请对象须具备突出的管理能力或技术研发创新能力，其带领的机构或团队能够有力促进成都经济金融发展，对行业具有显著的引领示范效应。主要包括：孙冶方经济科学奖等国家级大奖获得者；在国际国内具有重要影响力的金融类法人机构中担任过高层管理人员；国内外主要金融监管机构和国家高端智库建设试点单位的著名专家；经济金融领域国家有突出贡献的中青年专家；相当于上述层次的领军人才。

（三）管理金融人才。申请对象须市场业绩突出，在业内具有较强影响力，其带领的机构或团队能够为成都经济金融发展做出较大贡献。主要包括：在国际国内具有重要影响力的金融类法人机构中曾任或现任的中层管理人员；新引进的法人金融机构高层管理人员；经济金融领域省有突出贡献的中青年专家；相当于上述层次的管理人才。

第七条 技术金融人才。须具备以下条件：

申请对象年龄不超过45周岁，须取得博士学位或正高级专业技术职称，具有扎实的金融专业功底，工作业绩优、发展潜力大的专业金融人才。主要包括：从事科技金融、消费金融、农村金融、供应链金融、绿色金融、文化金融等新金融急需专业以及传统金融专业的技术人才；相当于上述层次的技术金融人才。

第三章 交子金融人才引进培育支持政策

第八条 资金支持

（一）对入选的顶尖、领军、管理、技术金融人才，分别给予每人300万元、200万元、120万元、30万元资助；

（二）对诺贝尔奖获得者等国际顶尖金融人才（团队）来蓉创新创业，给予最高1亿元的综合资助。

（三）对入选“蓉漂计划”的金融顶尖创新创业团队，给予每个团队500万元资助。

第九条 生活保障

在符合有关政策规定前提下，“交子金融人才”分类分层享受住房、配偶就业、子女入学、医疗、出入境和经停居留等便利化服务保障。

第十条 表彰激励

（一）对入选的顶尖、领军、管理金融人才，颁发《成都市特聘专家证书》；对入选的技术金融人才，授予“交子金融技术人才”称号。

（二）支持符合高管资格法定要求的“交子金融人才”在成都市属金融机构或新金融企业中任职，并开辟绿色通道缩短资格审批办理时间。

（三）支持“交子金融人才”申报国家级、省级、市级各类重大人才工程。

（四）推荐“交子金融人才”作为各级人大代表和政协委员人选。

（五）支持“交子金融人才”参与西部金融中心建设重大课题研究并提供经费保障。

（六）鼓励驻蓉金融机构对“交子金融人才”实行股权激励、分红权激励、技术入股、企业年金等人才激励政策。

第十一条　贡献奖励

针对受国家及地方金融监管部门监管的驻蓉金融机构，个人年收入50万元以上的核心技术人员，由单位所在区（市）县按其贡献给予相应奖励。

第十二条　认证补贴

鼓励在蓉的金融从业人员参加国际知名金融职业认证考试。对当年新取得特许金融分析师（CFA）、金融风险管理师（FRM）、国际数量金融工程师（CQF）、北美精算师（FSA）、英国特许会计师（ACA）国际注册会计师（ACCA）认证资格且与成都地区企业建立3年及以上劳动关系的，由单位所在区（市）县给予相应补贴。

第四章　人才评选

第十三条　评选程序

（一）顶尖金融人才、领军金融人才、管理金融人才按照市委组织部每年发布的“蓉漂计划”申报工作的通知进行申报评定。

（二）技术金融人才申报工作每年与“蓉漂计划”申报工作同步进行，由“推进国家西部金融中心建设联席会议”研究具体办法，并协调组织实施。

（三）评定人才及用人单位出现违反国家有关法律法规的行为，将取消个人及用人单位申报资格。

第五章　优化金融人才发展生态

第十四条　完善金融创新人才培育体系。积极推动与国内外知名院校合作实施金融人才联合培养项目。充分发挥环高校知识经济圈人力资源开发功能，培养一批兼具金融、IT等专业知识和跨界思维、迭代思维的高端复合型人才。对驻蓉高校围绕成都新金融发展需求，调整学科和专业设置的，给予最高2 000万元补贴。

第十五条　构建“交子金融人才”精准招引机制。围绕“科技金融、消费金融、农村金融、供应链金融、绿色金融、文化金融”新金融产业生态圈建设，瞄准国内外知名金融机构，招引一批具有国际影响力和行业带动力的专业金融人才。按照全市“1+5+N”金融产业布局，加大金融产业细分领域引才聚才力度，积极探索“机构+团队”同步招引模式，通过项目引才、平台聚才、招商招才等多种方式，形成以才引才的链式效应。

第十六条　塑造“交子金融人才”国际品牌形象。讲好交子故事、传播交子文化、传承交子精神，吸引“交子金融人才”，在全球范围内开展“交子金融人才”招引系列活动。积极支持在科技金融、消费金融、农村金融、供应链金融、绿色金融、文化金融等领域举办国际化高端金融活动，扩大成都金融国际影响力。对围绕全市金融产业定位并经批准举办的金融活动，按实际发生费用给予有关单位一定补贴。

第十七条　打造“交子金融人才”交流平台。联合银行、证券、保险及新金融领域的金融专业人士成立成都金融业联合会，为“交子金融人才”打造跨领域交流及生活服务综合平台。推动设立市科技金融协会等协会组织，聚集各类金融资源，发挥平台专业优势和桥梁纽带作用，通过柔性化方式吸引高层次金融人才服务西部金融中心建设。

第十八条　创建国家西部金融中心智库品牌。加强与国内外知名金融研究机构合作，大力引进全球一流金融智库落户成都，对引进的重大项目可采取“一事一议”方式给予奖励。鼓励驻蓉金融机构、高校院所探索设立专业金融智库，每年选定一批重大课题、推出一批优秀成果，推动成都市金融领域产学研用相融合，促进金融理论与行业实践紧密结合、不断创新。

第十九条　提升金融人才中介服务水平。建立“交子金融人才”动态数据库，做好金融人才动态跟踪管理工作。定期发布金融人才白皮书，提高区域金融产业契合度，引导金融人才有序流动和精准配置。完善以市场化猎头为主体，海（境）外人才离岸基地为触角的引才体系。加快吸引国内外知名猎头公司来蓉发展，鼓励相关区（市）县对金融猎头机构按引才实效给予奖励。

第二十条　打造“交子金融人才”国际金融高端社区。加快建设交子公园社区，围绕金融产业功能区布局加快规划建设高端国际金融社区，为“交子金融人才”提供康体医疗、教育资源、高端公寓等系统化、品质化服务。着力为“交子金融人才”打造水绿景美的生态环境、国际接轨的金融高地、健康生活的和谐家园。

第六章　金融干部队伍建设

第二十一条　优化领导班子功能配备。注重选派精通现代金融知识的领导干部充实到区（市）县党政领导班子、市级综合经济管理部门和国资国企领导班子。支持机关事业单位从金融机构招引高素质金融专业人才。推动党政机关干部和金融机构高层次金融人才的双向交流锻炼。

第二十二条　创新金融人才选拔方式。鼓励市属国有金融企业采取市场化方式面向全球选聘高层管理人员；完善市属国有金融企业绩效考评和薪酬激励机制，激发人才活力。

第二十三条　强化金融专业能力建设。加强金融干部队伍素质建设，不定期组织有关金融创新、金融服务、风险防控等培训活动，选派干部到知名国际金融中心访问研修，及时掌握金融理论前沿、发展动态。

第七章　附　则

第二十四条　“推进国家西部金融中心建设联席会议”统筹协调市人才办、市金融监管局、市人社局、市住建局、市教育局、市卫健委、市政府外办等相关部门，负责“交子金融人才”引进培育等相关工作，结合工作实际动态制订实施细则。

第二十五条　将引进高层次金融人才（顶尖金融人才、领军金融人才、管理金融人才）涉及的财政支出经费，纳入成都市人才发展专项资金统一安排；将培育金融人才（技术金融人才）涉及的财政支出经费，纳入成都市市级金融业发展专项资金统一安排。

附件 2-3

成都市人民政府　中国人民银行成都分行
关于印发成都市金融科技发展规划（2020—2022 年）的通知

各区（市）县政府（管委会），市政府有关部门，有关单位：

现将《成都市金融科技发展规划（2020—2022 年）》印发给你们，请认真贯彻执行。

成　都　市　人　民　政　府
中国人民银行成都分行
2020 年 5 月 6 日

成都市金融科技发展规划（2020—2022 年）

金融科技是技术驱动的金融创新，旨在运用现代科技成果改造或创新金融产品、经营模式、业务流程等，推动金融发展提质增效。当前，成都正加快推进国家西部金融中心建设，突出发展金融科技，对促进普惠金融发展、推动金融机构转型升级、提升服务实体经济能力、防范化解金融风险等方面具有重要作用。

近年来，成都金融科技发展迅猛，根据第 26 期全球金融中心指数报告（GFCI26）中金融科技专项排名显示，成都位列全球第 18 名，取得了一定成效，但与金融科技发达城市相比，还存在一定差距。为深入贯彻国家有关金融科技发展的战略部署，落实省市对成都加快国家西部金融中心建设的工作要求，加快发展金融科技，提升成都金融科技国内外影响力，助力成都经济高质量发展，特制定以下三年发展规划。

一、总体思路

（一）指导思想。以习近平新时代中国特色社会主义思想为指导，全面贯彻党的十九大和十九届二中、三中、四中全会精神，深入落实习近平总书记对四川及成都工作系列重要指示精神以及习近平总书记在中共中央政治局第十八次集体学习时重要讲话精神，按照《中国人民银行关于印发〈金融科技（FinTech）发展规划（2019—2021 年）〉的通知》（银发〔2019〕209 号）要求，结合中国人民银行等六部委关于开展金融科技应用试点任务，以及省市有关金融创新领域的工作要求，抢抓成都建设国家新一代人工智能创新发展试验区机遇，以提升金融服务实体经济能力为目标，加强科技与金融的深度融合，大力发展金融科技，加快区块链等技术在金融场景的创新应用，努力提升金融服务实体经济能力，提高金融监管效率，进一步加快成都国家西部金融中心建设。

（二）发展原则

①坚持创新驱动，增强成都国家西部金融中心核心功能。鼓励科技创新在金融领域的融合应用，以创新引领金融领域的技术突破与场景拓展，增强金融服务实体经济能力，有效提升金融服务的深度广度和可得性，助力普惠金融体系发展。积极运用金融科技手段提升金融监管水平，提高金融体系抵御风险能力。

②坚持科技赋能，提升金融科技研发能力。坚持技术驱动与需求拉动相结合，加快推动科技底层关键技术研发，重点发展区块链、人工智能、云计算、大数据等核心技术，加快技术转化和成果产业化，为金融业发展提供技术支持和创新动力。

③坚持开放生态，深化金融科技对外交流合作。积极对标全球金融科技发展先进城市，把握未来金融科技应用发展趋势，进一步完善与国内外金融科技发达城市的交流合作机制，在政、产、学、研、用等方面深化国际交流与合作，加快成都金融科技“引进来”和“走出去”步伐。

④坚持合规安全，确保金融科技规范发展。牢牢守住不发生系统性金融风险底线，把安全作为金融科技创新不可逾越的红线，坚持安全与创新并重，做好新技术金融应用风险防范。

⑤坚持技术中立，准确把握金融科技的金融本质。在不偏离金融创新本质和正确应用方向的前提下，给予所有新技术公平公正的市场参与机会，鼓励新技术正向发展及合理应用，通过技术提升金融的可达性和包容性，推动新兴技术在金融场景的应用。

（三）发展目标。到2022年底前，努力把成都建设成为具有国际影响力的区域金融科技中心，构建“成都特色、全国影响、国内示范、国际同步”的金融科技创新示范体系，确立成都金融科技在中西部地区领先、全国一流的地位，形成金融科技应用先进可控、金融服务能力持续增强、金融风控水平明显提高、金融监管效能持续提升、金融科技支撑不断完善、金融科技产业繁荣发展的良性发展格局。

力争到2022年底前，建成以交子公园金融商务区为核心集聚区，多个空间梯度布局、生态体系完善、产业辐射较强的金融科技特色功能区；努力培育5~10家在国内具有行业龙头地位的金融科技企业，推动3~5家金融科技相关企业上市；努力形成多层次金融科技人才涌现的格局，推动成都金融科技人才持续高质增长，建立适应金融科技发展的跨行业复合型人才梯队，构建完善的金融科技人才支撑体系；打造3~5家具有国内外影响力的金融科技研究机构，全面提升成都金融科技研究和科技成果转化能力，进一步增强成都在金融科技研究领域的国内外影响力；以底层技术为主线，金融场景为依托，以提升服务实体经济能力为目标，实现5~10个具有国内外影响力的金融科技应用示范场景；全面提升金融科技风险管理水平，金融风险技防能力大幅提升，金融监管效能和金融机构合规水平持续提升。

二、发展重点

（一）加大金融科技核心技术的研发与应用

①加快推进区块链技术的开发应用。充分发挥区块链在促进数据共享、优化业务流程、降低运营成本、提升协同效率、建设可信体系等方面的优势，推动区块链在金融领域运用，为机构协同、风险控制、可信安全等金融服务的难点和痛点提供有价值的解决方案。

②推动人工智能在金融领域的应用。鼓励计算机视觉、机器学习、知识图谱、自然语言处理、模式识别等人工智能关键技术的研发。推进金融服务向智慧化方向发展，构建数据驱动、人机协同、跨界融合、智能决策的智能经济形态。积极推进人工智能在身份认证、反欺诈、智能投顾、信贷风控、网络安全态势感知、非法集资监测等金融领域的应用。

③加快推进行业大数据的融合应用。重点支持大数据基础技术发展，提升数据挖掘与清洗、海量数据存储、非关系型数据库管理水平。加强跨地区、跨部门、跨层级数据资源融合，加快推动政务数据在金融领域的共享应用，助力金融机构数字化转型。

④积极推动云计算的创新应用。充分发挥云计算在资源整合、弹性伸缩等方面的优势，加快云计算技术在金融服务、电子政务、企业服务、市民生活中的创新应用。鼓励金融机构、金融科技企业加大对云计算的研发投入，进行云技术服务输出。

（二）创新开展金融科技标准化工作。鼓励金融机构和金融科技企业积极参与企业标准“领跑者”活动，建立标准自我声明公开制度，制定严于国家标准、行业标准，具有竞争力的金融科技企业标准。进一步加强金融科技创新产品的安全管理，引导金融机构和企业开展金融科技标准示范试点、检测认证，提升金融服务质量与安全水平，严格按照安全标准规范引导新技术应用。探索推动金融机构、金融科技企业、高校院所，参与国际标准制定，持续推进金融业信息技术创新应用标准的国际化。

（三）强化金融科技消费者教育与保护机制。加快建立适应金融科技发展的消费者权益保护机制，规范引导金融科技产品和服务，积极开展金融科技应用知识的普及工作，提升消费者金融素养，增强消费者风险防范意识。加强金融消费纠纷多元化解机制建设，提高金融消费纠纷解决的反应速度、服务质量、处理效率，为消费者提供公平、经济、专业的维权途径，促进金融消费纠纷及时有效化解，更好地维护消费者的合法权益。

（四）提升金融科技成果转化能力。完善科技成果转化服务体系，打通政产学研用协同创新通道，进一步激发金融科技相关企业、高校科研院所等创新活力，持续强化知识产权金融支撑保障功能，促进金融科技成果加速转化，引导相关成果高效地应用于金融领域。鼓励金融机构、市属国有企业等市场主体深化与金融科技企业合作，以市场化方式促进应用技术研发和科技成果转化。

（五）加快金融科技人才引进和培育。深化政府有关部门、高校科研院所、金融机构以及金融科技企业之间在金融科技人才引进培育方面的合作，强化金融科技相关基础教育和应用培训，加快构建多层次的金融科技人才培训体系。鼓励金融机构围绕金融科技发展战略布局，制定金融科技人才和团队建设规划，积极推动金融科技人才管理，合理增加金融科技人员比例，优化金融从业人员结构，丰富金融科技人才储备，努力形成多层次金融科技人才涌现的格局。

（六）加大金融科技领域对外交流与合作。加强与国内外金融科技发达城市以及知名金融科技企业的交流合作，加大招商引资力度。定期或不定期召开金融科技新产品推介会、博览会、创新创业大赛等活动，扩大成都金融科技的影响力。积极筹办一批具有国际影响力的金融科技论坛，打造具有成都特色的金融科技品牌论坛。充分发挥行业协会作用，加强对外交流合作。

（七）持续推进金融机构业态转型。支持成都地方法人金融机构按照金融科技发展战略部署，设立金融科技事业部、金融科技子公司，加快构建以金融科技为核心的金融服务产业链。鼓励金融机构利用金融科技推进金融服务向移动化、智能化、场景化方向发展。支持金融机构通过新技术对接供需双方，提供创新性金融产品，进一步拓宽市场边界。

三、金融科技载体布局

（一）重点打造交子公园金融科技核心聚集区。以交子公园金融商务区为核心载体，立足“一心一轴一带两核五区”总体空间格局，围绕“汇聚金融科技力量、完备金融科技生态”两大主线，加快完善区域专业配套服务，打造交子金融梦工场金融科技创业孵化品牌，聚焦区块链、大数据、云计算、人工智能等金融科技前沿领域，形成具有全国影响力的金融科技产业集群。以金融科技新技术与金融功能融合发展为引擎，推动产、学、研、用一体化创新协调发展，完善集聚区创业创新生态，全面增强区域创新能力，着力将交子公园金融商务区打造成为金融科技发展特色凸显、中西部领先、全国一流的创新金融城和区域性金融中央商务区。

（二）有序推动天府国际金融科技产业园建设。按照“起步区投运，拓展区规划”的思路，在天府新区成都科学城高标准规划、高水平建设、创新性运营天府国际金融科技产业园。采用“项目定制+统一开发”建设模式，实行标准化、品牌化、规模化运营管理，为金融科技企业提供完备的产业载体和完善的运营服务。聚焦培育基于大数据、云计算、区块链、人工智能等新兴信息技术驱动的金融科技产业，打造金融科技产业创新生态链，嫁接一系列新金融共生性产业和辅助性产业，形成完整的金融科技产业链和生态圈。

（三）差异化推进特色鲜明的金融科技聚集区发展

①以成都新经济活力区核心区科技金融大厦——盈创星空金融科技孵化器为载体，针对不同发展阶段的金融科技企业提供差异化服务，培育完善的金融科技产业生命周期业态，形成雏鹰、瞪羚、独角兽、平台生态型龙头企业的梯度培育体系。

②依托白鹭湾新经济总部功能区，以金融安全产业为主导，重点发展金融安全大数据、金融信

息系统安全、身份识别、金融风险管理、金融监管技术与服务等产业，强化区块链等金融安全技术基础设施建设，建成金融安全综合服务平台，打造金融安全的“单打冠军”。

③以成都青羊文化金融商务区为核心，探索构建金融+科技+文化三元动力体系，通过金融科技带动文化金融创新发展，积极打造具有全国示范带动作用的文化金融科技融合高地。以环西南财大财经智谷为重点，依托西南财大金融科技学科优势，积极推动区块链+金融、区块链+知识产权的应用场景，构建产业链健全、生态完善的金融科技研发中心，打造立足西部、辐射全国金融科技成果转化区。

④以青白江国际铁路港功能区为载体，构建“核心企业+中小微企业+金融机构+金融产品+风险防控”的供应链产融一体化体系，强化区块链技术赋能，力争打造我国跨境供应链金融创新发展的高地。

⑤以成华区天府四川金融博物馆和亚太并购大厦为载体，设立新金融生态科技中心、区块链应用研究中心等金融科技研究和应用组织机构，发展以移动支付清算为核心的数字金融产业，大力构建新型金融产业生态圈。

四、重点任务

（一）深化金融科技应用，提升金融服务效能

①加快推动数字普惠金融发展。进一步强化金融科技在交子金融“5+2”平台的应用，根据企业在种子期、初创期、成长期、成熟期不同层次和特点，共享投融资信息，实现多层级信用传递，实现数字普惠金融的突破。支持金融机构通过大数据等技术，精准定位潜在客户，提升风险定价能力，降低中小微企业融资成本。

②大力发展基于区块链技术的应用场景。探索区块链、大数据等技术在深化库银税合作、数字票据、融资对接等金融领域的应用。推动在外汇缴款及退付税款、电子退库、电子对账等方面的创新升级，为内外资企业发展提供更加便捷的营商环境。创新知识产权质押融资模式，充分挖掘知识产权的潜在价值，努力解决知识产权评估难问题。通过基于区块链技术的知识产权融资服务平台，为企业提供具有高诚信、高效率、低成本的融资服务，促进知识产权安全高效地转移转化，切实提高金融服务实体经济的能力。

③丰富支付结算应用场景。大力推广人脸识别线下支付安全应用试点，探索利用密码识别、隐私计算、数据标签、模式识别等技术，构建以人脸特征为路由标识的转接清算模式。基于试点成果探索构建具有推广价值的数字货币应用场景和更多基于特征识别的安全支付模式，实现支付安全与便捷的统一。推广“中欧 e 单通”创新经验，推进运输沿线普惠金融和跨境贸易互联互通。

④推进金融科技在供应链金融领域的应用。运用区块链、物联网、人工智能等技术手段，将供应链各方联通，实现贸易数据的互信互认。探索将国家外汇管理局跨境金融区块链服务平台应用于

航空金融服务，缓解中小企业融资难问题。探索贸易融资新模式，创新国际信用证结算形式，推动实现单证融资，鼓励银行机构、担保公司等各类金融主体参与，共建多方协同、风险分担的陆上贸易融资新机制。

⑤深化政务数据和金融数据的融合共享。创新数据共享模式，在推动更多的政府部门与金融机构实现数据共享和业务互通的基础上，促进政务数据更广泛地应用于金融领域。深度拓展“银政通”系统服务空间，进一步完善天府信用通平台，促进金融信息更好地为政务履职赋能。通过政务数据与金融数据的融合，助推“放管服”改革和金融业务创新，优化城市营商环境，提高政务服务水平。

⑥提升融资精准化服务水平。基于大数据、云计算、人工智能等技术，搭建民营及小微企业融资情况的大数据监测评估系统，依法对民营企业、小微企业融资数据进行采集、清洗和校验，实现智能分析、判定、辅助决策和可视化展示。全面提升数据质量、分析水平和工作效率，实现对民营及小微企业融资情况的精准还原，助力相关政策的决策实施、传导和反馈，为解决民营和小微企业融资难题提供信息化支持。

⑦积极探索金融科技在保险领域的应用。运用大数据、人工智能等技术帮助保险产品精算定价，实现保险产品形式从单一供给，向气候指数保险、大宗商品成本保险等以需求为核心的个性化定制升级转变。依托物联网、人工智能等技术有效提升保险运营水平和服务效率，助推保险保户办理、承保核保、定损理赔、咨询服务、风险防控等流程的优化创新。

⑧推动金融科技在证券等领域的应用。支持证券、期货、基金、财富管理等机构，加强人工智能等技术在资产配置、风险计量方面的应用，创新开展智能投顾、智能投研等服务。充分发挥人工智能、大数据等技术在客户精准画像方面的作用，开发量化交易模型和智能风控算法，提升量化投资和风险防控能力。探索建立智能投顾人工干预机制，防止模型缺陷和系统异常产生的负面影响，保障金融市场稳定运行。

（二）推动监管科技应用，提升穿透式监管能力

①建立地方金融监管沙箱机制。采用一体化开发思路，运用大数据、人工智能、云计算等技术，建设集金融风险识别、监测和预警功能为一体的地方金融风险监测预警平台，涵盖融资担保、小额贷款、商业保理、典当行、融资租赁等地方金融业态的地方金融行业综合监管平台。通过整体设计、数据整合、建模输出等方式，提升成都地方金融监管能力和服务水平。

②建立完善反洗钱监测平台。加强基于大数据的监管科技运用，鼓励金融机构建立基于人工智能和知识图谱技术的反洗钱监测平台，构建可视化资金交易图谱，进行自动化建模，实现可疑账户、交易的智能化分析，提高可疑监测的准确率和覆盖率。

（三）强化金融科技的合规应用

①打造多层次金融科技风险防范体系。坚持一切金融活动持牌经营的原则，依法依规将各类金

融科技活动纳入监管。统筹推动金融安全与网络信息安全建设，推进包括机构治理、行政监管、行业自律、社会监督、法律约束五位一体的多层次金融科技风险防范体系建设。充分评估新技术与业务融合的潜在风险，建立健全试错容错机制，构建跨行业、跨部门的风险联防联控体系。探索运用信息公开、产品公示、社会监督等柔性管理方式，防止风险交叉传染，实现风险早识别、早预警、早处置，提升金融风险整体防控水平。

②加强新技术的合规应用。要正确把握金融科技创新与安全的关系，加强新技术基础性、前瞻性研究，在安全合规的前提下，合理应用新技术赋能金融产品与服务创新。金融机构要充分评估新技术与业务发展融合存在的风险，加强合规风险监测，健全风险预警指标体系，及时发出预警信号，优化风险管理机制，降低合规管理成本；同时要建立金融信息保护风险防控机制和内控机制，保障客户身份、账户、交易等金融数据资产安全。

③建立健全数据管控体系。金融机构、金融科技企业要充分评估潜在风险，严格遵循“用户授权、最小够用、全程防护”原则，把好安全关口，建立健全覆盖数据全生命周期的安全管理体系。根据业务需求明确数据安全策略，制定数据安全制度和相应的数据安全管理规范、安全基线与操作流程，保护数据的完整性、保密性、可用性，推动数据安全技术措施实现“同步规划、同步建设、同步使用”，确保金融数据安全合规应用。

五、保障措施

（一）加强组织领导。市政府和人行成都分行共同推动建立省市协同、区域协同的工作机制。由人行成都分行营管部、市金融监管局牵头，市发改委、市科技局、市经信局、市市场监管局、市新经济委、市网络理政办和相关区（市）县政府及在蓉金融机构、成都交子金控集团等参与，建立推进金融科技发展工作小组，定期召开会议，加强各单位之间协调联动、政策资源整合和信息共享，统筹推进金融科技载体布局、招商引资、企业培育、政策扶持、应用场景建设等重点工作，充分保障规划的有序实施与落地。

（二）推动金融科技智库建设。由市级有关部门、相关高校科研院所、金融机构以及知名金融科技企业组建成都金融科技技术专家组，负责引入国际国内技术专家，组织研讨交流、奖励评审、提供咨询等工作。

（三）加大政策扶持力度。加强对知名金融科技企业、重大产业化项目的招引力度，推动金融科技企业登记注册便利化，进一步优化金融科技企业政务服务。加强金融科技基础设施建设，在保障数据安全的前提下，构建数据交换与信任机制，引导征信机构依法合规开展征信业务。鼓励相关区（市）县制定扶持金融科技发展的政策措施，构建多层次的金融科技政策支撑体系。

（四）完善多渠道融资服务体系。进一步增强交子金融“5+2”平台服务能力，加大对金融科技中小企业的扶持力度。发挥“5+5+1”产业基金的引导作用，吸引更多的社会资本投资成都金融科技企业。加强对金融科技拟上市企业辅导，协助解决企业在上市过程中遇到的问题，鼓励更多的金融科技企业在境内外主要证券交易市场上市融资。支持金融科技企业探索资产证券化业务，实现企业多渠道、低成本融资。

（五）落实专项督促指导。引导与规范金融科技工作有序发展，细化阶段性目标和任务，明确任务分工和要求，加强金融科技试点项目的指导和督促，并对项目技术规范、安全标准、推进情况以及检测认证等方面进行动态监测和评估，确保项目建设严格按要求开展，创新工作做到稳中求进。

附件 2-4

中共成都市青羊区委办公室
成都市青羊区人民政府办公室
关于印发《青羊区关于促进文化金融融合发展的指导意见》的通知

各街道党工委、办事处，区级各部门：

《青羊区关于促进文化金融融合发展的指导意见》已经七届区委常委会第 62 次会议审议通过，现印发给你们，请认真贯彻执行。

中共成都市青羊区委办公室

成都市青羊区人民政府办公室

2018 年 7 月 25 日

青羊区关于促进文化金融融合发展的指导意见

为贯彻落实党的十九大精神和省、市、区党代会精神，落实文化部等三部委《关于深入推进文化金融合作的意见》（文产发〔2014〕14 号），促进文化与金融产业融合发展，增强国家西部金融中心、文创中心功能，提出以下指导意见。

一、指导思想和发展目标

（一）指导思想。坚持以习近平新时代中国特色社会主义经济思想为指导，贯彻落实党的十九大精神，深入落实成都建设国家西部金融中心、文创中心的战略部署和“中优”发展要求，按照政府引导、市场主体的基本原则，加大金融对文化产业的支撑和促进作用，增强金融服务实体经济的能力，提升文化产业自身造血功能和发展动力，推动青羊文化产业做大做强和金融业创新发展。

（二）发展目标。推动金融资本与文化资源、文化产业、文化消费相融合，形成文化+金融融合发展的长效机制，培育业态丰富、要素齐备、链条闭合的文化金融产业生态圈。力争到 2022 年，集聚文化金融专营机构 30 家、文化要素交易市场 5 家，文化企业贷款余额达 500 亿元，文化类基金管理规模达 300 亿元，培育一批文化金融瞪羚企业、独角兽企业，助推 2 家文化企业上市融资，成功创建国家级“文化金融合作示范区”。

二、主要任务

立足青羊文化资源和金融资本集聚优势，以文化金融产业生态体系建设为核心、组织架构优化为重点、信息数据交互为依托、金融服务创新为支撑、解决文化企业融资需求为目的，从文化金融供给端发力，着力构建八大体系，打造具有“青羊特色”的文化金融发展模式。

（一）构建文化金融产业生态体系

①引进培育核心企业，形成文化金融双向互动。瞄准国内外文化产业细分领域龙头企业，实施招大引强，加强本地企业扶持，大力培育一批成长性好、带动力强的重点文化企业。瞄准金融领域实力机构，着力引进一批国内顶尖、国际领先的金融科技企业，培育一批文化金融专营机构，创新设计一批针对文化产业需要的金融产品，完善文化产业的金融支撑。鼓励产业关联度高的文化企业以资本为纽带联合重组，推动跨地区跨行业跨所有制并购重组，提高文化产业规模化、集约化、专业化水平。

②围绕文化产业链、资金链实施补链强链。围绕文化产业链条和资金需求，做优金融生态。切实根植文化产业链条上下游企业和关联配套企业融资需求，推动设立天使投资、风险投资（VC）、私募股权投资（PE）等各类基金，引入银行、证券、保险、担保、小贷公司等各类金融机构，针对文化企业各阶段发展实际，充分利用贷款、上市、发债、保险等各种金融手段，促进中小微文化企业和文化领域创业者健康发展。积极引导中小微文化企业不断完善法人治理结构和经营管理机制，加强信用管理，成为金融市场中的合格主体。

③增强文化金融中介服务功能。引进培育一批版权代理、文化经纪、评估鉴定等文化金融中介机构，支持会计师事务所、律师事务所、信用评级、投资咨询等服务机构创新经营模式，为文化企业提供无形资产的评估、登记、托管、流转服务，进一步完善文化金融中介服务功能。

（二）构建满足文化企业全生命周期需要的金融组织体系

④建立多元化投融资体系。推动设立 3~5 家文化银行、2~3 家文化小贷公司，创新提供针对文化企业的信贷产品，提高金融机构文化产业信贷占比。引进培育 8~10 家文化类投资基金，满足文化企业全生命周期的融资需求。鼓励保险机构创新提供文化类保险产品，降低文化产业的项目运作风险。支持融资担保机构开展知识产权等无形资产抵押担保业务，为文化企业融资提供增信服务，畅通文化企业融资渠道。

⑤创新提供文化金融服务。鼓励各类金融机构针对文化企业“轻资产、高发展、重创意、高风险”的特点，创新文化金融产品和服务。根据文化企业发展规模、阶段需求，提供差异化、特色化的金融服务，满足文化企业全生命周期需要。着力打造涵盖文化银行、文化小贷、文化基金、文化保险、文化担保等“投、贷、债、保”联动的多层次、全方位文化金融组织体系。

⑥支持各类基金投资文化产业。力争引进成都市 100 亿（元）规模的文化产业投资基金，发挥产业引导基金作用，引导更多社会资金投入文化产业。积极引进和培育文化产业天使投资、风险投资（VC）、私募股权投资（PE）基金，满足文化企业在种子期、发展期、扩张期、稳定期的不同融资需求。给予天使投资人、创投机构适当补贴和优惠政策，促进股权投资基金聚集发展。到 2022 年，力争实现各类文化投资基金管理资本规模超过 300 亿元。

⑦探索互联网众筹融资模式。支持中小文化企业与合法合规的网络众筹平台进行合作，探索运用互联网众筹金融模式，拓宽文化企业融资渠道。

（三）构建以多层次资本市场为主的文化企业直接融资体系

⑧支持文化企业上市融资。引导重点文化企业利用多层次资本市场上市融资、再融资和并购重组，加强对文化企业上市的辅导和培育，建立重点文化企业上市资源后备库，培育拟上市挂牌目标企业 60 家。力争到 2022 年，推动文化企业上市融资 2 家，新三板挂牌 5 家，天府股权交易中心挂牌 30 家。

⑨鼓励文化企业发行债券。支持文化企业在银行间市场和交易所市场发债融资，采取短期融资券、中期票据、资产支持票据等债务融资工具优化融资结构。鼓励金融机构为创新型中小文化企业提供集合债券、小微企业增信集合债券等债务融资产品，给予一定政策扶持。

（四）构建以信贷融资为主的文化企业间接融资体系

⑩推动设立文化银行。积极推动设立文化银行，鼓励文银行针对文化企业进行业务流程再造，建立灵活的风险容忍、差别化定价等机制，积极开发适应不同细分领域、不同发展阶段文化企业的信贷产品。将文化产业发展扶持资金等向文化银行倾斜，支持文化银行申请市级政银合作产品贴息政策，对文化银行提供的“文创通”“银税通”等信贷产品按照基准利率的一定比例予以贴息。

⑪支持发展文化小贷公司。鼓励新设 2~3 家文化小贷公司和科技小贷公司，支持其他小贷公司拓展文化类业务范围，创新提供剧场影院贷、影视制作贷、版权联盟贷、商标质押贷等金融产品，探索投贷联动服务模式，提升企业融资规模和效率。支持合法合规的 P2P 网贷平台开展文化企业贷款业务。

⑫创新文化金融产品和服务。鼓励各类金融机构在有效控制风险的前提下，创新文化金融产品和服务，拓宽文化企业间接融资渠道。逐步扩大融资租赁贷款、应收账款质押融资、股权质押贷款、收益权质押贷款、知识产权质押融资等信贷创新产品规模；拓宽文化企业贷款抵（质）押物的范围，探索开展优质商标权、专利权、著作权、版权、IP 为基础的无形资产抵（质）押贷款业务。不断提高金融机构文化产业信贷占比，实现文化产业贷款增速高于各项贷款平均增速。

（五）构建基于企业信用的文化企业保险担保体系

⑬完善文化企业信用制度。依托小微企业信用信息数据库、银企融资对接平台，应用互联网和大数据技术，采集和共享文化企业信用信息，推动以信用信息为基础的金融创新、银企对接和金融

培育。开展文化企业信用体系建设，探索将征信机构、评级机构引入文化企业信用体系建设的市场化模式，联合开发大数据信用平台，采集和共享文化企业信用信息，建立和完善信用评级和信用评分制度。

⑭加强和完善保险服务。鼓励保险公司积极开展文化保险业务，积极探索开发适合文化企业特点的险种，并按照收益覆盖风险的原则合理确定保险费率。支持保险公司创新保险产品和服务方式，探索提供适合文化企业特点和需要的新型险种。加快培育文化产业保险市场，完善文化产业保险服务链，提高文化产业保险深度和保险密度，有效分散文化产业的项目运作风险。

⑮推动文化企业融资担保。引导建立银行机构、小额贷款机构与融资担保和保险机构的合作联动机制，鼓励融资性担保公司开展知识产权等无形资产抵押担保业务，给予政策支持。支持与文化银行合作的担保公司申请市级政银担合作产品补贴政策。通过担保、再担保、联合担保以及担保与保险相结合等方式多渠道分散承贷银行的信贷风险，进一步畅通文化企业融资渠道。

（六）构建文化产业要素市场和评估交易体系

⑯创新知识产权保护和服务。鼓励知识产权评估机构发展，完善知识产权评估体系，探索知识产权行政管理工作新理念和新模式，推进专利、商标、版权等行政管理、行政执法和公共服务“三合一”综合管理改革。加强文化产业知识产权保护，加大知识产权违法案件查处力度，完善维权援助服务机制，为文化企业提
供知识产权维权援助服务。

⑰发展文化类要素交易市场。积极引入文化产权交易所、版权交易中心、知识产权交易中心、文化产品拍卖中心等文化产业相关的要素市场，促进文化产品和要素在全国范围内的合规有效流转，发挥要素市场的资源配置功能。

⑱完善无形资产估值定价机制。鼓励文化产权交易所等机构开展无形资产评估、确权、登记、托管、流转等服务，建立健全无形资产价值评估体系。积极探索版权、专利权、商标专用权、IP等权利质押贷款业务，增强文化企业的融资能力，进一步促进文化资源的资产证券化。

（七）构建文化金融人才智力支撑体系

⑲培育引进文化金融专业人才。加快金融与文化产业复合型人才培养力度，定期组织文化金融培训工作。鼓励行业协会、企业及有关高校结合国内外实践，开展业务知识培训，形成多层次的人才教育、培训体系。充分发掘中国成都人力资源服务产业园（成都人才园）的人才集聚优势，引进一批兼具金融和文化产业知识的综合型人才，为文化金融发展提供智力支撑。

⑳构建文化金融智库。进一步深化校、院、企、地合作，打造文化金融研究基地，构建文化金融智库。通过与国内外知名金融机构、文化企业、专家学者等建立常态化学术研究探讨机制，开展文化金融创新研究。

（八）构建文化金融配套服务体系

㉑推动设立文化金融协会。积极支持金融机构、文化企业、高校、科研院所、行业领军人物等

共同发起设立文化金融协会，发挥政府与市场之间的桥梁纽带作用，促进行业规范健康发展。

㉒建立文化金融数据库。整合统计、税务等各方资源，完善文化金融产业统计监测体系，按照《成都文化创意产业统计报表制度》相关要求，对青羊区文化产业重点门类的骨干型、成长型、特色型和创业型文化企业信息进行分类汇集整理，建立各细分行业的数据资源库。实现资源共享、功能集成、动态维护，具备提供文化企业基础数据和融资需求信息等功能。

㉓搭建文化金融服务平台。坚持政府引导、市场主体原则，引入社会优质资源构建天府文化金融服务平台。平台采用线下载体和线上平台相结合的方式，重点集成投资融资、项目促进、市场营销、创新创业等服务功能，为文化企业与金融机构对接提供平台支撑。

㉔优化文化金融法治环境。依托行业部门、行业协会、征信机构开展文化企业诚信体系建设。构建知识产权侵权查处、纠纷调解体系，推动知识产权行政执法与刑事司法衔接，加大知识产权侵权行为的打击力度。强化金融监管，切实防范金融风险，推动设立金融审判庭，实现案件“快立、快审、快执”，营造文化金融发展的良好环境。

三、实施步骤和时间进度

（一）启动阶段。2018 年 6 月，成立青羊区文化金融融合发展工作领导小组，制定指导意见，明确部门责任，细化工作措施，全面启动相关工作。

（二）前期推进阶段。2018 年 7 月—2020 年 10 月，协调各部门落实工作计划，按责任分工推进具体工作任务。研究出台相关促进政策，决定重大事项，协调解决工作中的重大问题，推进文化金融健康发展。

（三）中期评估阶段。2020 年 11 月，根据工作推进情况开展中期分析评估，总结工作的做法、经验以及存在的问题，完善改进措施，督导工作推进和目标落实。

（四）后期推进阶段。2020 年 12 月—2022 年 10 月，深入推进文化金融融合发展，力争成为全国“单打冠军”，成功申报四川省、国家“文化金融合作示范区”。

（五）总结阶段。2022 年 11 月，对文化金融发展情况进行总结，形成文化金融发展青羊经验，为西部金融中心、文创中心建设贡献青羊力量。

四、保障措施

（一）健全工作推进机制。成立文化金融融合发展工作领导小组，由区政府主要领导任组长，区金融局、区文体旅局、区少城国际文创硅谷管委会、区金融商务服务区管委会牵头，相关部门、街办为成员，建立联席会议制度，统筹推进文化金融发展，形成长效工作机制。文化金融融合发展领导小组下设办公室，负责全区文化金融工作的日常指导、协调和组织实施。

（二）完善政策扶持保障。积极争取文化金融纳入省、市金融业发展重点方向，力争青羊区成为省、市文化金融发展先行先试区域，获得政策、资金、项目的重点支持。充分发挥财政资金杠杆作用，支持文化企业在项目实施中更多运用金融资本，实现财政政策、产业政策与文化企业需求的有效衔接。鼓励银行、基金、信托等金融机构和社会资本通过多种形式投资文化产业，给予一定政策支持。

（三）加强目标绩效考核。建立年度目标责任制，加强工作督查考核，确保各项工作目标落到实处、按期完成。各牵头部门、责任部门要加强对工作任务的分解落实，层层压实责任。具体工作任务纳入区委、区政府对各部门的日常工作督导，各牵头单位要加强对工作进度的指导督促。

（四）营造文化金融舆论氛围。开展文化金融发展的相关理论研究与成果推广活动，定期组织文化金融融合创新发展经验交流会，选取一批有影响和借鉴意义的文化金融企业、重点项目进行经验推广。加强与“中国文化金融 50 人论坛”合作，定期举办文化金融高峰论坛，宣传和推广文化金融合作的经验和成效，提升青羊文化金融影响力。

附件 2-5

青羊区文化金融融合发展工作领导小组
关于印发《青羊区促进文化金融融合发展的若干政策》的通知

各成员单位：

《青羊区促进文化金融融合发展的若干政策》已经青羊区文化金融融合发展工作领导小组同意，现印发给你们，请认真贯彻执行。

青羊区文化金融融合发展工作领导小组

2018 年 7 月 11 日

青羊区关于促进文化金融融合发展的若干政策

为进一步促进文化金融融合发展，增强金融服务文化产业发展的能力，特制定以下政策。

一、构建文化金融产业生态体系

（1）新办文化企业自税务登记之日起五年内，每年度其区级地方贡献在 50 万元—200 万元（含 200 万元），按其区级地方贡献的 40%予以扶持；每年度其区级地方贡献在 200 万元—300 万元（含 300 万元），按其区级地方贡献的 50%予以扶持；每年度其区级地方贡献在 300 万元以上的，按其区级地方贡献的 80%、80%、80%、60%、60%予以扶持。

（2）新引进的法律服务、财务税务服务、资产管理服务、专业咨询服务、知识产权服务等专业服务企业，属于细分行业国内排名前 10 位或国际排名前 20 位的，经认定，给予不超过 50 万元的一次性开办补助；前 5 年分别按地方贡献的 100%、100%、100%、80%、60%给予扶持奖励。其他文化金融服务企业，经认定，按资质等级给予不超过 20 万元的一次性开办补助，年区级地方贡献 50 万以上的，前 5 年根据地方贡献规模按 40%—80%的比例给予扶持奖励。

二、构建满足文化企业全生命周期需要的金融组织体系

（3）鼓励商业银行设立文化银行、文创支行。支持经认定的文化银行、文创支行，申请市级政银合作产品贴息政策。

（4）鼓励文化类投资基金落户发展。对于注册关系在我区的基金管理公司，年度规模实到并在文化产业领域投出资金达到 1 000 万元以上的创业投资基金、5 000 万元以上的股权投资基金、10 亿元以上的产业投资基金分别按 5%、1%、0.5%给予奖励，最高奖励 500 万元。

三、构建以多层次资本市场为主的文化企业直接融资体系

（5）支持文化企业上市融资。对新在上海证券交易所、深圳证券交易所和海（境）外重点交易所首发上市融资的文化企业，给予最高不超过 500 万元奖励；对新进入全国中小企业股份转让系统的文化企业给予最高不超过 130 万元的奖励；对新进入天府股权交易中心交易板和融资板的文化企业给予最高不超过 50 万元奖励；对通过重组取得上市公司控股权，且将上市公司注册关系变更至我区的文化企业，视其区级地方贡献给予最高不超过 500 万元的一次性奖励。

（6）对通过在银行间市场和交易所市场发行债券和票据等方式进行融资的文化企业，给予最高不超过 50 万元奖励。

（7）对获得各类基金投资的初创型文化企业，经认定，按企业获得投资额（实际到位）的 10%予以一次性奖励，奖励最高不超过 200 万元。

四、构建以信贷融资为主的文化企业间接融资体系

（8）文化企业在银行（包括分支机构）、担保机构进行融资贷款实施重点文化项目研发、建设及市场推广的，对贷款期限在半年以上的贷款按贷款利息的 50%予以贴息，同一项目每年原则上最高贴息金额不超过 50 万元，贴息最长期限原则上不超过 3 年，同一贷款不能在区级部门重复申请贴息。

（9）对为文化产业项目提供融资贷款的银行和担保机构分别实施奖励和担保费补贴，企业融资贷款成功后，对银行按项目新增首贷贷款额的 0.5%实行一次性奖励，对单笔贷款的奖励费用最高不超过 10 万元。

五、构建基于企业信用的文化企业保险担保体系

（10）对担保机构每年（担保期内）按贷款项目年日均担保额的 1%给予担保费补贴，对单笔贷款的补贴费用最高不超过 10 万元。

（11）支持专业担保公司开设文化担保专营机构，支持与文化银行、文创支行合作的专业担保公司，申请市级政银担合作产品补贴政策。

六、建立文化产业要素市场和评估交易体系

（12）鼓励国内知名文化产品交易中心、交易机构、拍卖机构等要素市场落户，对成功落户的

运营企业给予最高不超过 100 万元的房租、装修及运营等综合落地补贴。

（13）鼓励知识产权创造与应用。对我区新认定的知识产权试点示范企业，按国家级、省级、市级分别给予 10 万元、7 万元、5 万元的一次性奖励。

七、构建文化金融人才智力支撑体系

（14）对新办的金融企业和机构，对年区级地方贡献总额达到 50 万元、100 万元、200 万元、300 万元以上的，对其高级经营管理人才，前 5 年可按其个人对我区年度贡献总额的 50%、100%、200%、300%给予奖励。

（15）对于在青羊区开展文化金融工作 2 年以上，且通过青羊区申报入选国家“千人计划”、四川省“千人计划”、成都“人才计划”等高层次人才及其团队，给予最高不超过 100 万元的一次性奖励；对于在青羊区开展文化金融工作 5 年以上的，且为青羊区产业发展带来重大经济社会效益的高层次人才及其团队，给予最高不超过 200 万元的一次性奖励。

八、构建文化金融配套服务体系

（16）支持发展各类文化产业行业协会、产业联盟和商会组织，对行业协会、产业联盟和商会组织在开展行业自律、制定行业标准、促进产业发展等方面有较大贡献的，给予每年最高不超过 30 万元的年度工作补贴。

（17）经区级或区级以上相关部门认定的文化金融运营机构和服务平台，视其区级地方贡献度、产业集聚度、宣传影响力、产业链带动等情况，按其租用办公用房所产生租金总额的 50%给予补贴，补贴期 3 年，3 年内租金补贴累计最高不超过 600 万元。

（18）支持搭建行业公共服务平台。对企业行业公共服务平台，按照年度实际投入的 50%，给予最高 200 万元的补助，连续补贴三年，三年后按照年度服务收入的 5%，给予最高 200 万元的奖励。对平台企业信息数据库的建设运营，采用政府购买服务方式给予支持。

（19）鼓励文化创意、设计服务等与金融产业融合发展，融合发展效果较好、对产业带动作用明显的项目，给予项目实施单位最高不超过 50 万元的一次性补贴。

（20）支持举办和参加文化金融节会活动。对有重大影响的节会活动的承办机构，按照其总费用支出扣除上级补贴后的余额部分给予 50%，最高不超过 200 万元的一次性补贴；对参加有重大影响的节会活动的重点企业和特色街区，按照其总费用的 50%给予最高不超过 10 万元的一次性补贴。

九、附则

（21）本政策所涉及的企业为税务登记及统计关系均在青羊区内且独立核算的法人企业。凡享受租房或购房补贴的企业，其所租或所购房屋原则应在青羊区内，享受扶持政策企业存续期不低于

10 年或达到协议年限。在此期间迁出，按相关规定和协议约定办理。

（22）本政策无法涵盖的，可参考市、区相关政策执行。由区级对口产业主管部门提出意见，报区级相关产业领导小组研究同意后提交区政府常务会审议。

（23）本政策所涉及的奖励、补贴等政策，所需资金由区级财政支出的，企业可就高不就低选择申报，一次性享受。奖励企业经营班子和奖励人才的政策不重复享受。享受奖励、补贴等政策的企业和人才，原则上需由企业或个人在每年 4 月以前提交享受该政策具体条款、享受该政策的实施年限等相关材料的申请，受理申请的街道或产业主管部门需在接到申请 1 个月之内给予申请企业（申请人）明确的答复，并对可享受的奖励或补贴在 2 个月内予以落实。申请享受上述政策的金融类企业由所属辖区街道（管委会）按程序进行初审，区金融局负责受理，经产业扶持联席会议进行评审后实施；申请享受上述政策的文化类企业由所属辖区街道（管委会）按程序进行初审，区文体旅局负责受理，经产业扶持联席会议进行评审后实施。

（24）本政策自 2018 年 7 月 11 日起施行，有效期五年，区级相关产业部门要按照本指导意见制订实施细则。本政策由青羊区文化金融融合发展工作领导小组负责解释。

附件 2-6

成都市武侯区人民政府
关于印发《武侯区进一步促进金融业发展若干扶持政策》的通知

各街道办事处，区政府各部门：

《武侯区进一步促进金融业发展若干扶持政策》已经区政府2017年第1次常务会议和区委七届第13次常委会议审议通过。现印发给你们，请认真遵照执行。

成都市武侯区人民政府

2017年2月6日

武侯区进一步促进金融业发展若干扶持政策

按照《武侯区推进现代金融业发展实施意见》（成武府办〔2016〕77号）的文件精神，为深入实施“七区战略”，构建与武侯区经济社会发展和产业转型升级相适应的金融生态环境，按照政府引导、统筹推进原则，结合我区实际，特制定本政策。

第一章　总则

第一条　本政策支持对象为工商、税收和统计关系均在我区的金融机构、地方准金融机构、各类金融配套服务机构（楼宇）、通过融资和资本市场发展壮大的各类实体企业，以及参与优化我区金融服务环境的相关机构。

第二条　本政策所称金融机构是指经国家金融监管部门批准设立的银行、证券公司、保险公司、证券投资基金管理公司、期货公司、信托投资公司、金融租赁公司、消费金融公司、金融资产管理公司、财务公司、第三方支付等经营性持牌金融企业。

第三条　本政策所称地方准金融机构是指经省级及以下金融、商务等主管部门审批，在我区设立的法人小额贷款公司、融资性担保公司、商业保理公司、融资租赁公司、权益类交易场所等机构。

第四条　本政策所称私募基金管理机构（含股权投资基金和产业投资基金管理机构等）是指工商、税收、统计关系在我区，且在发改部门或中国证券投资基金业协会进行备案的管理机构。

第五条　本政策所称上市是指在上海证券交易所、深圳证券交易所以及境外与我国政府签署证券监管合作备忘录的主要证券交易所（纽约证券交易所、美国纳斯达克、香港联交所、新加坡交易所等）首发上市融资；挂牌是指在全国中小企业股份转让系统或成都（川藏）股权交易中心挂牌。

第六条　本政策优先支持落户我区“人民南路金融服务业集聚区”和经我区认定或重点培育的金融专业楼宇的各类金融机构。

第二章　鼓励金融要素集聚发展

第七条　鼓励金融机构集聚发展。

（一）对新成立注册资本达1亿元（含）以上（外资部分按即时汇率折算等值人民币，下同）的法人型银行、证券、保险、期货、信托公司及其专业子公司，自其注册资本金足额到位并实现首次纳税后，连续三年分别按50%、30%、20%比例给予如下补贴：注册资本达到1亿元的，给予500万元补贴；注册资本1亿元以上的，注册资本每增加1亿元，给予100万元补贴，不超过5 000万元。

对新成立注册资本达1亿元（含）以上的其他法人金融机构，自其注册资本金足额到位并实现首次纳税后，按实缴注册资本的1%，连续三年分别按50%、30%、20%比例给予入驻补贴，不超过5 000万元。

对新成立注册资本达1亿元（含）以上的法人地方准金融机构，自其注册资本金足额到位并实现首次纳税后，按实缴注册资本的0. 1%给予一次性入驻补贴，不超过300万元。

（二）对我区法人金融机构、法人地方准金融机构在本政策实施后增资的，参照本条政策第（一）款规定，对其增资部分给予补贴。

（三）对新成立的下列独立核算的法人金融机构省级分支机构及证券、期货公司营业部，在其实现首次纳税后，连续三年分别按50%、30%、20%比例给予如下入驻补贴：

①对法人银行机构省级分行，给予500万元补贴。

②对保险、证券、期货、金融资产管理公司省级分公司，给予300万元补贴。

③对证券、期货公司营业部，给予50万元补贴。

④对证券、期货公司营业部升级为省级分公司的，在已获补贴基础上，参照本款第2项规定的标准予以补足。

（四）对符合本政策第七条第（一）、（三）款规定条件且为新成立成都市的世界500强金融机构，再给予100万元一次性入驻补贴。

（五）对新成立的法人金融机构及其专业子公司、省级分支机构、法人地方准金融机构，在我区“人民南路金融服务业集聚区”和经我区认定或重点培育的金融专业楼宇，自建或购买办公用房的（不包括经营性用房，下同），按建房核算成本或购房合同价格的5%给予一次性补贴，不超过 300 万元；租赁办公用房的，3 年内每年按房屋租金的 30%给予补贴，累计不超过 300 万元。

（六）与我区签订打造“金融专业楼宇”协议，并确定为“武侯区金融服务专业楼宇孵化基地”的相关楼宇，在租售给我区金融机构用于办公场地的，每租售 5 000 平方米给予楼宇业主或运营管理企业 50 万元补贴，依次递增，对同一楼宇补贴不超过 500 万元。经我区验收认定为“金融专业楼宇”的，再给予楼宇业主或运营管理企业 50 万元一次性补贴。

第八条　促进私募投资机构发展。

（一）对实缴注册资本在 500 万元及以上，且发起设立 1 亿元（含）以上的私募基金管理机构，自其注册资本足额到位并实现首次纳税后，按国际知名、国内一流或国资参股，分别给予 50 万元、30 万元、30 万元一次性入驻补贴。

（二）对新成立的股权投资基金，募集资金额达到 1 亿元（含）以上的，对其管理机构给予补贴：公司制股权投资机构，按其对我区企业投资额的 0. 1%给予补贴；合伙制股权投资机构，按其对我区企业投资额的 0. 05%给予补贴；单户机构补贴不超过 500 万元。

第九条　鼓励金融配套服务机构聚集发展。

对新成立的下列法人或独立核算的金融配套服务机构，取得如下资质，给予 10 万元一次性入驻补贴。

（一）取得中国证监会授予的从事证券、期货业务资产评估资质的资产评估机构。

（二）取得中国人民银行授予的银行间债券市场或信贷市场评级资格；或取得中国证监会授予的公司债发行评级资格；或取得国家发改委授予的企业债发行评级资格的信用评级机构。

（三）取得相关金融从业资格的会计师事务所、保险中介（保险代理、保险销售、保险经纪、保险公估）、金融信息与数据服务等专业化配套服务机构。

第三章　促进企业在多层次资本市场壮大发展

第十条　鼓励企业上市和挂牌。

（一）对拟上市企业按照当前的审核机制，分阶段给予总计 300 万元的上市补贴（其中：股份制改造完成补贴 50 万元、上市申报受理补贴 50 万元、股票发行完成补贴 200 万元）；对区外已上市企业将工商、税收、统计关系迁入我区并实现首次纳税的，给予 300 万元一次性补贴。

（二）对我区企业通过重组、并购等方式取得外地上市公司控股权，实现境内、境外上市，并将上市公司注册地迁回我区在实现首次纳税后，给予 300 万元一次性补贴。

（三）对在全国中小企业股份转让系统挂牌的企业，给予 50 万元一次性补贴；首次进入创新层的再给予 10 万元一次性补贴。

（四）对在成都（川藏）股权交易中心展示板、融资板、交易板挂牌的企业，分别给予 1 万元、20 万元、20 万元一次性补贴；对完成股份制改造且纳入四川省“创业板行动计划”的入库企业，再给予10万元一次性补贴。

（五）对在不同层次资本市场上市或挂牌的同一家企业，在已获补贴的基础上，按差额给予补贴。

第十一条　鼓励企业融资。

（一）对我区企业成功上市或挂牌，按首发融资额中投资我区金额的0.1%给予一次性补贴，不超过100万元。

（二）对我区已上市公司通过配股、增发、发行公司债券、可转债、中期票据、短期融资券、区域集优票据等进行再融资，按融资额中投入我区的0.1%给予补贴，单户企业每年补贴不超过50万元。

（三）对我区非上市企业通过发行企业债券、公司债、中期票据、短期融资券、中小企业私募债及集合债等方式直接融资的，单笔融资额2 000万元以上的，每笔给予10万元补贴，单户融资企业每年补贴不超过50万元。

第四章　优化金融服务环境

第十二条　对我区限额以上商贸企业、规模以上工业企业、

经认定的高新技术企业、软件企业以及年度经济贡献50万元以上的企业，通过我区融资性担保公司获得1年（含）以上担保贷款的，按担保额1.5%的标准给予补贴，单户贷款企业每年补贴不超过50万元；对担保期1年（含）以上且担保费不超过2.5%，按担保总额的0.5%给予补贴，单户担保公司每年补贴不超过50万元。

第十三条　对金融机构为我区提供“成长贷”“壮大贷”，以及按照“银税互动”协议，提供“税金贷”“税易贷”等融资产品的，按照贷款月平均余额的2%对签约银行给予补贴（计算公式：月平均余额=全年各月月末余额之和÷12），单户金融机构每年补贴不超过50万元。

第十四条　对支持我区主导产业发展，为我区企业提供创新金融产品和贷款担保抵押方式，开展知识产权质押融资、商标权质押贷款、采购合同质押贷款等无形资产质押融资服务的金融机构，按其为企业所提供融资额月平均余额的2%给予补贴（计算公式：月平均余额=全年各月月末余额之和÷12），单户金融机构每年补贴不超过50万元。

第十五条　对在我区新设立科技银行和专营机构、科技小额贷款公司、科技融资性担保公司、科技证券公司、科技保险公司等科技金融机构给予20万元一次性补贴。

第十六条　对我区企业使用经认定的区级重点科技金融服务平台，每户按平台使用费的20%给予补贴，累计不超过30万元。

第五章 促进金融人才集聚

第十七条 对新成立的高层次金融人才，按照《成都市武侯区引进高层次创新创业人才实施办法》有关规定，享受相应的激励政策，其他按照我区相关文件执行。

第十八条 我区新成立的金融企业，自开业之日起，对其年收入 100 万元以上，并在我区依法纳税的高级专业技术人才和高级管理人才，每人给予 5 万元一次性人才补贴，单户企业不超过 10 人。

第六章 附则

第十九条 对我区经济发展具有重要意义的重大金融项目，采取“一事一议”的办法给予特别优惠补贴。

第二十条 享受本政策的各类机构、企业，承诺在我区存续期 10 年以上，如确需迁离本区的，须提前告知并退还享受的补贴资金。自建或购买办公用房获得补贴的，在经营期内不得将办公用房对外租售和改变用途。因违规违法造成不良后果的，取消其享受本政策的资格，已享受的补贴须全额追还。

第二十一条 对相关机构或企业在资金申请中弄虚作假、骗取扶持资金的，追缴全部已拨付资金，并依法追究法律责任。

第二十二条 本政策与区内相关政策对相同或相似事项的规定重复或冲突的，按最优政策执行，不重复享受。

第二十三条 本政策自发布之日起施行，有效期 5 年。在执行过程中若遇国家、省、市调整相关政策，按调整后的政策执行。

第二十四条 本政策由武侯区政府授权区国资和金融办负责解释。符合本政策条件的相关机构或企业申请相关扶持的，须由区国资和金融办会同区发改局、区投促局、区人南推进办、区楼宇办、区统计局、区财政局、区国税局、区地税局、企业所属街道等相关单位进行认定，具体实施细则另行制订。

附件 2-7

成都市武侯区人民政府
关于印发《成都市武侯区关于支持大健康金融产业发展的若干政策》的通知

各街道办事处，区政府各部门：

《成都市武侯区关于支持大健康金融产业发展的若干政策》已经区政府 2018 年第 38 次常务会议和区委七届第 64 次常委会议审议通过。现印发给你们，请认真遵照执行。

成都市武侯区人民政府

2018 年 11 月 2 日

成都市武侯区关于支持大健康金融产业发展的若干政策

第一章　总则

第一条　支持对象。工商、税收和统计关系均在我区，经认定的“西部大健康金融中心一大健康金融机构”，通过融资和资本市场发展壮大的大健康产业相关企业，以及购买“西部大健康金融中心”相关产品和服务的企业。

第二条　适用范围。本政策所称大健康金融机构包括金融机构、地方准金融机构、各类金融配套服务机构（楼宇）、金融协会、金融服务平台。其中，金融机构是指经国家金融监管部门批准在我区设立的银行、证券公司、保险公司、证券投资基金管理公司、私募基金管理机构、期货公司、信托投资公司、金融租赁公司、消费金融公司、金融资产管理公司、财务公司、第三方支付等经营性持牌金融企业；本政策所称地方准金融机构是指经省级及以下金融等主管部门审批，在我区设立的法人小额贷款公司、融资性担保公司、商业保理公司、融资租赁公司、权益类交易场所、金融科技企业等机构；本政策所称金融配套服务机构是指经金融主管机构审批持牌经营或授予资格的金融配套服务中介机构，如保险中介、信用评级机构、资产评估机构、会计师事务所等；本政策所称金融协会和金融服务平台是指工商、税收和统计关系在我区的相应主体。本政策所称大健康企业是指工商、税收和统计关系均在我区的，且符合我区主导产业发展方向的大健康产业企业。

第二章　鼓励大健康金融发展

第三条　推动打造保险功能集聚区。鼓励培育发展各类创新型保险机构，推动设立健康保险、科技保险、互联网保险、互助保险、责任保险等专业保险组织和保险经纪、保险销售等中介服务组织。围绕人民南路文创金融集聚区国际商务会客厅建设，以中外合资及外资保险集聚发展为重点，全面打造保险功能集聚区，不断提升大健康金融国际化水平。

第四条　创新保险消费市场：

（一）鼓励武侯区保险机构针对医疗责任、重大疾病、健康管理、失能收入损失、长期护理、药品不良反应等领域探索创新健康类保险产品和服务，单个保险机构按照不超过当年健康类保险保费总收入的5%给予补贴，最高不超过50万元。

（二）鼓励武侯区内企业或个人购买符合本条第（一）款规定条件的含创新型健康类保险产品在内的各类保险产品，推动健康保险产品和服务的完善。

（三）对武侯区上一年度经济贡献5 000万元（含）以上的企业和新引进的重大投资促进项目，为其高管或专业技术人才购买符合本条第（一）款规定的创新型健康寿险类保险产品，给予补贴：①新引进的市级重大投资促进项目，按其实际保费支出的50%，给予最高不超过30万元一次性补贴；②新引进的区级重大投资促进项目或区内上一年度经济贡献5 000万元（含）以上企业，按其实际保费支出的30%，给予最高不超过20万元一次性补贴。

（四）符合成都市武侯区“诸葛人才行动计划”人才政策资格与条件的新引进高层次创新创业人才、重点培养的“诸葛优才”（注：包括新引进的A、B、C类和优秀人才培养A类），其购买符合本条第（一）款规定的创新健康寿险类保险产品，按其实际保费支出集中缴纳的30%或1年期缴纳额为限，给予最高不超过5万元的一次性补贴。

（五）支持武侯区财产保险机构探索完善科技保险、贷款保证保险、第三方责任险、巨灾保险、安全责任险等产品和服务，以及与银行等其他金融机构合作开发与上述险种相关的新型险种。按照不超过当年支持区内企业的保险保费总收入的5%给予补贴，单个财产保险机构不超过20万元。

第五条　利用资本市场促进实体经济证券化：

（一）区内拟上市的大健康金融机构在股份制改造过程中因审计调整而补缴相关费用的，在成功上市后，补缴部分参考地方经济贡献部分的30%金额对企业进行一次性补贴。

（二）在《四川省人民政府办公厅关于实施鼓励直接融资财政政策的通知》（川办发〔2015〕86号）第二条第（一）款的基础上，对为武侯区内向大健康金融机构、大健康企业债券融资提供承销服务，且已享受四川省该款政策补贴的我区承销机构，按其省级补贴的50%给予额外激励补助。对为武侯区内大健康金融机构、大健康企业发行债券融资提供信用增进服务，且已享受四川省该款政策补贴的我区服务机构，按省级给予风险损失额的50%给予额外风险分担补助。单家服务机构年度奖励额不超过100万元。

第六条　鼓励金融机构向大健康企业提供融资。对为武侯区大健康企业提供融资租赁、消费金融和商业保理等服务的大健康金融机构，按其当年融资总额的0.5%给予补贴，单户金融机构每年补贴最高不超过 100 万元。融资租赁机构购买区内大健康企业生产或销售的先进装备，按采购金额的 0.5%给予补贴，单户融资租赁机构每年补贴最高不超过 100 万元。

第七条　鼓励产业基金投资大健康企业。发挥财政资金引导作用，鼓励社会资本投资大健康产业，设立规模 20 亿元的“大健康产业引导基金”，重点投资市、区级以上重大项目和特别重大项目。

第八条　推动健康产融智库平台建设。对我区金融机构、地方准金融机构或实体企业使用经区金融主管部门认定的区级重点大健康产融智库平台的专业服务进行产品与服务创新升级，对其全年采购费用的 50%予以补贴，每年最高不超过 50 万元。

第九条　推动健康大数据体系建设。鼓励区内金融机构、地方准金融机构或大健康机构参与武侯区健康医疗大数据交易。对于上述机构购买武侯区健康医疗大数据共享与交易中心的有关数据产品、参与数据交易产生的费用，按照全年发生的费用总额据实给予 50%的补贴，每年最高不超过 50 万元。

第十条　提升大健康产业科研成果转化的金融支持力度。鼓励金融机构提供专业的金融产品和服务，大力支持区内以四川大学华西医院、华西口腔医院、华西第二医院、华西第四医院为龙头的医疗机构在大健康领域的产业化发展，包括但不限于充分发挥资源优势探索健康管理、打造健康医疗大数据“集成、分析、开发和应用”体系等。充分发挥“综合金融服务平台”的作用，有效对接大健康企业与金融机构，提供投融资专业撮合服务，加快健康领域科技成果转化并实现市场化应用，充分利用资本力量促进企业发展壮大。

第三章　附则

第十一条　对税收贡献大、带动性强、成长性好的重点金融机构或项目，采取“一事一议”的办法给予特别优惠补贴。

第十二条　享受本政策相关扶持的有关机构，承诺在武侯区正常经营的存续期不得低于 20 年或投资协议约定年限，在此期间迁出武侯区的，原享受的扶持补贴资金须全部退回。

第十三条　符合本政策扶持条件的企业，同时又满足武侯区其他扶持政策条件的，按照“就高不就低、同类不重复”的原则申报和执行。

第十四条　采取事后资助的方式，经专家评审，对符合条件的项目给予资助。

第十五条　对相关企业在资金申请中弄虚作假、骗取扶持资金的，追缴全部已拨付资金，并依法追究法律责任。

第十六条　本政策在执行过程中若遇国家、省、市调整相关政策，按调整后的政策执行；若需进行修订，按修订后的政策执行。

第十七条　本政策自发布之日起 30 日后施行，有效期五年。

第十八条　本政策由武侯区政府授权区国资和金融办负责解释。符合本政策条件的相关机构或企业申请相关扶持的，须由区国资和金融办会同区级相关单位进行认定。具体实施细则另行制订。

附件 2-8

成都市青白江区人民政府办公室
关于印发成都市青白江区提升企业信贷获得便利化水平
和保护中小投资者行动计划的通知

各乡镇人民政府、街道办事处，区政府有关部门，有关单位：

《成都市青白江区提升企业信贷获得便利化水平和保护中小投资者行动计划》已经区委、区政府同意，现印发给你们，请认真贯彻执行。

成都市青白江区人民政府办公室

2019 年 3 月 26 日

成都市青白江区提升企业信贷获得便利化水平
和保护中小投资者行动计划

为深入贯彻落实习近平总书记关于加大营商环境改革力度的重要指示精神和党中央、国务院决策部署，加快建设“陆海联运枢纽、国际化青白江”，提升企业获得信贷便利化水平，加强中小投资者权益保护，营造健康优质的金融秩序和发展环境，制订本行动计划。

一、提升企业信贷获得便利化水平行动计划

（一）优化对接服务，提升融资便利

①构建融资服务平台。建立中小微企业科技金融服务平台，利用互联网技术深度融合各类金融和中介资源，通过手机端 APP、网站、政务服务大厅金融服务自助设备为企业提供免费注册、需求发布、产品推荐、融资对接、中介服务等一站式综合金融服务，对使用平台实现融资的单户企业按融资成本费用的 10%给予年度最高 20 万元补助。引导银行机构加大“农贷通”平台信用贷款投放力度，提升涉农金融服务水平。［责任单位：区经科信局、区财政局、区农业农村局、区商务局、区国资金融局、区审批和营商环境局、港管委、区欧管委、区工管委（区智管委），各驻区金融机构］

②开展金融服务活动。建立健全招商引资主办行制度，主办行全程参与企业注册开户、资金结算、融资贷款、上市发债等全生命周期金融服务。建立产业融资对接服务机制，按行业梳理企业融

资需求，定期组织政金企对接活动，为企业量身定制“债权+股权+增信”全方位融资服务方案。［责任单位：区经科信局、区农业农村局、区商务局、区投促经合局、区国资金融局、港管委、区欧管委、区工管委（区智管委），各驻区金融机构］

（二）加强金融创新，降低融资门槛

③推广政策性金融产品。充分发挥财政资金杠杆效应，扩大“壮大贷”“科创贷”等政策性金融产品覆盖范围。运用科技金融手段，研发“物流贷”“贸易贷”等青白江特色纯信用类融资产品，降低轻资产企业融资门槛。（责任单位：区经科信局、区财政局、区商务局、区国资金融局、港管委，各驻区金融机构）

④创新信贷和保险服务。推动税务部门与银行业金融机构深入开展“银税互动”，鼓励银行业金融机构依托纳税信用评价结果为企业发放信用贷款，拓宽中小微企业信用贷款渠道。鼓励保险机构开展信用保证保险、关税保证保险等保险业务，为企业融资、缴税、退税提供风险保障，按实际收取保费收入的50%给予保险机构奖励，单户金融机构奖励不超过30万元。（责任单位：区财政局、区国资金融局、区税务局，各驻区金融机构）

⑤开展供应链金融服务。建立供应链金融服务平台，为供应链上下游企业提供基于真实贸易背景下的应收账款、仓单、预付款融资和票据贴现服务，大力发展商业保理、融资租赁等金融业态，提升企业资金周转效率，降低企业资金占用成本。对使用平台实现融资的单户企业按融资成本费用的10%给予年度最高20万元补助。（责任单位：区财政局、区商务局、区国资金融局、港管委）

⑥推广“一单制”融资。推动建立基于国际铁路运输、多式联运的国际贸易融资规则，依托签发多式联运单证的物流企业全程控货机制，开展跨境人民币结算和融资业务。支持物流企业、贸易企业等市场主体和金融机构申请成为国际陆路运输单证（包括多式联运提单、国联运单）融资改革创新试点单位，并建立试点单位合作对接平台，支持试点单位强化业务合作。支持国际陆路运输单证推广应用，对签发或使用国际陆路运输单证作为信用证议付或贸易融资票据的物流企业等，对单证承载的货值，按0.02元人民币/1美元的标准，给予单户企业年度最高100万元奖励。（责任单位：区财政局、区国资金融局、港管委、港投集团）

⑦加大直接融资支持力度。鼓励企业在天府（四川）联合股权交易中心、全国中小企业股份转让系统（新三板）挂牌融资和在主板、中小板、创业板和科创板上市，分阶段给予最高300万元奖补支持。鼓励上市企业再融资，支持非上市企业发行企业债、公司债、中期票据等债务融资工具，按融资比例给予最高50万元奖补支持。设立规模为10亿元的蓉欧产业投资引导基金，鼓励各类投资机构和社会资本加大股权投资力度。［责任单位：区经科信局、区财政局、农业农村局、区商务局、区国资金融局、港管委、区欧管委、区工管委（区智管委）］

（三）健全担保体系，降低融资成本

⑧增强融资担保服务能力。增加区属融资担保公司注册资本金，提升小微企业和“三农”融

资担保服务能力和自身抗风险能力。鼓励融资担保公司基于风险可控原则降低小微企业和“三农”融资担保费用，按担保额的1%给予区属融资担保公司补贴。（责任单位：区财政局、区国资金融局，区属融资担保公司）

⑨建立政府性融资担保风险补偿机制。加强政银担合作，推动财政、驻区银行、区属融资担保公司共同参与设立区级政府性融资担保风险补偿资金池，对于支小支农担保业务发生的代偿风险，给予区属融资担保公司一定比例的补偿。（责任单位：区财政局、区国资金融局，驻区银行，区属融资担保公司）

⑩降低国际陆路运输贸易融资成本。支持开展基于国际陆路运输单证的金融服务和产品创新，对通过国际陆路运输单证融资的进出口贸易企业，对融资利息（按人民银行一年期基准利率）、融资担保和开信用证等费用给予100%的补贴，年度单户企业最高补贴金额不超过100万元。（责任单位：区财政局、区国资金融局、港管委）

二、保护中小投资者行动计划

（一）严厉打击各类非法金融活动。整合并充实处置非法集资工作力量，加大非法金融活动打击力度，开展互联网金融风险专项整治，坚决禁止一般类工商企业或个人从事或变相从事贷款、理财、融资担保等金融业务，对非金融机构公开进行的金融类广告宣传依法予以取缔和处罚。（责任单位：区公安分局、区国资金融局、区市场监管局、区审批和营商环境局）

（二）畅通中小投资者维权渠道。支持中小投资者运用区长信箱、金融机构服务热线电话和相关区级部门公开电话、邮箱等合法渠道咨询、反映、投诉金融服务问题，对合理诉求于3个工作内予以答复。积极构建金融审判团队，运用银行业纠纷调解中心、保险消费者权益保护中心及成都市金融消费纠纷人民调解委员会等机制，支持中小投资者依法维权，降低维权成本。（责任单位：区法院、区检察院、区公安分局、区国资金融局、区信访局，各驻区金融机构）

本行动计划所涉相关产业扶持政策由区国资金融局和港管委负责解释，自公布之日起实施，有效期两年。区级其他同类政策规定与本政策不一致的，按就高不就低的原则，企业择一申报，不重复享受。

附件 2-9

中共成都市金牛区委 成都市金牛区人民政府关于印发《金牛区加快金融业聚集发展的若干政策》的通知

各街道党工委和办事处，区级各部门：

现将《金牛区加快金融业聚集发展的若干政策》印发给你们，请结合实际认真贯彻执行。

中共成都市金牛区委

成都市金牛区人民政府

2018 年 11 月 15 日

金牛区加快金融业聚集发展的若干政策

为贯彻落实成都建设国家西部金融中心大会精神，大力推进金融业高质量发展，加快建设西部金融中心北城增长极，特制定本政策。

一、鼓励支持银行、证券、保险类金融机构聚集发展

第一条　支持法人机构聚集

（1）对新引进的法人型银行、证券、保险类机构，自注册资本金足额到位之日起，分三年按 50%、30%、20%比例给予如下开办奖励：注册资本达到 1 亿元的，给予 500 万元奖励；注册资本每增加 1 亿元，奖励增加 100 万元，最高不超过 2 000 万元。

（2）对新引进的外资法人机构，自注册资本金足额到位之日起，分三年按 50%、30%、20%比例给予如下开办奖励：注册资本达到 1 500 万美元的，给予 500 万元人民币奖励；注册资本每增加 1 000 万美元，奖励增加 200 万元人民币，最高不超过 3 000 万元人民币。

（3）对新引进的法人型银行、证券、保险类机构，在我区范围内租用办公用房的，自正式经营之日起，三年内按其租金总额的 50%给予扶持，累计不超过 500 万元；购置办公用房的，自正式经营之日起，按其购买办公用房总金额的 20%，给予最高不超过 800 万元的扶持（获得购买扶持的办公用房 10 年内不得对外租售）。

第二条　支持省级分支机构聚集

（1）对新引进的银行、证券、保险类机构的省级分支机构、业务总部、运营管理中心或后台

服务中心，按 50%、30%、20%的比例，分三年给予 300 万元开办奖励。

（2）对新引进的外资省级分支机构，按 50%、30%、20%的比例，分三年给予 500 万元人民币开办奖励。

（3）对新引进的银行、证券、保险类金融机构的省级分支机构、业务总部、运营管理中心或后台服务中心，在我区范围内租用办公用房的，自正式经营之日起，三年内按其租金总额的 50%给予扶持，累计不超过 300 万元；购置办公用房的，自正式经营之日起，按其购买办公用房总金额的 20%，给予最高不超过 500 万元的扶持（获得购买扶持的办公用房 10 年内不得对外租售）。

第三条　支持机构壮大发展

（1）对新引进我区且已获得开办奖励的银行、证券、保险类法人机构，因业务发展需要增加注册资本金的给予增资奖励，按其增资后实际到位的注册资本金总额计算，补足开办奖励差额部分。

（2）对新设立的银行、证券、保险类的金融机构，在我区年度经济贡献达到 500 万元以上的，自注册成立之日起，前两年按对地方经济贡献的 80%为参照数，后三年以对地方经济贡献的 60%、50%、40%为参照数，连续五年安排资金予以扶持（每年最高不超过 1 000 万元）。

（3）对在我区的银行、证券、保险类的金融机构，自新办企业扶持期满后，当年在我区年度经济贡献达到 500 万元以上、实现正增长且增幅分别达 5%以内、5%—10%（含）、10%以上的，分别按当年对地方经济贡献的 10%（最高不超过 300 万元）、20%（最高不超过 400 万元）、30%（最高不超过 500 万元）为参照数，安排资金予以扶持。

二、鼓励支持准金融机构、新兴金融机构聚集发展

第四条　支持准金融、新兴金融机构聚集

（1）对新引进的融资租赁、消费金融、保险公估等准金融、新兴金融法人机构，按注册资本金实际到位的 1%，分三年按 40%、30%、30%的比例，给予最高不超过 1 500 万元开办奖励；对独立核算的非法人机构，按以上方式给予最高不超过 100 万元开办奖励。

（2）对新引进的融资租赁、消费金融、保险公估等准金融、新兴金融机构，在我区范围内租用办公用房的，自正式经营之日起，三年内按其租金总额的 50%给予扶持，累计不超过 100 万元；购置办公用房的，自正式经营之日起，按其购买办公用房总金额的 20%，给予最高不超过 200 万元的一次性扶持（获得购买扶持的办公用房 10 年内不得对外租售）。

第五条　支持准金融、新兴金融机构壮大发展

（1）对新引进我区且已获得开办奖励的融资租赁、消费金融、保险公估等准金融、新兴金融法人机构，因业务发展需要增加注册资本金的给予增资奖励，按其增资后实际到位的注册资本金总额计算，补足开办奖励差额部分。

（2）对新设立的融资租赁、消费金融、保险公估等准金融、新兴金融机构，在我区年度经济贡献达到100万元以上的，自注册成立之日起，前两年以对地方经济贡献的80%为参照数，后三年以对地方经济贡献的60%、50%、40%为参照数，连续五年安排资金予以扶持（每年最高不超过200万元）。

（3）对在我区的融资租赁、消费金融、保险公估等准金融、新兴金融机构，自新办企业扶持期满后，当年在我区年度经济贡献达到100万元以上、实现正增长且增幅分别达5%以内、5%—10%（含）、10%以上的，分别按当年对地方经济贡献的10%（最高不超过300万元）、20%（最高不超过400万元）、30%（最高不超过500万元）为参照数，安排资金予以扶持。

三、鼓励支持股权投资机构聚集发展

第六条　支持股权投资机构聚集

对在我区发起设立1亿元以上创业投资基金（认缴制，按实际到位资金并扣除政府引导基金份额计算，下同）、2亿元以上私募股权基金和5亿元以上产业投资基金的管理机构，按基金到位资金的1%给予奖励（上述各类基金，单只基金管理机构落户奖励总额累计不超过2 000万元）。

第七条　支持股权投资机构壮大发展

（1）对新设立的股权投资机构，在我区年度经济贡献达到50万元以上的，自注册成立之日起，前两年以企业在我区年度地方经济贡献的80%为参照数，后三年分别以企业在我区年度地方经济贡献的60%、50%、40%为参照数，连续五年安排产业扶持资金予以扶持（每年最高不超过2 000万元）。

（2）对在我区的股权投资机构，自新办企业扶持期满后，当年在我区年度经济贡献达到100万元以上、实现正增长且增幅分别达5%以内、5%—10%（含）、10%以上的，分别以企业当年在我区地方经济贡献的10%（最高不超过300万元）、20%（最高不超过400万元）、30%（最高不超过500万元）为参照数，安排产业扶持资金予以扶持。

四、鼓励支持金融人才聚集发展

第八条　鼓励金融机构团队创先争优

（1）对我区年度经济贡献达到200万元（含）以上、1 000万元（含）以上、3 000万元（含）以上、5 000万元（含）以上的金融机构、准金融机构、新兴金融机构、股权投资机构，分别以企业在我区年度地方经济贡献的2%、8%、10%、15%为参照数，给予经营管理团队奖励。

（2）对在我区集中汇缴年度个人经济贡献达200万元以上的金融机构、准金融机构、新兴金融机构、股权投资机构，以企业不超过5名高管人员个人地方经济贡献的100%为参照数给予一次性奖励；企业集中汇缴的年度个人经济贡献超过200万元以后，每增加100万元，增加不超过5名企业高管人员（最高不超20名），以个人地方经济贡献的100%为参照数给予一次性奖励。

第九条　鼓励高端金融人才落户创业

（1）对取得注册金融分析师（CFA）、注册金融策划师（CFP）、金融风险管理师（FRM）和保险精算师（FIA）资格，且在我区金融企业工作满2年以上的金融人才，按个人地方经济贡献的100%给予奖励。

（2）对持有“蓉城人才绿卡”，且在区内金融企业工作的金融人才，优先提供人才公寓保障，享受市、区人才公寓优惠政策；协助办理居留落户、社会保险、医疗保障、住房保障、子女就学、配偶就业等相关生活待遇。

（3）积极支持高层次金融人才及团队申报各级各类人才项目，对通过金牛区申报入选国家“千人计划”、四川省“千人计划”“蓉漂计划”的人才及团队，分别给予最高100万元、50万元、50万元的一次性激励资助。

五、附则

第十条　本政策适用于工商注册地、税务征收关系、统计关系均在金牛区且独立核算的银行、证券、保险等纳入人民银行金融机构编码范围的金融机构，融资租赁公司、小额贷款公司、融资担保公司等准金融机构，消费金融公司、供应链金融公司、科技金融公司、文创金融公司、保险公估公司等新兴金融机构，以股权投资为主要经营业务的股权投资机构及相关个人。

第十一条　对符合我区金融产业发展定位的特别重大招商引资项目、重点培育的金融产业龙头企业，经区对外开放领导小组审定后，可按“一事一议”的原则给予特殊政策支持。

第十二条　本政策对支持对象的各项年度扶持资金（开办奖励除外）合计数，原则上不超过其当年对地方经济贡献总额的100%。

第十三条　本政策由区金融办负责解释。

第十四条　本政策自公布之日起实施，有效期5年。

附件 2-10

成都市龙泉驿区人民政府办公室
关于印发龙泉驿区促进金融业发展
实施意见（试行）的通知

各街道办事处、镇乡人民政府，区政府各部门，经开区管委会各内设部门，区属国有公司：

《龙泉驿区促进金融业发展实施意见（试行）》已经十八届区人民政府第 39 次常务会议审议通过，现印发给你们，请认真贯彻执行。

成都市龙泉驿区人民政府办公室

2018 年 12 月 11 日

龙泉驿区促进金融业发展实施意见（试行）

为进一步加快我区金融业发展，因时顺势抢抓成都“东进”“中优”战略机遇，高品质推进“先进汽车智造区，美好生活品质城”建设，促进金融与经济融合发展，根据省政府办公厅《关于印发四川省金融业“十三五”发展规划的通知》（川办发〔2016〕103 号）和市委、市政府《关于进一步加快建设国家西部金融中心的若干意见》（成委发〔2018〕10 号）、《建设西部金融中心行动计划（2017—2022 年）》等文件精神，结合我区实际，制定本实施意见。

一、总体思路

贯彻落实党的十九大、全国金融工作会议和省委经济工作暨全省金融工作会议精神，紧紧围绕省市建设国家西部金融中心的战略部署，一是发挥市场在资源配置中的决定性作用，转变财政投入方式，推动财政直接补贴向间接引导转变，综合发挥政府投资基金的引导和撬动作用，推动财政传统管理向财政金融综合服务转变。二是通过政府投资基金和扶持政策引导，培育汽车金融等企业形成规模聚集，从而带动社会资本在区内金融集聚区、产业园等平台产生辐射效应。三是结合我区产业结构和区位特点，依托社会资本促进我区汽车产业能级提升，促进金融和实体经济良性互动、融合发展。四是在风险可控的前提下，进一步提升金融产业的服务功能和发展能级，推动区域金融业持续稳步发展。五是建立良性金融互动机制，畅通金融机构、企业与政府间的沟通渠道，发挥好桥梁纽带作用，提升企业融资服务质量，深化金融改革，不断优化金融生态环境。

二、发展目标

到2022年，初步建成中西部地区汽车金融智慧高地，实现金融业增加值约51亿元，占地区生产总值比重达2.8%以上。全区人民币存、贷款余额分别达到1 471亿元和1 020亿元；境内外多层次资本市场挂牌上市企业数量达到79家，其中主板上市（报会）7家；各类金融机构数量达到83家。

三、发展重点

（一）着力建设汽车金融功能区，逐步形成皇冠湖金融集聚区

1. 支持融合发展，着力引进汽车金融企业

鼓励引进和新设汽车金融公司、整车厂财务公司、汽车融资租赁公司、汽车保理公司及其专业子公司、分支机构；鼓励各大金融机构加强与区内汽车企业合作。发挥区域内汽车企业的带动作用和辐射能力，推动相关汽车金融机构落户我区，实现区域金融要素与优势产业融合促进、共同发展。

2. 坚持招大引强，逐步形成皇冠湖金融集聚区

鼓励新设和引进法人型银行机构、证券机构、信托机构、财务公司、融资租赁公司、保险机构及其专业子公司及省级分支机构；支持引进包括天使投资（Angel）、私募股权投资（PE）、风险投资（VC）在内的知名股权投资类金融企业；发挥政府产业投资基金引导作用和集聚带动效应，促进我区私募股权投资基金发展。通过鼓励各类金融机构集聚发展，打造我区皇冠湖金融集聚区，共建良好金融生态系统。

3. 引导设立新型金融机构，适度发展类金融企业

鼓励引进优质新型金融企业，扩大区内金融产业辐射面积。发挥新型金融企业对小微企业金融供给的重要补充作用，有效满足中小微企业和初创企业的融资需求，充分契合社会金融需求。发挥小额贷款公司为本地“三农”、科技创新和小微企业提供金融服务的作用；鼓励商业保理企业开展保理业务，创新发展模式，更好地服务中小企业；支持融资租赁公司为中小微企业提供个性化、定制化服务。

（二）大力发展多层次资本市场，促进实体经济发展

1. 推动企业上市（挂牌），增强企业股权融资能力

推动企业多渠道上市（挂牌），引导区内企业在主板、中小板、创业板、全国中小企业股份转让系统（以下简称：股转系统）、天府（四川）联合股权交易中心等全国性、区域性市场挂牌、上市、融资。推动符合条件的企业到海（境）外市场上市融资，积极鼓励和协助上市公司再融资和并购重组，支持企业引入股权投资。鼓励已上市公司迁入我区。发挥多层次资本市场作用，推动企

业运用股权融资，发挥金融对经济的促进作用。

2. 创新债权融资方式，发挥资本带动作用

创新区内企业使用债权融资的方式，发挥资本对经济发展的带动和引领作用，促进区内实体经济发展。推动非上市企业发行公司债、企业债、短期融资券、中期票据、中小企业私募债及集合债等各类债务融资工具。支持我区企业采用租赁方式融资。鼓励金融机构用好再贷款、再贴现和降准资金，对符合条件的小微企业落实无还本续贷政策。创新政府采购支持中小企业融资方式，鼓励金融机构依据政府采购合同向企业提供无抵押担保的融资服务。

3. 大力发展股权投资，鼓励社会资本集聚

一是按照“政府引导、市场主导、专业运作”的原则，通过设立各类政府投资基金，充分发挥财政资金的引导和杠杆作用。聚焦汽车（新能源）、军民融合、智能制造、医疗健康四个领域，与知名投资机构建立合作关系，启动投资项目，带动我区经济发展。二是吸引社会资本，发挥杠杆效应。与产业资本协同，聚焦我区优势产业，建立与核心企业资本沟通机制，推进社会资本设立产业发展子基金，促进股权投资类企业进一步扩大直接融资规模，引导带动社会资本参与加大对实体经济的投入。

（三）促进金融业提质增效，规范发展金融机构

1. 鼓励金融机构发展，促进产业转型升级

鼓励金融机构向我区无贷款记录企业发放首次信用贷款、抵押贷款及担保贷款。鼓励金融机构对我区中小微企业提供“成长贷”“壮大贷”，以及按照“银税互动”协议，提供“税金贷”“税易贷”等金融产品。鼓励金融机构提供创新金融产品和贷款担保抵押方式，开展知识产权质押融资、商标权质押贷款、采购合同质押贷款、应收账款质押融资等服务。鼓励金融机构与实体经济共同发展，促进我区产业转型升级。

2. 严控金融风险，规范地方金融机构发展

严控区域性金融风险，鼓励融资性担保公司和小额贷款公司规范发展。做好区内处非工作，将非法集资活动扼杀在摇篮中。严格落实中共中央关于防范化解金融风险的部署和安排，防范化解区域金融风险。

3. 鼓励引进金融人才，提升金融机构核心竞争力

加大金融人才引进力度，加快推进金融人才引才平台建设工作，完善市场化引才机制；搭建金融人才事业平台，完善金融人才培养机制，鼓励金融人才开展金融创新实践；加强金融人才服务保障，满足金融人才发展需求，营造良好的金融人才发展环境。

4. 提升品牌建设，营造良好金融发展氛围

搭建综合交流平台，营造良好的金融发展舆论氛围，鼓励举办“金融沙龙”、中小科技企业项目路演等活动，推动金融企业之间、金融企业与科创企业等实体经济之间的沟通。鼓励举办金融论

坛、金融专题研讨会、聘请金融专家授课，吸引更多金融界、科创界人士关注我区发展。建立与驻区金融机构的良好互动机制，建立银政企交流平台。

四、政策内容

（一）支持金融机构集聚发展

①鼓励法人机构聚集。对新成立的法人型银行、证券、信托、财务公司、融资租赁、保险类机构及其专业子公司，实缴资本达到1亿元（外资按即时汇率折算等值人民币，下同），从实现首次纳税之年起的连续三年，按40%、30%、30%比例给予500万元奖励，实缴资本每增加1亿元，奖励增加100万元，最高5 000万元。

②鼓励省级分支机构聚集。对新成立的银行、证券、信托、财务公司、保险类机构的省级分支机构，从实现首次纳税之年起的连续三年，按40%、30%、30%的比例给予500万元奖励。

③鼓励发展私募投资机构。对新成立的实缴注册资本在2 000万元（含）以上，且发起设立1亿元（含）以上的私募基金管理机构，自其注册资本足额到位并实现首次纳税后，按国际知名、国内一流，分别一次性给予50万元、30万元入驻奖励。

④鼓励发展产业投资基金子基金。对在我区发起设立5亿元以上产业投资基金的管理机构，按区内管理基金到位资金的1%，从实现首次纳税之年起的连续三年内按40%、30%、30%的比例给予最高2 000万元奖励；实缴资本到位5亿元以上的股权投资机构或管理规模5亿元以上的股权投资管理机构，按对地方发展贡献的60%，给予最高2 000万元奖励。

⑤大力引进汽车金融类企业。对新引进的汽车金融企业，从实现首次纳税之年起的连续五年内，按企业利润总额和企业经营增加值所形成的区级财政贡献以及个人对本区的地方财政贡献的100%给予奖励，单户企业不超过10人。

（二）鼓励提升经济证券化水平

①支持企业改制。对以上市或在股转系统挂牌为目的进行并完成股份制改造的企业，一次性给予50万元奖励。

②支持企业上市。对拟在境内外首次公开发行股票并经中国证监会和境外证券交易所管理机构正式受理申请材料的企业，一次性给予经营管理团队200万元奖励；对首次公开发行股票并上市的企业，再一次性给予经营管理团队50万元奖励。

③支持企业挂牌。对在股转系统挂牌的企业，成功挂牌的一次性给予经营管理团队50万元奖励，首次进入创新层的再一次性给予10万元奖励；对在天府（四川）联合股权交易中心成功挂牌的企业，一次性给予经营管理团队2万元奖励。对采用股权质押贷款融资的中小微挂牌企业，按基准利率的60%，一次性给予最高30万元利息补贴，对股权融资的中小微挂牌企业，按融资金额的10%，一次性给予最高100万元奖励。

④对我区企业成功上市或挂牌的，首发募集资金且募投项目在我区的，其直接融资额50%以上用于本区的，1亿~5亿元，每增加1亿元奖励10万元，投资额超过5亿元，每增加1亿元再奖励20万元，单户企业最高不超过200万元。

⑤对我区企业通过重组、并购等方式取得外地上市公司控股权，实现境内、境外上市，并将上市公司注册地迁回我区在实现首次纳税后，一次性给予300万元奖励。

6. 对新迁入我区的上市公司，一次性给予200万元的奖励，从实现首次纳税之年起的连续三年按企业利润总额和企业经营增加值所形成的区级财政贡献的100%给予再奖励。

（三）鼓励创新债权融资方式

①降低企业贷款成本。对加入我区企业信用数据平台并获得贷款的企业，按基准利息和担保费的50%，一次性给予最高20万元补贴。

②支持企业开展直接债务融资。对我区非上市企业通过发行公司债、企业债、短期融资券、中期票据、中小企业私募债及集合债等各类债务融资工具直接融资的，单笔融资额2 000万元以上的，每笔融资奖励企业10万元，单户企业最高不超过100万元。

③支持上市企业再融资。对我区已上市企业通过配股、增发、发行公司债、可转债、中期票据、短期融资券、区域集优票据等方式进行再融资的，按融资额中投入我区的0.1%一次性给予奖励，单户企业最高不超过100万元。

④支持我区企业采用租赁方式融资。对融资成本按银行同期贷款基准利息的70%进行补贴，单户企业最高不超过30万元。

（四）鼓励金融机构服务实体经济

①鼓励金融机构发放首次贷款。对金融机构向我区无贷款记录企业发放的首次信用或抵押贷款，按年度贷款总额的2%，对机构一次性给予最高100万元奖励；对金融机构向我区无贷款记录企业发放的首次担保贷款，按年度贷款总额的1%，一次性给予最高50万元奖励。

②鼓励金融机构增加中小微企业信贷投放。为我区中小微企业提供“成长贷”“壮大贷”“农贷通”“科创通”等特色融资服务。按照“银税互动”协议，提供“税金贷”“税易贷”等金融产品的金融机构，按贷款月平均余额的2%给予补贴（计算公式：月平均余额=全年各月月末余额之和÷12），单户金融机构最高不超过50万。中小微企业划分标准按《国家统计局关于印发统计上大中小微型企业划分办法的通知》（国统字〔2011〕75号）的规定执行。

③鼓励金融机构支持我区主导产业发展。对向我区主导产业相关企业提供知识产权质押融资、商标权质押贷款、采购合同质押贷款、应收账款等质押融资服务的金融机构，按其为企业所提供融资额月平均余额的2%一次性给予奖励，最高不超过100万元。

贷款月平均余额是指一个年度内各月末贷款余额的算式平均数。

本条①②③项由金融机构选择一项进行申报，不可重复申报。

（五）规范发展地方准金融业

①鼓励融资性担保公司和小额贷款公司规范发展。对监管评级达到合格以上，且营业收入达到1 000万元的融资性担保公司和小额贷款公司，按当年企业利润总额和企业经营增加值所形成的区级财政贡献的30%，一次性给予最高1 000万元奖励。

②鼓励第三方机构为企业增信。担保（保险）机构帮助企业获得银行贷款，按担保（保险）金额的0.5%，一次性给予担保（保险）机构最高100万元奖励。对担保（保险）机构帮助龙泉驿区无贷款记录企业获得首次贷款的，按年度贷款总额的1%，对机构一次性给予最高100万元奖励。对为龙泉驿区主导产业企业代偿的担保公司，按其为主导产业年度代偿额的5%，一次性给予最高100万元奖励。

（六）支持金融高层次人才聚集

①对在我区新成立的金融企业，自开业之日起，对其年收入100万元以上，并在我区依法纳税的高级专业技术人才和高级管理人才，从实现首次纳税之年起的连续三年按个人对本区的地方财政贡献的100%给予奖励，单户企业不超过10人。

②对经认定的高层次人才，开通绿色通道优先为其办理人才落户、子女入学、购房资格认定等事项。

（七）提升金融品牌建设

①对举办金融论坛、金融专题研讨会，聘请金融专家授课，拟定全区金融业发展战略和中长期发展规划，开展农村金融服务体系建设，发展多层次资本市场等专项工作给予相应补贴。补贴标准（以不超过实际发生额为限）专题研究确定。

②营造良好的金融发展氛围。建立与驻区金融机构的良好互动机制，向配合我区政府、部门及国有公司工作的银行机构在资金账户开设、存款支持等方面进行资源优先配置。

（八）鼓励维护金融环境

鼓励社会各界人士发现并及时举报金融风险线索，对提供的举报线索被采用的，按涉案金额和不同等级，给予最高10万元奖励。

五、保障措施

（一）明确职责，健全机制

建立以区财政局（金融办）牵头负责，区发改局、区科技和经信局、区国资和机关事务局、区人社局、区税务局、区市场和质量监管局、区商务和投促局、区人才办，经开区发服局、经开区汽车局、经开区汽研局、经开区工投局、经开区物流局等部门组成的金融产业议事协调机制，定期召开会议，研究重点支持方向和产业布局规划，构建多渠道银政企融资对接机制，形成政策合力。

（二）纳入预算，加大投入

建立健全对金融产业发展稳定投入的机制，根据金融企业实际情况加大相关投入力度。所有扶持资金财力分担原则上按照现行财政体制执行。企业按照此意见申请扶持资金时，区级相关部门根据工作职责负责审核，扶持资金应全额纳入部门预算。

（三）提高效率，绩效评价

本意见扶持对象享受本区各类奖励、补贴等扶持资金总和原则上以其政策扶持期内实现的区本级经济贡献为限。相关部门应建立健全扶持政策执行的统计制度和数据信息共享机制，确保扶持资金发挥对我区金融业发展的促进作用，实现金融与经济的融合发展。完善财政扶持资金绩效评价体系，发挥政策实效。

（四）营造守信氛围，加强社会信用体系建设

营造全区守信氛围，进一步加快推进社会信用体系建设，建立各领域企业红黑名单，健全跨部门失信联合惩戒机制，加强我区社会信用体系建设。

六、附则

（一）本意见适用于对象为工商、税收和统计关系均在龙泉驿区（成都经开区）的金融机构、各类金融服务平台或机构，实体企业以及相关个人。享受本政策的各类机构、企业自享受本政策奖励之日起10年内不得外迁或变相外迁（不可抗力除外），如确需迁离本区的，须提前告知并退还已享受的奖励资金。

（二）享受本意见扶持的企业或机构如从事洗钱、非法集资、网络传销等违法犯罪活动，弄虚作假、骗取扶持资金，一经查实的，将立即取消一切扶持资格并追缴资金，依法追究相关责任，并根据有关规定纳入公共信用信息数据平台。

（三）区属国有企业及其工作人员不享受本意见之政策［第（5）条第1款除外］。

（四）本意见政策部分与区内相关政策对相同或相似事项的规定重复或冲突的，按“就高不就低，不重复享受”的原则，由符合条件的机构、企业和个人自行选择申报，不得以相同事项重复申报。本政策所有奖励、补贴均为税前资金，涉税支出由企业（机构）或个人承担。

（五）本意见自2017年12月18日起施行，试行期2年。在执行过程中若遇国家、省、市调整相关政策，按调整后的政策执行。

附件 2-11

成都市温江区人民政府
关于印发成都市温江区加快医养金融功能区建设
若干政策的通知

各镇人民政府，各街道办事处，区政府各部门，各园区管委会：

《成都市温江区加快医养金融功能区建设若干政策》已经区政府同意，现印发给你们，请认真遵照执行。

成都市温江区人民政府

2018 年 9 月 3 日

成都市温江区加快医养金融功能区建设若干政策

为推动国家西部金融中心医养金融功能区建设，强化金融服务实体经济，提升金融产业能级，打造医养金融集聚区，构建医养金融生态圈，特制定本政策。

第一章　支持金融服务实体经济

第一条　提升企业证券化水平。对在主板、中小板、创业板上市的企业，给予分阶段累计不超过 400 万元的奖励；对在“新三板”挂牌的企业，给予分阶段累计不超过 150 万元的奖励；对在境外主要证券交易所（含香港交易所）挂牌上市的企业，给予分阶段累计不超过 400 万元的奖励；对在天府（四川）联合股权交易中心挂牌、融资的企业给予分阶段累计不超过 41 万元的奖励。具体按照《成都市温江区人民政府关于印发〈关于促进企业改制上市工作实施意见〉的通知》（温府发〔2017〕71 号）执行。

第二条　支持企业融资多元化。

（一）支持企业发债。对区内非上市企业通过发行公司债、企业债券、可转债、中期票据、短期融资券、区域集优票据等方式直接融资成功的，以实际融资余额按同期银行贷款基准利率和担保费率（不超过 3%）的 50%给予补贴，单户企业每年补贴不超过 300 万元，补贴期限最长不超过 3 年。

（二）降低企业融资成本。对获得银行贷款的医养企业，按同期银行贷款基准利率和担保费率

（不超过 3%）的 50%，给予企业最高 20 万元补贴。对获得成都市政策性贷款的医养企业，按同期银行贷款基准利率和担保费率（不超过 3%）的 60%，给予企业最高 30 万元补贴。

（三）支持企业通过租赁方式融资。对通过租赁方式融资的医养企业，按同期银行贷款基准利率的 70%，给予企业最高 30 万元补贴。

（四）支持企业进行股权融资。对获得专业股权投资机构 100 万元（含）以上股权投资的医养企业，按实际股权融资额的 5%，给予企业最高 100 万元奖励。

第三条　鼓励企业开展并购重组。对医养企业进行的境内并购重组，按交易金额的 2%，给予最高 100 万元奖励；对医养企业进行的境外并购重组，按交易金额的 5%，给予最高 200 万元奖励。

第二章　支持提升医养金融产业能级

第四条　大力发展股权投资。

（一）鼓励社会资本参与股权投资。对有限合伙制股权投资机构或股权投资管理机构的自然人有限合伙人（穿透到个人），按其对温江区经济发展实际贡献的 80%给予奖励。

（二）鼓励管理人员跟进投资。对股权投资管理机构的管理人员跟进投资所取得的投资性收益，按照投资性收益的 3.5%给予奖励。

（三）鼓励股权投资机构引导企业落户。股权投资机构或股权投资管理机构引导其投资的企业入驻温江区，按企业在温江区实缴资本的 5%，给予该机构最高 50 万元奖励。

（四）鼓励发展投资基金。对在温江区发起设立 1 亿元以上创业投资基金的创业投资管理机构，按实际投放区内企业资金的 1%，分三年给予最高不超过 2 000 万元奖励；对实缴资本到位 1 亿元以上的股权投资机构或管理规模 1 亿元以上的股权投资管理机构，按对温江区经济发展实际贡献的 70%，给予最高 2 000 万元奖励；对公司制创业投资企业、合伙制创业投资企业、天使投资个人，采取股权投资方式直接投资于初创科技型企业满 2 年的，按照投资额的 70%抵扣相应纳税所得额；经认定后，创业投资机构可按照西部大开发政策，减按 15%税率缴纳企业所得税。

（五）支持发展对冲基金和二级市场私募基金。实缴资本到位 5 亿元以上的投资机构或管理规模 5 亿元以上的投资管理机构，按对温江区经济发展实际贡献的 70%，给予最高 2 000 万元奖励。

第五条　支持地方准金融机构发展。

（一）鼓励小额贷款公司加大对中小微企业的支持力度。对年度单户单笔 20 万元以下（含）的贷款（不含展期和借新还旧），按季末平均贷款余额的 2%给予奖励。单个小额贷款公司奖励不超过 50 万元。

（二）鼓励小额贷款公司向科技小贷、网络小贷发展，对经监管部门认定的创新试点的小额贷款公司一次性给予 50 万元奖励。

（三）对年末在保余额超过 10 亿元的融资性担保公司（住房置业担保公司除外），按新增小微企业、“三农”担保实际发生额的1‰给予最高不超过100万元补贴。

（四）鼓励融资性担保公司对温江区无贷款记录企业提供担保，按企业年度获得首次贷款总额的1%给予融资性担保公司最高100万元奖励。

（五）鼓励融资性担保公司对温江区医养企业提供融资担保，并适当减免担保费用。按其年度代偿额的5%，给予最高100万元补贴。

第六条　鼓励金融机构支持医养产业发展。

（一）鼓励金融机构发放首次不低于1年期的流动资金贷款。对金融机构向温江区无贷款记录医养企业发放的首次流动资金贷款，按年度贷款发放额的2%给予金融机构累计不超过100万元奖励。

（二）鼓励金融机构对重点医养企业发放不低于3年期固定资产贷款。金融机构向温江区内医养产业项目企业提供固定资产贷款的，按年度贷款发放额的0.125‰给予金融机构不超过200万元奖励。

（三）对成功帮助温江区中小企业在沪、深交易所和银行间市场发债的证券机构，按承销金额的0.5%给予不超过100万元的奖励。

（四）支持类金融机构以医养龙头企业为核心，围绕上下游企业提供预付代付、贸易融资、存货融资、票据贴现等供应链金融服务，按当年区内企业实现融资到位资金的1‰给予最高50万元的奖励。

第七条　鼓励金融创新发展。设立总规模1 000万元的“成都温江医养金融创新奖”，奖励金融机构依托科技金融服务平台或自主创新金融产品对企业实施投贷联动，向温江区内企业发放信用或担保贷款。鼓励金融资源向养老养生领域配置，探索开发新产品、新模式。单个机构每年奖励不超过20万元。

第三章　支持打造医养金融集聚区

第八条　支持金融机构集聚发展。

（一）支持独立法人型银行、证券、保险等金融机构落户温江区。自其注册资金足额实缴之日起满一年后，分三年按30%、30%、40%的比例给予如下补贴：注册资本达到1亿元的，给予500万元补贴；注册资本1亿元以上的，注册资本每增加1亿元，增加100万元补贴，依次递增后，补贴最高不超过2 000万元。在医养金融集聚区内落户的机构，补贴按40%、30%、30%的比例分三年发放。

（二）支持银行、证券、保险等金融机构的省级分支机构、区域总部或相关专业机构落户温江区。对新引进的银行省级分支机构、区域总部或银行、保险的审计、结算、资管、投行、大数据等独立纳税机构，分三年按30%、30%、40%的比例给予总额不超过300万元奖励；对新引进的证券、保险省级分支机构，分三年按30%、30%、40%比例给予总额不超过200万元奖励。在医养金融集聚区内落户的机构，补贴按40%、30%、30%的比例分三年发放。

（三）支持大型知名保险机构在温江区设立康养基地、资管业务部门和保险产品开发部门，按其对温江区经济发展实际贡献的50%给予不超过200万元奖励。在医养金融集聚区内落户的机构，按其对温江区经济发展实际贡献的55%给予不超过250万元奖励。

（四）对新引进落户温江区的金融机构，对租用载体面积不超过400平方米的部分，经审定连续3年按照最高不超过35元/平方米/月的标准给予租金补贴。在医养金融集聚区内落户的机构，按最高不超过45元/平方米/月的标准给予租金补贴。租金补贴不超过实际租用价格。

（五）对新引进落户或迁址到温江区的知名律所、会计师事务所、金融服务中介机构，给予一次性1万元奖励。在医养金融集聚区内落户的机构，给予一次性1.5万元奖励。

第九条　提升医养金融集聚区品牌建设。对在温江区内举办专业化、国际化、品牌化高端论坛、专业会议等活动的组织方，按实际活动经费的50%，给予最高30万元补贴。在医养金融集聚区内举办活动的组织方，按实际活动经费的55%，给予最高40万元补贴。

第四章　支持构建医养金融生态圈

第十条　支持金融高层次人才聚集。

（一）提供金融人才绿卡服务。对符合《成都市急需紧缺人才目录》《温江区重点产业紧缺人才需求目录》的高层次金融人才，提供高效、便捷、优质的政务、创新创业、生活服务。

（二）支持金融人才报考CFA（特许金融分析师）。对取得最高级资格认证及会员资格或持有该认证资格在温江区工作满两年的金融人才给予一次性3万元奖励。

（三）对在中国证券投资基金业协会备案的股权投资管理机构高管人员，个人社保养老、税收解缴关系均在温江区的，按不超过年度个人所得额的2.5%给予三年的个人奖励，自企业完成工商注册之日起计算。

第十一条　完善区域信用体系。

（一）对经区政府认定的公益性信用平台，按年运营成本的100%，对运营主体予以补贴，最高不超过100万元。

（二）对参加信用评级的企业，按评级费用的50%，给予最高10万元补贴。对加入温江企业信用数据平台的企业，给予2万元一次性奖励。对在人民银行动产融资平台登记帮助上下游企业融资的核心企业，按融资额的1%，给予最高100万元奖励。

第十二条　鼓励金融行业自律。支持在温江区依法设立金融专业协会，鼓励开展行业自律、政策宣讲、人才交流、业务对接等活动。对经认定的协会组织，按会员类别和数量，给予一次性20万元到40万元的落户开办奖励。对在温江租用办公用房的金融专业协会，按40元/平方米/月的标准，给予每年最高5万元补贴。

第十三条　鼓励建设和使用科技金融服务平台。对科技金融服务平台，按照其当年建设投资额的50%，给予每年最高300万元补贴；对科技金融服务平台帮助企业获得的债权融资、股权融资及其他融资，按照融资金额的0.5%，给予平台每年最高500万元奖励。

第十四条　鼓励维护金融环境。

（一）对区内金融机构党建及反腐败工作中有重大问责事项和负面信息的，视情况取消其政策补贴申请资格，并对已享受补贴进行追缴。

（二）鼓励群众、法人和其他组织发现并及时举报金融风险、非法集资线索。根据举报线索查实的，按照涉案金额和影响等级，区内相关部门、单位给予目标考评加分，群众、其他法人和组织给予最高10万元奖励。

第五章　附则

第十五条　本政策支持注册地和税收解缴关系均在温江区的金融机构、准金融机构、有限合伙企业的自然人、金融服务平台、实体经济企业及相关个人。

第十六条　本政策所指的医养金融集聚区是以光华商圈为核心的部分区域，具体由区国资金融办会商区商务局和成都健康服务业集聚区管委会（现代服务业园区管委会）确定。金融机构为银行、证券、期货、保险公司等纳入人民银行金融机构编码规范的机构；准金融机构包括融资性担保公司、小额贷款公司、股权投资机构、融资租赁公司、地方金融要素市场、经认定的金融科技企业等；金融服务平台是指注册在温江区的相应主体；中、小、微企业和医养企业具体由区级相关部门认定；相关个人是指工商、税收关系均在温江区的金融机构、准金融机构和金融科技企业全职员工，以及办公地位于温江区的金融监管机构的工作人员。

第十七条　本政策自发布之日起三十日后执行，有效期三年。本政策实施过程中，温江区出台其他产业扶持政策，企业按就高不重复的原则进行申报。如遇上级部门新规定，则按照新规定执行。本政策由区政府授权区国资金融办负责解释。

附件 2-12

成都市双流区人民政府
关于印发《成都市双流区打造航空金融生态圈
行动计划（2018—2022）》的通知

各镇人民政府、各街道办事处，区府各部门：

《成都市双流区打造航空金融生态圈行动计划（2018—2022）》已经区政府研究同意，现印发给你们，请认真组织实施。

成都市双流区人民政府

2018 年 10 月 19 日

成都市双流区打造航空金融生态圈行动计划
（2018—2022）

为贯彻落实党的十九大、习近平总书记来川视察重要讲话、全国金融工作会议和省委经济工作暨全省金融工作会议、《中共成都市委　成都市人民政府关于进一步加快建设国家西部金融中心的若干意见》（成委发〔2018〕10 号）精神，奋力打造航空金融生态圈，加快建设航空经济之都、生物产业之城、电子信息之谷，高质量建设国家临空经济示范区，特制订本行动计划。

一、总体思路

以习近平新时代中国特色社会主义思想为指引，认真贯彻落实全国金融工作会议和省委经济工作暨全省金融工作会议、成都建设国家西部金融中心大会精神，结合成都建设国家西部金融中心总体规划，聚焦航空金融特色功能区建设，着力金融服务实体经济，优化金融资源配置，防范区域性金融风险，推动金融业跨越式发展。

二、战略定位

以“服务实体经济、防控金融风险、深化金融改革”为目标，依托双流国际机场、天府新区和四川自贸区等区域优势，以吸纳聚集优质金融资源为基础，以服务重点产业为导向，以优化金融环境为支撑，形成以航空金融为主体，科技金融和供应链金融为驱动，“一体两翼”支撑的航空金融生态圈，努力成为国家西部金融中心建设的重要增长极。

三、发展目标

加快建设航空金融港和基金公园，积极争取设立公募基金，重点发展航空金融、供应链金融和科技金融，突出打造多元化航空金融特色生态圈。到 2022 年，力争金融业增加值占地区生产总值比重达 6%以上；本外币存、贷款余额，分别达到 2 332 亿元、1 405 亿元以上；经济证券化率达 90%，上市企业达到 15 家以上，挂牌企业 100 家以上；社会融资规模达 1 000 亿元，直接融资比重达 50%。

四、重点任务

（一）围绕发展航空金融，促进各类金融组织集聚

①加强优质金融机构引进。加大对国内外知名金融机构、金融控股集团的区域性总部、业务性总部以及综合型企业集团金融板块的引进力度，通过集聚一批全球一流的总部金融机构，形成以金融机构总部为龙头、以供应链金融和科技金融为特色、以航空金融为补充的金融产业集群，提升汇集资源、配置资源和辐射服务能力。力争到 2022 年，引进 2~3 家具有重大影响力的法人金融机构或区域性、功能性总部。（责任部门：区金融办、区自贸局、区投促局）

②扶持地方金融机构发展。支持地方法人金融机构发展壮大，鼓励区内小额贷款公司、融资担保公司转型升级。积极促成区属国有平台公司通过参股地方法人银行、设立商业保理公司等方式实现多牌照经营。支持新设一批消费金融、科技保险、财务公司等专业金融机构，丰富金融业态，为不同类型企业提供多元化金融服务。力争到 2022 年引进 1~2 家财务公司，成功转型 1 家科技（网络）小贷。（责任部门：区金融办、区财政局、区聚源公司、双流兴城公司）

③加快推进金融载体建设。加快打造占地面积 6 万平方米的航空金融港，吸引金融机构设立资产管理、股权投资、第三方专业服务等机构，初步打造泛航空金融产业生态；规划建设怡心湖“基金公园”，重点引进持牌金融机构、法人金融机构总部、专业子公司、区域性中心、功能性总部入驻，形成各种金融形态协同发展的航空金融生态圈。力争到 2022 年，聚集金融机构 150 家，管理资金规模 1 000 亿元以上。（责任部门：区财政局、区规建局、区金融办、区投促局、双流兴城公司）

（二）聚集枢纽口岸资源，构建航空金融生态圈

④全面推进航空金融发展。立足四川航空、成都航空、西藏航空等基地航空公司，围绕航空制造、航空维修、航空运输和航空商贸服务等航空经济生态圈发展，重点推进飞机、飞机发动机、飞行模拟机等航空租赁和航油远期交易合约等衍生品服务项目落地开展，形成航空金融发展特色。依托航空商圈以及 5 000 万空港客流量，发展消费金融专营机构，通过互联网+消费金融力促普惠金

融落地，加快推进消费金融、普惠金融等航空辐射衍生金融发展。力争到2022年设立规模达50亿元以上的航空装备制造和发动机维修基金，引进5家以上飞机融资租赁公司。（责任部门：区金融办、区自贸局、人行双流区支行）

⑤加快推进互联网+供应链金融发展。面对全球进入供应链时代，立足西部国际交通枢纽以及自贸开放合作前沿优势，围绕基于互联网供应链全环节及空港商圈的物流、资金流、信息流和旅客流等定制化服务，重点引进培育互联网供应链金融专业化服务平台，打造“一带一路”跨境供应链金融新通路。力争到2022年，设立一只10亿元的供应链发展基金和一只10亿元的黄金文化产业基金，建成泛时尚珠宝交易和生物医药供应链金融服务平台，引进设立1~2家商业保理机构。（责任部门：区金融办、区自贸局、区财政局、区聚源公司）

⑥大力推进科技金融发展。立足科教资源优势，围绕科技成果转移转化，依托国家知识产权局专利局专利审查协作四川中心、西南（国家）军民科技协同创新平台、西南技术和军民融合科技金融服务平台等专业载体，形成由天使基金、P/E基金、科技银行、科技小贷和科技保险等组成的多层次科技金融服务组织体系。力争到2022年引进设立种子期、初创期、成长期的股权投资系列基金100亿元以上，引进培育一家科技支行和科技小贷，初步形成“初创苗圃+孵化器+加速器”的科技金融梯级孵化体系。（责任部门：区金融办、区财政局、区发改局、区科新局、区投促局、区聚源公司）

（三）围绕经济社会持续发展，建设多层次资本市场

⑦大力推进资产证券化。引进资产证券化投资管理第三方专业机构，对区内大型企业和金融机构参与资产证券化、发行资产支持证券及在银行间市场交易商协会发行资产支持票据进行指导和策划，推动国有企业运用资产证券化盘活存量资产，融入资金支持基础设施、重点项目建设等。力争到2022年引进培育管理规模到100亿元的资产证券化管理公司1~2家。（责任单位：区金融办、区发改局、区科新局、区投促局、区聚源公司、双流兴城公司）

⑧大力实施企业上市（挂牌）培育计划。搭建“双流区企业上市（挂牌）管理信息系统”，编制企业重点培育计划名单，建立涵盖企业上市（挂牌）梯次培育、定期协调、目标考核和综合评估的“四大机制”，集中优质资源支持企业改制上市并分阶段进行扶持和奖励。力争到2022年上市企业达15家、新三板挂牌企业达20家、四板企业达80家。（责任部门：区金融办、区财政局、区科新局、区规建局、区环保局等相关单位）

⑨大力推进企业境外上市。加强与四川证监局的深度合作，选择资深的境外上市证券服务机构，定期举行境外上市路演培训，推动区内企业在美国纽交所、纳斯达克、伦敦交易所、港交所等境外主流证券交易所上市，对成功在境外上市的给予扶持和奖励。力争到2022年在境外上市企业达3家以上，募集资金10亿美元以上。（责任部门：区金融办、区财政局、区科新局、区规建局、区环保局等相关单位）

⑩加快推进产业发展母基金。立足双流区航空经济、电子信息、绿色能源和生物医药产业发展，构建“产业基金引导+社会资金参与+多层次资本市场退出”的金融服务体系。加快与国内优质股权投资机构合作设立产业发展母基金，创新资本招商模式，发挥基金对项目和资源的引领作用，围绕主导产业发展设立N只专业子基金。力争到2022年设立总规模100亿元的产业发展母基金，撬动社会资本合作设立500亿元以上的专业化子基金。（责任部门：区金融办、区发改局、区财政局、区科新局）

⑪大力推进金融科技发展。抢抓全球金融与科技融合发展重大机遇，发挥高校院所在金融科技方面的人才、科研、创新优势，培育引进大数据、区块链、云计算、数字征信等金融科技企业。引导股权投资基金投资区内优质的金融科技类企业，利用创投资本做大做强。支持运用现代信息技术开展以降低企业成本、提高资源配置效率、优化风险管控、提升金融服务水平为指向的金融科技创新，促进金融科技与资本市场良性互动，提升运用金融科技服务资本市场和实体经济发展的能力。（责任部门：区金融办、区科新局）

（四）围绕扩大开放合作，加快自贸金融创新

⑫推进自贸试验区金融创新。积极争取各类外汇管理改革和资本项目开放政策先行先试，探索建立与自贸试验区相适应的本外币账户管理体系，促进跨境贸易、投融资结算便利化，简化经常项目外汇收支手续。力争到2022年，推动3~4家区内企业参与跨国公司总部外汇资金集中运营管理和跨境双向人民币资金池业务。（责任部门：区自贸局、区金融办、人行双流区支行）

⑬深化“一带一路”金融合作。立足空港优势，支持符合条件的“一带一路”沿线国家的金融机构在自贸试验区以人民币进行新设、增资或参股自贸试验区金融机构等直接投资活动，推动设立国际合作基金，打造“一带一路”金融合作先行区。支持金融机构“走出去”，为我区企业在“一带一路”沿线国家发展提供授信和综合性金融服务。力争到2022年，新设或引进“一带一路”基金投资机构1~2家。（责任部门：区金融办、区自贸局、区商务局、区投促局）

（五）围绕优化金融生态环境，防范化解金融风险

⑭大力推进金融人才引进和培育。加强与国内外金融人才联系，大力引进股权投资机构、创投机构、融资租赁、跨境投融资、航空金融及自贸金融等岗位高端人才，探索成立我区金融人才联盟，形成高端人才聚集地。加快本土金融人才的培养，依托知名院校、金融机构和行业龙头企业，成立实习基地、培训机构等，建立复合型人才培养机制，构建多层次金融人才培育体系。（责任部门：区金融办、区委组织部、区人社局）

⑮加强对高端金融人才的精准服务。设立金融人才认证服务中心和金融系统人才资源库，及时掌握高端金融人才动态，在税收奖励、子女入学、租（购）房补贴、医疗保健等生活服务配套方面给予政策支持。依托区金融人才联盟，搭建高层次金融人才俱乐部，为高层次金融人才提供交流、学习和发展的机会。（责任部门：区金融办、区委组织部、区人社局、区教育局、区卫计局）

⑯加快推进信用体系建设。深化与人民银行、各类金融机构、社会信用信息服务机构以及工商、税务、社保、公安等部门合作，优化提升营商环境，激发市场活力和创新动力。鼓励设立公益性信用平台，支持在我区开展社会信用体系建设宣传活动，普及信用知识和信用观念。（责任部门：人行双流区支行、区金融办、区市场监管局、区公安分局、区人社局、区税务局）

⑰筑牢地方金融安全防线。坚持创新发展与风险防控"两手抓"，健全地方金融监管工作体系。探索与金融监管、市场监管、司法、财政等部门协调配合，建立监测预警、应急联动、风险处置等长效工作机制，按照突出重点防控、加强惩戒打击、强化源头管控的总体原则，积极防范和化解金融机构违规经营风险、非法集资涉众型金融风险、新兴金融业态风险、信用风险、流动性风险等重点领域金融风险，力争到2022年，全区非法金融案件数量和涉案金额稳步下降，为建设国家西部金融中心打造航空金融生态圈营造良好的发展环境。（责任部门：区金融办、区公安分局、区法院、区检察院、区市场监管局、区信访局、区维稳办、东升街办、西航港街办、九江街办等相关单位）

五、保障机制

（一）强化组织领导。建立双流区航空金融生态圈建设工作联席会议制度，联席会议总召集人由区政府分管领导担任，召集人由区金融办主任担任，区金融办、区自贸局、区投促局、区财政局、区规建局、区发改局、区科新局、区委组织部、区人社局、区教育局、区市场监管局、区公安分局、区税务局、人民银行双流支行、双流兴城公司、区聚源公司、驻区金融机构为联席会议成员。联席会议办公室设在区金融办，负责联席会议日常工作，办公室主任由区金融办主任兼任。聘请行业专家组建金融领域专家咨询委员会，研究推动双流区航空金融生态圈建设的重大项目和重大问题。

（二）强化政策支持。围绕加快构建航空金融生态圈，大力支持金融总部经济发展、金融产业能级提升、金融环境优化，设立创业投资基金、供应链金融发展基金和产业发展基金，加快促进航空金融、供应链金融和科技金融快速发展，提升金融服务实体经济能力，形成金融创新支撑区域高质量发展的良好氛围。

（三）强化行业自律。支持设立金融专业协会，开展行业自律、政策研究、人才交流、业务拓展等活动，引导金融机构为航空产业高质量发展提供精准服务。依托协会优化数据统计工作，将传统金融统计以外的私募股权、新金融、金融商务服务等新兴金融机构纳入统计范围，全面反映我区航空金融生态圈的发展。加强与国内外航空金融组织、金融行业协会的交流合作，掌握先进地区航空金融发展动态，提升金融创新服务能力。发挥行业自律组织的柔性作用，促进行业健康有序发展。

附件 2-13

成都市郫都区人民政府办公室
关于印发《成都市郫都区完善金融服务体系
助推建设“双创”、知识产权特色金融功能区
的六条政策》的通知

各街道办事处（镇人民政府），区政府各部门：

《成都市郫都区完善金融服务体系　助推建设“双创”、知识产权特色金融功能区的六条政策》已经区委、区政府同意，现印发给你们，请认真贯彻执行。

成都市郫都区人民政府办公室

2018 年 7 月 12 日

成都市郫都区完善金融服务体系
助推建设“双创”、知识产权特色金融功能区
的六条政策

为全面贯彻党的十九大精神和习近平总书记来川视察重要讲话精神，落实成都建设国家西部金融中心大会工作部署，坚持稳中求进工作总基调，遵循金融业发展规律，培育特色金融产业生态，加快建设“双创”、知识产权特色金融功能区，特制定本政策。

第一章　提升“双创”、知识产权金融产业能级

第一条　鼓励“双创”、知识产权相关金融机构聚集发展

（一）鼓励法人准金融机构聚集。对新入驻郫都区的法人型准金融机构（如小额贷款公司、融资担保公司、融资租赁公司等），若实缴资本达到 1 亿元（含）以上的，自其实缴资本足额到位并实现首次纳税后，按实缴资本的 0.2%给予最高不超过 300 万元的一次性资助。

（二）鼓励设立省级准金融机构总部。对依法在郫都区设立省级准金融机构总部的机构，自其实现首次纳税后，分三年按 50%、30%、20%比例给予共计 100 万元的一次性资助。

（三）鼓励设立各类“双创”、知识产权金融服务专营机构。对获得相关金融监管机构批准设

立并新入驻郫都区的各类“双创”、知识产权金融服务专营机构，给予10万元的一次性资助。

第二条　大力发展“双创”、知识产权类股权投资业

（一）鼓励设立各类“双创”基金（含天使投资基金）。对在郫都区发起设立1亿元以上“双创”基金的基金管理机构，按基金实际到位资金的1%，分三年按50%、30%、20%比例给予最高不超过2 000万元的一次性资助；对管理基金规模1亿元以上的基金管理机构，按其对地方经济贡献的70%给予最高不超过2 000万元的一次性资助。

（二）鼓励以股权方式投资“双创”企业。对以股权方式投资郫都区“双创”企业的，投资时间达2年以上的股权投资机构或个人，按其投资额的5%给予最高不超过200万元的一次性资助。

（三）鼓励设立知识产权类运营基金并加快投放。对各类社会资本、社会化知识产权运营机构在郫都区内设立知识产权类运营基金，按其在辖区内年度实际投资金额的1%给予资助，同一基金同一年度累计不超过200万元。

第二章　构建多元化“双创”、知识产权金融服务体系

第三条　鼓励加大“双创”、知识产权金融信贷支持

（一）鼓励银行创新“双创”、知识产权类金融产品。对支持郫都区“双创”、知识产权发展，积极开展知识产权质押融资、商标权质押贷款、采购合同质押贷款等无形资产质押融资服务的银行，按其年度相应贷款发放额的1%给予资助，同一银行同一年度累计不超过20万元。

（二）鼓励“双创”企业积极运用各类“双创”、知识产权类信贷产品。对“双创”企业以其依法拥有的知识产权通过质押从金融机构取得信贷资金，企业在还本付息后，按其知识产权质押融资贷款额的2%给予资助，同一企业同一年度累计不超过20万元。

第四条　鼓励加大“双创”、知识产权金融保险支持

（一）鼓励保险机构推广“双创”、知识产权类科技保险。对支持郫都区“双创”、知识产权发展，提供各类科技保险服务的保险机构，按照其年度相应保费收入年度新增余额的2%给予资助，同一保险机构同一年度累计不超过50万元。

（二）鼓励“双创”企业积极运用各类“双创”、知识产权类保险产品。对“双创”企业购买知识产权类科技保险险种，按其相应保费实际支出的30%给予资助，同一企业同一年度累计不超过10万元。

第五条　鼓励加大“双创”、知识产权金融新兴领域支持

（一）鼓励小额贷款公司创新“双创”、知识产权金融产品。对科技小贷公司经认定研发的创新型科技贷款产品，按年度在贷资金规模增量的1%给予资助，同一公司同一年度累计不超过100万元；对小额贷款公司开展投贷联动业务，按年度新增股权投资额的5%给予资助，同一公司同一年度累计不超过100万元。

（二）鼓励融资担保公司为“双创”企业增信。对融资担保在保余额4亿元以上的融资担保公司（住房置业担保公司除外），按年度新增“双创”企业担保实际发生额的0.1%给予资助，同一公司同一年度累计不超过100万元。

（三）鼓励融资租赁机构支持“双创”企业发展。对购买郫都区“双创”企业生产的先进装备的融资租赁机构，按其年度采购金额的0.5%给予资助，同一机构同一年度累计不超过100万元。

（四）鼓励设立“双创”、知识产权金融公共技术服务平台。支持在郫都区依法注册设立各类“双创”、知识产权金融公共技术服务平台，按照其当年建设投资额的50%给予最高不超过100万元的一次性资助；对平台帮助郫都区“双创”企业获得融资，按照企业实际融资到位资金的0.5%给予资助，同一平台同一年度累计不超过100万元。

（五）鼓励使用“双创”、知识产权金融公共技术服务平台。对使用经郫都区认定的“双创”、知识产权金融公共技术服务平台的区内金融机构或企业，按照其使用费的50%给予最高不超过10万元的一次性资助。

第三章　用活多层次资本市场助推企业发展

第六条　大力提升全区经济证券化水平

（一）鼓励“双创”企业上市。对纳入上市培育名单，首次成功在境内外主板、境内中小板、创业板上市且募集资金主要用于郫都区的“双创”企业，分阶段给予300万元的一次性资助。

（二）鼓励“双创”企业新三板挂牌。对成功进入新三板挂牌的“双创”企业，给予60万元的一次性资助。

（三）鼓励“双创”企业在区域股权交易市场挂牌。对在天府（四川）联合股权交易中心成功挂牌的“双创”企业，给予1万元的一次性资助；对在天府（四川）联合股权交易中心进行股权质押贷款融资的挂牌“双创”企业，按基准利率的60%给予资助，同一企业同一年度累计不超过30万元；对在天府（四川）联合股权交易中心进行股权融资的挂牌“双创”企业，按融资到位资金的10%给予资助，同一企业同一年度累计不超过100万元。

（四）鼓励孵化载体加大“双创”企业培育力度。对成功培育“双创”项目在境内外主板、境内中小板、创业板上市的孵化载体给予每个30万元的一次性资助；对成功培育“双创”项目进入新三板的孵化载体给予每个10万元的一次性资助。

第四章　附则

本政策支持对象为工商注册地、税收征管关系、统计关系均在郫都区辖区内的各类金融机构、“双创”企业、孵化载体、公共技术服务平台以及相关个人，且承诺10年内不迁离本区、不改变在本区的纳税义务。若违反承诺，享受本政策的资助资金须全部退回。

本政策所指的金融机构是指专门从事货币信用活动的中介组织，由“一行两会”（中国人民银行、银保监会、证监会）监管，如银行、证券、保险等；准金融机构是指从事金融活动，但是并未获得金融许可证，由非“一行两会”直接监管的企业，如小额贷款公司、融资担保公司、融资租赁公司等；“双创”、知识产权金融公共技术服务平台是指提供互联网线上或线下各类综合金融服务的机构。

本政策在执行过程中，若遇国家、省、市调整相关政策，则按调整后的政策执行。同一主体同一事项符合区级其他相关政策的，按照就高不就低的原则，不重复享受资助。对获得本政策资助的相关机构或个人在申请资助过程中若存在弄虚作假行为的，除追缴全部已拨付资助资金外，还将依法追究法律责任。对郫都区经济发展具有重要意义的重大“双创”、知识产权金融类项目，可通过“一事一议”的办法加大支持力度。

本政策由区人民政府授权区金融办负责具体解释工作。对符合本政策条件的相关机构或个人申请相关资助的，须由区金融办会同“双创”管委会、区知识产权局、区发改局、区财政局、区国税局、区地税局、区经科局、区商务局、区投促局、企业所属街道或园区等相关单位进行认定，具体实施细则由区金融办会同相关部门另行制订。

本政策自发布之日起 30 日后实施，有效期 3 年。